U0943005

法治建设与法学理论研究部级科研项目成果

本书是司法部“自动驾驶汽车的私法挑战与应对研究”

（17SFB3031）最终结项成果

自动驾驶汽车的私法挑战与应对研究

郑志峰 / 著

中国法制出版社

CHINA LEGAL PUBLISHING HOUSE

序一

“社会不是以法律为基础的。那是法学家们的幻想。相反地，法律应该以社会为基础。”[1]当前，人工智能、区块链和元宇宙等数字化技术正在深刻改变人类社会，正在重塑现有的法律秩序，正在催生一系列新的法律关系，推动了中国法治的数字化转型，重塑了数字赋能的法治能力和法治体系。中国法治进入了数字时代，个人信息保护、数据安全、人工智能和自动驾驶立法等主题，受到学术界和实务界的热捧。数字法治是新时代中国特色社会主义法治理论和法治实践的又一创新，是国家治理体系与治理能力现代化的又一探索。

数字法治面向数字赋能所带来的新问题，包括人工智能法律地位和数字人身份之问，个人信息权、数据权、算法权等新兴权利保护，智慧司法、智慧检务的法律限度等。为此，国内外掀起了数字法学研究的热潮，而自动驾驶汽车就是其中备受瞩目的技术应用，具有极大的社会价值，可以大幅减少交通事故的发生、提高出行效率、优化城市功能设计等，受到产业界、学术界的高度关注。从实践来看，近年来，我国自动驾驶汽车产业驶入“快车道”，全无人自动驾驶出租车已在重庆、武汉等多个城市亮相，离大规模商业化落地仅一步之遥。与此同时，自动驾驶汽车对于现行

① 《马克思恩格斯全集》（第6卷），人民出版社1961年版，第291—292页。

法律秩序提出了一系列挑战，如何配套相关的法律规则来确保技术安全应用至关重要。

西南政法大学青年才俊郑志峰教授，对于数字技术和数字法治具有高度的学术敏感性，近年来一直辛勤耕耘在这一新兴研究领域，取得了一系列高质量研究成果。在目前数字法学日益兴盛的背景下，郑志峰教授新著《自动驾驶汽车的私法挑战与应对研究》的出版，可谓正当其时，相信一定会引发各界对于自动驾驶汽车更多有益的讨论。虽然作者强调是以私法为视角，但书中探讨的许多问题已然超出了私法的范畴，如法律人格、数据治理、隐私保护，甚至都不是单纯的法律问题，而是涉及法律、伦理、技术、社会等各个领域的综合性课题，值得广泛关注。此外，自动驾驶汽车是数字技术的典型应用场景，本书也可以为数字法治提供一个良好的观察样本。

是为序。

付子堂

西南政法大学校长，教授、博士生导师

2022年9月18日

序二

欣闻志峰教授所著《自动驾驶汽车的私法挑战与应对研究》交付出版，我有幸提前阅读学习了该书稿的内容，一睹为快！关于自动驾驶引发的法律问题研究者日众，但多仅就其中个别问题展开研究，且多有猜想的成分。而这本书则对自动驾驶汽车主体地位、道路交通事故责任规则、自动驾驶场景下的隐私与个人信息保护规则、数据权属与利用规则、自动驾驶汽车的责任保险等做了一个全景式的系统研究。这些研究既有着眼于未来的立法论，也有立足当下的解释论；既有对自动驾驶汽车法律规制比较法的全球考察，也有结合中国国情的本土构建。这本书对自动驾驶法律问题的来源、最新发展趋势和可能的私法回应做出了全面解读，深值一读！

当代社会，信息技术的发展一日千里，在新技术、新业态、新模式繁荣发展和快速迭代更新的过程中产生了许多“三新法律议题”，自动驾驶的法律问题便是“三新法律议题”中最受关注的一个领域，志峰能够积极投身其中并做出快速的法学回应而形成专著，实在可喜可贺！与此同时，这本书也启发我们进一步思考法律人在“三新法律议题”中以何种态度维持价值理性，用何种方法构建未来法律知识体系。当我们回顾伯克利学派提出的压制型法律、自治型法律和回应型法律三种进路时，可以很好地理解在以自动驾驶为代表的“三新法律议题”中，我们需要更全面地掌握回应型的法律方法。

汽车技术的应用一度引发社会的安全恐惧，压制型法律成为当然的选择。机动车在早期应用阶段产生了一系列问题，轰鸣的噪声让传统马车的通行安全受到影响，更快的速度让道路上行人、牲畜的通行安全受到影响。在此背景之下，早期的立法者采取一种压制型的立法模式，如英国在1861年颁布的《机动车法》要求机动车必须由2名驾驶员共同驾驶，高速道路的时速不能超过10英里，在经过城镇道路时则需要将时速限制在2英里。1865年颁布的《红旗法》进一步加强了要求，规定机动车需要配备3名驾驶员，其中一人必须在车辆前方至少60米处行走，并举起红旗提示行人和马车以维护安全，高速道路的时速进一步降低到4英里，该法案最终到1896年才被废止。类似的红旗法案在当时的美国也存在，宾夕法尼亚州的立法者甚至提议过一部最离谱的红旗法案，该拟议的法案要求所有机动车驾驶员在遇到牛或其他牲畜时需要立即停车，尽快把汽车拆掉，并将各种汽车部件隐藏在附近的灌木丛等视线之外的地方，直到骑马者或路过的牲畜得到足够的安抚为止，好在当时的州长否决了该法案。回溯历史，这些看起来好笑的做法，在当时却自有其正当性。当时的立法者所采取的压制型法律体现的是他们对于一成不变生活状态的维护，法律也因此缺乏对未来社会的包容能力和对不确定风险的应对能力。

汽车技术的不断进步最终引发了法律制度的变革。交通工具的革新，特别是内燃机车、电力机车的发明和普及，大大缩短了人类交往的地理距离，经济社会生活中的人员、商品和服务可以借助交通工具而高效流动；与此同时，交通工具应用所带来的合同纠纷、道路安全风险等问题也在日益增长。从回应型法律来看，我们不能因噎废食，而需要以建设性的态度肯定和支持科学技术带来的积极价值，同时以法律的方法化解其产生的消极影响。具体而言，在各国的法律体系中，交通运输合同关系、道路交通侵权责任、道路通行规则等逐步成为专门而重要的法律制度。尽管与交通运输有关的法律纠纷依然在大量发生，但是这种有权利必有救济的法律体系增强了公众对于汽车应用的信心，如何进一步减少道路交通事故等社会风险，成为科技进一步发展、道路交通规则进一步优化所要不断探索解决的任务。此外，在国际规则里也出现了《日内瓦道路交通公约》《维也纳道路交通公约》等一系列制度，法律在积极回应汽车技术带来的风险社会中不断发展出新的方法、新的理念和新的制度规则，不仅促进了法学知识体系的完善，也推进了社会在不确定风险中持续发展进步。

人工智能技术的出现也催生了自治型法律的一系列观点，他们主张新的社会现象仍然应当严格适用既有的法律规则和法律程序，尽可能在既有的法律框架内化解问题。我国在2019年的两会期间就有全国人大代表提出《关于制定〈中华人民共和国自动驾驶汽车法〉的议案》，交通运输部在2019年6月发布的《关于十三届全国人大二次会议第94号代表议案的答复函》中指出："我们认为，针对自动驾驶汽车专门制定《中华人民共和国自动驾驶汽车法》的时机有待进一步研究论证。自动驾驶汽车涉及汽车制造、基础设施、交通管控等诸多领域，技术尚未完全成熟，大规模商业化应用还需一定时间，立法的理论和实践基础还不充分，所涉及的自动驾驶汽车和相关产品的生产、认证、销售、使用、召回、报废等环节，以及交通规则、责任认定等法律关系尚不明确，短期内难以形成完整的法律制度体系。我们建议，目前应以立法前瞻性研究为主，从规范管理入手，开展立法预备工作。"①显然，这其中带有浓厚的自治型法律方法，是在压制型法律和回应型法律中间的一种立法态度。由于立法规则是一种强制性规则，"让子弹飞一会儿"的态度有助于维护法律体系的稳定性，在问题充分暴露而达到紧迫程度时再做出回应，是一种普遍采用的保守方法。伯克利学派带有批评地提出，自治型法律关心的是约束权威，它致使法律机

---

① 《关于十三届全国人大二次会议第94号代表议案的答复函》，载交通运输部网站，https://xxgk.mot.gov.cn/jigou/kjs/201908/t20190826_3242231.html，2022年10月7日访问。

构狭隘地解释自己的权力，躲避出现的新政策问题，戴上中立的面具，并避免首创精神。[①]但是，从主管部门的立场来看，在学术界都尚未提出成熟的新提案之际，期待主管部门以“艺高人胆大”的方式做出创新法律制度的做法，也是不明智的。

在人工智能技术创新和数据再利用能力提升的当代，自动驾驶被视为新一代人工智能快速且成熟应用的重点行业之一，国内外一些先行的研究机构和学者努力承担起创新探索的使命。国际自动机工程师学会（SAE）在2014年发布了“六阶段分级法”，兰德公司（RAND）于2016年发布了《自动驾驶汽车技术——政策制定者指南》，德国成立了专门的自动驾驶伦理委员会，一批国内外法律学者对自动驾驶中的焦点问题进行研究并从解释论、立法论的不同维度给出解答。在研究力量的创新带动之下，德国于2017年出台《自动和网联车辆交通伦理准则》并修订《道路交通法》，又于2021年制定《自动驾驶法》；美国联邦政府发布了一系列自动驾驶指南，40个州以及华盛顿哥伦比亚特区制定了各自的自动驾驶法；2015年2月，英国运输部发布了《无人驾驶汽车的发展之路：对自动驾驶技术法规的详细审查》，并在2018年颁布《自动与电动汽车法案》，2022年1月26日在审查现有立法的基础上，提出英国应该出台一部新的自动驾驶汽车法案，以管理在道路上或其他公共场所行驶的自动驾驶车辆。

“法律要积极回应社会需求”是回应型法律的基本立场，不断扩大法律与相关因素的连接点和互动关系是其基本方法，从而实现法律目标与政治目标、社会目标的高度统一。制定新法并不是回应型法律的唯一路径，法律解释和法律实施机制改革等各种主动的作为，都是回应型法律方法所意欲达成的，特别是积极寻求强制性规则的替代治理措施，包括鼓励性措

① 参见［美］诺内特、塞尔兹尼克：《转变中的法律与社会》，张志铭译，中国政法大学出版社1994年版，第93页。

施和自治规则。在“三新法律议题”中，最容易被质疑的就是将法律工具主义化，基于场景化的利益而容易做出违反传统法律原则的裁决，一种过于开放的法律秩序会丧失节制权力的能力，从而倒退到压制型法律。回应型法律认为，需要依靠各种方法使法律的完整性和开放性恰好在发生冲突的时候相互支撑，把社会压力理解为认识的来源和自我矫正的机会，故而需要目的作为指导，认真对待目的才能控制行政自由裁量权，减少目的则是僵化的根源和机会主义的根源。从自治型法律转向回应型法律的第一步是法律目标的普遍化，法律回应的结果都取决于“我们真正要干的事情”，也即更为普遍性的目的，具体的规则、政策和程序都可以在此方法之下经过充分的论证后做出必要的牺牲。换言之，随着技术应用带来社会环境发生变化，规则也必须重新进行评判，这不仅是为了满足科技政策的需要，也是为了保护法律规则自身的权威和忠实地适用法律，而非仅仅形成纸面的法律从而和现实中的法律发生实质脱节。正如伯克利学派所主张的，目的型法有助于文明，因为它充满了一种“责任伦理”，而非一种“最终目的伦理”。在后者看来，有责任的仅仅是保证纯洁意图的火焰不被熄灭。但是，在责任伦理中，一个人不得不说明其行为的预期结果，因而就不得不考虑多种多样的利益和相互抗衡的价值。回应型法律鼓励对公共秩序的危机采取一种以问题为中心的社会一体化的态度，其结果就是推动了对危机的整体解决方案的探求。[①]这是“三新法律议题”中值得推崇的负责任的研究态度。

包括自动驾驶在内的新一代信息技术已经带来了许多社会关系的影响或者变化，“三新法律议题”中既包括特定行业法律的解释适用和改造创新，也在逐步催生个人信息保护、数据流通利用、网络内容治理、算法

① 参见［美］诺内特、塞尔兹尼克：《转变中的法律与社会》，张志铭译，中国政法大学出版社1994年版，第101—102页。

（人工智能）规则、平台市场秩序、网络系统安全、网络空间国际治理等成为新的研究方向。志峰的这本书从私法的角度勾勒了一个自动驾驶的法律知识体系，我们期待这些知识能够被更多人掌握并不断被发展，以提高法学研究在智能社会中的回应能力，让法治精神闪耀出时代的光辉。

申卫星
清华大学法学院教授、博士生导师
2022年10月7日于清华园

序三

人工智能时代已经到来。人工智能给我们的日常生活提供了极大的便利，但也给现行的法律制度带来了挑战。自动驾驶汽车即为著例。在私法层面，自动驾驶汽车涉及法律地位、法律责任与数据治理三大问题，成为法学界研究的重点和难点。志峰很早就关注到自动驾驶汽车对现行法律制度的挑战，并且从跨学科的视角对自动驾驶汽车的隐私权保护、法律地位、侵权责任等问题展开深入且细致的研究。近些年，志峰在自动驾驶汽车法律规制领域笔耕不辍，先后发表了《自动驾驶汽车的交通事故侵权责任》《自动驾驶汽车交通事故责任的立法论与解释论——以民法典相关内容为视角》等多篇高质量论文，主持承担了司法部“自动驾驶汽车的私法挑战与应对研究”以及教育部“民法典编纂视野下人工智能侵权责任研究”等多项课题，成果丰硕。值得一提的是，志峰在潜心理论研究的同时，也积极地投身于实践之中。他不仅担任了西南政法大学人工智能法律研究院自动驾驶法律研究中心主任一职，还兼任了重庆市自动驾驶道路测试管理专家委员会执行委员、百度公共政策研究专家顾问、腾讯研究院兼职研究员等职务，成为国内该领域少有的贯通理论和实践的年轻学者。

本书对自动驾驶汽车在私法上可能面临的法律问题作了细致研究，涵盖了自动驾驶汽车的法律地位、交通事故责任、产品责任、责任保险、隐私与个人信息保护、数据权属与利用等领域，对上述问题作了系统的分析和回应，极具前瞻性。本书不仅是目前国内首本针对自动驾驶汽车法律问题进行系统探讨的著作，更创造性地提出了诸多对传统私法颇有冲击力的观点。

我个人总结出如下要点：第一，在人工智能的背景下，基于本体论、道德论以及功能论对于人工智能主体地位的争论，提出应当从法律制度视角出发，重新审视传统法律人格、权利能力、人物两分的概念和规则。第二，从立法论上，提出了“确立无过错的保有人责任，不再追究驾驶行为和驾驶过错，而是以保有行为和保有利益为归责依据”的观点；从解释论上，提出了从“理性人”的概念抽象出“理性车”规则，进而判断是否存在过错的观点。第三，提出将设计缺陷要件内容由是否存在设计缺陷转向是否违反注意义务，通过判断自动驾驶系统本身是否违反特定的注意义务来认定其是否存在设计缺陷。对于注意义务的违反，具体则可以通过“理性算法”的标准来完成。第四，通过配置责任保险机制、更新机动车商业险规则、引入产品责任险，以促进行业的发展、增强公众的信心、更好救济受害人以及减轻企业的压力。第五，提出区分车内与车外两个维度进行分别界定，并主张依据功能利用、商业利用、公共利用三个层次构建汽车数据的利用。

以上论证综合运用了哲学、伦理学、经济学、人类学、社会学、历史学等学科的知识，又最终回到法学领域，体现了志峰广博的知识面。志峰所提出自动驾驶汽车的私法应对措施“守卫”住了人工智能时代私法的底线。相信志峰所著的《自动驾驶汽车的私法挑战与应对研究》是一部经得起考验的学术珍品，能够在人工智能时代真正地解决“中国民法典如何应对‘AI挑战’、体现‘AI需求’、引导‘AI向善’”之难题。

是为序。

高圣平

中国人民大学法学院教授、博士生导师

2022年9月24日

中国人民大学明德法学楼教授工作室

序四

信息革命重新定义了生产力和生产关系，演绎着数字化发展的新式逻辑，孕育出不同于工商业时代的数字社会形态，其带来的法律挑战不是简单的新问题、新领域或者新权利，而是当今信息革命的深刻反应和基本面向。在此种背景下，一场由现代法学向数字法学的转型升级成为新时代法学研究的重要课题。

数字法学的兴起，并非响应国家战略的一时即兴之举，也并非刻意诱发学术关注的主观冲动，而是数字时代法律变革的必然要求和未来趋势，是数字时代的一场法学理论“革命”。从研究内容上看，数字法学并不是现代法学的扩容纳新和直线延展，而是在现代法学基础上的转型重建和曲线升级，具体则是通过对现代法学的迁移承继和更新重建，并融入新兴数字法学理论之中来完成的。而从学科体系来看，数字法学需要各个部门法的共同努力，既需要信息法学、互联网法学、人工智能法学、计算法学等新兴学科的发展与繁荣，同样也需要法理学、民法学、刑法学等传统学科的更新与因应。

数字技术包罗万象，自动驾驶汽车就是其中备受瞩目的技术应用。过去一百年里，汽车的重要性得到了充分的展示，推动了社会的进步与发展，改变了人们的出行与生活方式。与此同时，汽车也带来了严重的社会问题，交通事故、环境污染、交通拥堵等。对此，自动驾驶汽车的到来值得期待。而本书正是围绕自动驾驶汽车法律问题进行系统探讨的国内首本著作，志峰博士常年关注自动驾驶汽车的法律挑战，通过本书系统论述了自动驾驶汽车引发的法律地位、交通事故责任、产品责任、责任保险、隐私与个人信息保护、数据权属与利用等私法问题，反映了国内外学术前沿和制度创新，并提出了诸多独到的理论方案，是开展数字法学研究一次重要尝试，对于国内自动驾驶的深入研究和立法规制都具有重要参考作用。

特此推荐！

马长山

华东政法大学教授、博士生导师

2022年9月29日

序五

当前，我国互联网产业正在经历一场深刻的内部变革，即从消费互联网、社交互联网向产业互联网发展。产业互联网是一种新的经济形态，其利用信息技术，充分发挥互联网在生产要素配置中的优化和集成作用，实现互联网与传统产业深度融合。在产业互联网的各个应用场景中，最引人注目且取得显著成就的便是自动驾驶汽车。作为互联网技术的结晶，自动驾驶汽车的社会价值是极为显著的，但同时也带来了一系列的负面结果和法律难题。例如，过度搜集个人数据、个人隐私（信息）泄露、自动驾驶汽车法律地位模糊、交通事故责任认定困难、自动驾驶汽车产生的数据权属不明等。以上法律问题属于私法的研究范畴，但同时又超出了传统私法的调整范围。在既有私法框架和法律规范中，我们难以对自动驾驶汽车产生的上述问题给出科学的回答。

就此而言，郑志峰副教授所写的《自动驾驶汽车的私法挑战与应对研究》一书深刻回应了以上法律问题，并以其敏锐的问题意识和分析能力提出了不少具有原创性的观点和建议。第一，对于自动驾驶汽车的法律地位。本书认为，要通过比较赋予其法律人格与不赋予其法律人格对于解决实际问题的效果予以判断。就这一研究理路而言，其无疑是非常务实的，具有浓厚的功能主义色彩。第二，对于自动驾驶汽车的交通事故责任。本书认为，要从立法论和解释论两种路径予以应对：一是立法论，确立无过错的保有人责任，不再追究驾驶行为和驾驶过错，而是以保有行为和保有利益为归责依据；二是解释论，从理性人概念抽象出“理性车”规则，进而判断是否存在过错。第三，对于自动驾驶汽车的产品责任。本书认为，应通过判断自动驾驶系统本身是否违反特定的注意义务来认定其是否存在设计缺陷。并且，作者创造性地将“理性算法”标准作为判断是否违反注意义务的依据。就此而言，本书对当前学界呼声颇高的“算法之治”在自动驾驶汽车领域进行了一次大胆的应用。同时，针对自动驾驶汽车不可避免地引发的社会风险，本书还从保险制度方面进行了创新设计，通过改造现有交强险制度、将车内人员纳入承保对象等方法，把科技创新引发的社会风险予以社会化分散。以上应对机制对解决自动驾驶汽车带来的社会风险具有重要作用，能够有效协调科技创新与权益保护的潜在冲突，进而实现社会效益的最大化。第四，对于自动驾驶汽车的隐私与个人信息保护问题。本书提出的解决方案是“法律+技术”协同规制。在法律上，要合理界定个人信息的范围、设计“情景化”的告知同意规则、加大敏感个人信息保护力度；在技术上，要基于隐私设计理论，为隐私和个人信息的保护提供全过程、全生命周期的保护。在现代科技社会，针对因科技创新而引发的新型问题，采取以子之矛攻子之盾的方法无疑是具有现实意义的。第五，本书讨论了极为重要的一个问题，即自动驾驶汽车的数据权属与利用。与以往的研究不同，本书采取了“类型化+场景化”的研究思路，对于汽车数据的权属，提出区分车内与车外两个维度进行分别界定；对于汽车数据的利用，主张依据功能利用、商业利用、公共利用三个层次进行分别构建。

总体来看，本书的写作充分展示了作者作为一位长期研究自动驾驶汽车、个人信息保护的青年学者经年积累所形成的强大的分析能力、敏锐的问题意识和大胆的创新精神。但是，作为读者，我认为本书中的个别观点仍有值得商榷之处。例如，对于人工智能法律人格的认定，如果仅从功能主义的角度予以分析，可能难以得出令人满意的答案。因为从法律人格制度的历史发展来看，承认某个族群具有法律人格的核心驱动力往往不是出于功利主义的需求，而是源于共同体内部对某种价值的预设和肯定，如人人平等。此外，基于某种功利主义的需要赋予人工智能法律人格还可能导致共同体内部的人格冲突或悖论，即自然人人格与人工智能人格存在冲突时，该作何种选择？另外，本书第八章对自动驾驶汽车的数据权属与利用的研究还需要进一步细化。对于个人数据和非个人数据不仅要确定权利归属，还需要进一步明确不同主体所享有数据权利的内容与限制，这样才能协调不同主体在行使权利中可能存在的法律冲突。当然，以上观点仅是我个人的管中之见，还请各位方家批评指正。

张力

西南政法大学民商法学院副院长，教授、博士生导师

2022年10月1日

前言

在过去的一百年里，汽车已经成为现代社会的一部分，征服了世界的每个角落。著名的科幻作家亚瑟·查尔斯·克拉克（Arthur Charles Clarke）曾经写道，尽管汽车可以被改进，但是想要从根本上代替它却是不太可能的。[①]随着技术的发展，传统汽车塑造的一切正在发生变化。在未来的几十年里，自动驾驶汽车将逐渐取代由人类手动驾驶的汽车。自动驾驶汽车将会改变我们对时间和空间的认知，如何出行去上班、住在哪里、如何购物等都会受到影响。[②]考虑到人类手动驾驶汽车每年造成近100多万人死亡的严重后果，自动驾驶汽车无疑具有巨大的社会价值，可以大幅降低交通事故的发生，挽救宝贵的生命。此外，自动驾驶汽车还能有效缓解传统汽车带来的一系列问题，如交通拥堵、环境污染、城市规划等，从而构建一个更加安全高效文明的公路秩序。

然而，自动驾驶汽车在带来巨大社会价值的同时，也提出了前所未有的法律挑战。自动驾驶汽车的发展不是一蹴而就的，同时，无论技术如何发达，都不可能保证绝对的安全。事实上，有关自动驾驶汽车交通事故的

① 参见［美］金斯利·丹尼斯、约翰·厄里：《后汽车时代》，郝庆丰译，机械工业出版社2013年版，第22页。

② 参见［美］胡迪·利普森、梅尔芭·库曼：《无人驾驶》，林露茵、金阳译，文汇出版社2017年版，第2页。

报道已经屡见不鲜，其中不乏严重的伤亡事件，如何解决自动驾驶汽车引发的侵权责任难题成为理论界、产业界都密切关注的话题。更为关键的是，自动驾驶汽车的出现，意味着现行以人类驾驶员、手动驾驶、传统汽车为中心构建的法律秩序将受到前所未有的冲击，现有的法律主体、法律行为、法律关系、法律责任、法律监管等法律制度都需要重新审视。

作为人工智能最典型的应用场景，自动驾驶汽车带来的法律挑战是全方位颠覆性的，几乎可以从各个部门法进行观察。为避免泛泛而谈，本书选择从私法角度切入，集中针对自动驾驶汽车引发的法律地位、事故责任、隐私与个人信息保护、数据权属与利用等问题展开分析，以便系统深入地探讨自动驾驶汽车对于当前私法制度带来的影响，构建一套适应自动驾驶技术特征的私法规则。当然，公法与私法的划分并非泾渭分明，许多问题都同时兼具两种属性，如责任保险、数据治理都不是单纯的私法问题。对此，本书也尽可能兼容并蓄，对相关问题进行全面的探讨。

目录

第一章　自动驾驶汽车的私法挑战概述

第二章　自动驾驶汽车法律规制的全球考察

第三章　自动驾驶汽车的法律地位

第四章　自动驾驶汽车的交通事故责任

第五章 自动驾驶汽车的产品责任

第六章　自动驾驶汽车的责任保险

第七章　自动驾驶汽车的隐私与个人信息保护

第八章　自动驾驶汽车的数据权属与利用

第一章 自动驾驶汽车的私法挑战概述

在漫长的历史进程中，人类很长一段时间的通行工具是马车。马车的到来解放了人类的双腿，动物智能被人类智能充分利用，大大增强了人类的出行能力。与此同时，马车的到来也引发了意想不到的问题：成千上万匹马在道路、社区、学校、工厂等地方随地大小便，带来了严重的环境污染。1900年左右，伦敦大约有1.1万辆马车发挥着类似出租车的作用，还有超过数千辆马拉轨道车、马拉巴士和各种各样的马拉货运车。而一匹马每天要固定产生7—15千克的粪便和1升以上的尿液。可以想象，当时的城市弥漫着一种怎样的味道，存在着怎样的瘟疫隐患，每天在城市散步的人要走怎样的路线，才不会将街道上的垃圾带回家中。[①]1885年，德国人卡尔·本茨发明了第一辆由蒸汽驱动的现代汽车。汽车的到来宣告了马车时代的终结，人们不禁感叹出行效率的大幅提升，并乐观地认为马车引发的环境问题将一去不复返，城市的道路和空气将会焕然一新。然而，100多年过去了，汽车却带来了全新的环境问题，甚至比马车时代更为棘手。

传统汽车在提高出行效率的同时，带来了大量的社会问题，如每年高达近100多万人的伤亡事故、交通拥堵、环境污染等。自动驾驶汽车的出现让人们看到了零交通事故的可能，但我们应当清醒地认识到自动驾驶汽车做不到绝对安全，同时我们也不应当奢求其能够解决传统汽车产生的所有社会问题。相反，就像历史上传统汽车取代马车那样，自动驾

① 参见［德］马里奥·赫格尔：《未来驾驶》，屈丽、王化娟译，电子工业出版社2020年版，第13页。

驶汽车作为一种新技术“物种”，会解决一些问题，但必然也会带来许多新的问题。为此，本章我们将考察自动驾驶汽车的历史与演变，分析自动驾驶技术带来的社会价值，对自动驾驶汽车进行界定，梳理和归纳自动驾驶汽车引发的私法挑战。

第一节 自动驾驶汽车的发展与价值

一、自动驾驶汽车的历史发展

（一）自动驾驶汽车的域外简史

人类对于自动驾驶汽车的向往最早可以追溯到文艺复兴时期。1478年，列奥纳多·达·芬奇（Leonardo da Vinci）曾经尝试设计了一辆能够自行驱动的马车。[①]在2004年的意大利佛罗伦萨市中心，一辆小型自动驾驶三轮车在路人欣喜目光的注视下驶过户外街道，实现了无人驾驶。设计师仔细研究了这座古城众多狭窄的单行街路，对车辆的转向结构进行编程，允许直行和右转，但不能左转。车辆没有驾驶人，行驶路线已经事先规划好并输入其中。为了应对可能出现的紧急停车需求，制动装置可以遥控操作。这次测试并非21世纪自动驾驶汽车的研究成果，而是根据列奥纳多·达·芬奇设计的自动行驶车所制作的一个1∶3比例模型。这次测试充分证明了列奥纳多·达·芬奇当年的发明是可以付诸实践的，同时告诉我们，人类在很久以前就开始梦想自动驾驶汽车了。[②]

---

① See Tom Vanderbilt, The Real Da Vinci Code, Wired, November 11, 2004.

② 参见［美］塞缪尔·I.施瓦茨、凯伦·凯利：《无人驾驶：重新思考未来交通》，李建华、杨志华译，机械工业出版社2021年版，第3页。

20世纪上半叶，自动驾驶汽车的故事在美国正式拉开序幕。当时，因为汽车引发的交通事故正在快速攀升，每年导致意外死亡的美国公民高达20万人。而驾驶员的错误被认为是事故发生的主要原因，因而发明一辆无须驾驶员就能自主运行的汽车被提上日程。与此同时，航空和无线电工程领域的两项新技术的发展也为自动驾驶汽车的登场提供了技术条件。1921年8月，由无线电航空服务的工程师打造的第一辆自动驾驶汽车在美国俄亥俄州代顿的McCook空军测试基地向公众展示。该自动驾驶汽车长达2.5米，通过无线电由后方30米外的一辆陆军卡车控制。从技术方面来看，这并非一辆具有自主能力的汽车，而是一辆远程控制的车辆，只是驾驶员无须在车内而已。[①]

1925年，一款名叫“美国·奇迹”（American Wonder）的自动驾驶汽车在纽约百老汇行驶时引起轰动。它是由霍迪娜无线电设备公司（Houdina Radio Control Company）开发的，应用了不少军事技术。它的工作原理是：在一款新型钱德勒轿车的后座上安装了无线电接收天线，用以接收无线电信号并控制车上的几个小型电动机，实现汽车的行驶和转向等功能。这辆无线电控制汽车符合字面上的“无人驾驶汽车”的定义，因为这辆车上的确没有驾驶人，但是它在行驶时需要后面跟随另一辆汽车，由里面的无线电操作员手控发出无线电指令信号，这个操作员才是真正的驾驶人。[②]因此，虽然这辆车被认为是人类在自动驾驶领域最早的一次尝试，[③]但本质上仍然是远程控制汽车。

---

① 参见［德］马库斯·毛雷尔、［美］J.克里斯琴·格迪斯、［德］芭芭拉·伦茨、［德］赫尔曼·温纳主编：《自动驾驶：技术、法规与社会》，白杰、黄李波、白静华译，机械工业出版社2021年版，第32页。

② 参见［美］塞缪尔·I.施瓦茨、凯伦·凯利：《无人驾驶：重新思考未来交通》，李建华、杨志华译，机械工业出版社2021年版，第4页。

③ See Kalin Vassilev, Driverless Cars Ready to Traverse Cities and Help Save Lives, Sliver Chips Online, Aug.6, 2014.

20世纪30年代，这些远程控制汽车的各种分支出现在公众场合。一方面，它们被用作商业广告车辆，可以吸引人们的注意力。另一方面，远程控制汽车可以在驾驶安全运动中扮演重要角色，因为它们无须驾驶员，可以确保遵守所有的交通规则。当时，这些远程控制类汽车被称为幽灵汽车、机器人汽车、魔术汽车，为自动驾驶汽车的到来打开了想象的大门。①

1932年是一个值得记住的年份，当时自学成才的无线电技师J.J.林奇（J.J.Lynch）在弗吉尼亚州汉诺威市的狂热拥趸面前展示了他的遥控无人驾驶汽车。根据记者布利特・贝克（Brett Berk）的记述，J.J.林奇操控他的自动驾驶汽车在人山人海的观众面前行驶多次，无任何瑕疵。J.J.林奇的目的之一就是向人们展示自动驾驶汽车在安全性方面的潜在优势。然而，在同样的宣传推介现场，一辆克莱斯勒的自动驾驶汽车却出现了失控事故，在行驶中偏离了跑道，径直冲向了3000多名观众，导致至少12人被撞，其中一个16岁的小伙子头部严重受伤。尽管这次事故引发了人们的担心，但“自动驾驶汽车提高汽车安全性”的理念仍然激励着一代又一代的汽车开发设计者。②

1937年，大型石油公司壳牌邀请贝尔・盖得斯（Bel Geddes）在一则广告中，设计了《明日之城》中的一个未来城市的模型。1938年，贝尔成功说服通用汽车公司为1939年的纽约世界博览会开发这一模型。随后在1939年的纽约世界博览会上，贝尔联手通用汽车公司打造了一个名叫“未来传奇”（Futurama）的项目，向参观者展示了未来1960年美国城市的交通系统。在这个近乎乌托邦的交通系统里面，有1万辆动画模型车，沿

① 参见［德］马库斯・毛雷尔、［美］J.克里斯琴・格迪斯、［德］芭芭拉・伦茨、［德］赫尔曼・温纳主编：《自动驾驶：技术、法规与社会》，白杰、黄李波、白静华译，机械工业出版社2021年版，第33—34页。

② 参见［美］塞缪尔・I.施瓦茨、凯伦・凯利：《无人驾驶：重新思考未来交通》，李建华、杨志华译，机械工业出版社2021年版，第5页。

着一条14车道的高速公路行驶，它们通过无线电波保持在各自的车道上运行，展现了未来的自动化交通系统。

然而，第二次世界大战的爆发中断了自动驾驶汽车的梦想之旅。20世纪40年代，汽车产业的全部精力都集中在了生产军用车辆上。待到战争结束后，自动驾驶汽车的乌托邦才得以再次回到人们的日常生活中。战争中开发的新技术也被用于民用自动驾驶汽车的研发。导线原理在技术上变得更加成熟。人们认为磁铁探测器可以有助于实现自动驾驶，因为它们已经在第二次世界大战中被用来探测地雷，同时雷达技术也让自动驾驶汽车的研发具备了可能。

20世纪60年代至90年代，自动驾驶技术的研发取得了巨大进步，美国、英国、德国、日本等都取得一系列令人瞩目的成绩。1969年，美国国防先进研究项目局（DARPA）资助的斯坦福大学人工智能研究室开发出一台名叫“夏凯”（Shakey）的移动式机器人，能够自主执行导航和探测任务。1973年至1981年，该研究室的汉斯·莫拉维克（Hans Moravec）教授在机器人导航和障碍排除领域上取得突破，并最终研发出一台名叫“斯坦福”（Stanford）的自动驾驶汽车。尽管“斯坦福”的行驶速度非常慢，每前行1米需要耗费15分钟左右的时间，但这仍然是一项不可思议的成就。在随后一次测试中，它更是成为第一台无须人类干预就可以成功穿越布满椅子的房间的机器人，虽然整个过程耗时长达5个小时。①

与此同时，20世纪60年代，英国交通道路实验室（TRRL）研制出一台以雪铁龙汽车为基础改装的自动驾驶汽车，并进行了路面测试。这台由雪铁龙改装而来的自动驾驶汽车，其路面测试的最高速度达到每小时130公里，被认为是英国的第一辆自动驾驶汽车。②1977年，日本筑波大学机

---

① See Tom Vanderbilt, Autonomous Cars Through the Ages, Wired, Feb. 6, 2012.

② See Rob Waugh, How the First “Driverless Car” Was Invented in Britain in 1960, Yahoo News, July 17, 2013.

械工程研究室开发出一台能够处理前方道路影像的汽车，被认为是世界上第一台真正意义上的自动驾驶汽车。这辆汽车拥有两个摄像头和一台模拟计算机，行驶速度达到每小时30公里，但需要依靠一条高架轨道行驶。1987年，德国奔驰公司与慕尼黑联邦国防军大学的厄恩斯特·迪克曼（Ernst Dickmanns）教授合作，推出了一台能够以每小时90公里上路行驶的自动驾驶汽车。这一技术的成功，也为厄恩斯特·迪克曼教授赢得了“自动驾驶汽车之父”的头衔。①

进入21世纪，自动驾驶汽车迎来了全新的发展。2001年，美国国会通过了一项法案，计划于2015年前，美国三分之一的军用车辆必须实现全自动化。根据这项法案，DARPA资助了一项名叫“自动驾驶汽车大挑战”（Grand Challenge）的赛事，分别于2004年、2005年以及2007年举办了三届比赛。2004年，有15支队伍获得了首轮竞赛的决赛资格，冠军奖励高达100万美元。按照赛程要求，参赛车辆需要在内华达州莫哈维沙漠自动行驶241公里，穿越泥土道路、低洼道路和山区道路。最终没有一辆参赛车辆能够完成比赛，沙漠地形让车辆寸步难行，表现最好的车辆也只行驶了11.3公里。2005年，DARPA又举办了第二届大赛，冠军奖金更是增加到了200万美元。DARPA根据参赛车队的资格赛成绩，最终选择了前23名参赛者进入比赛，比赛场地仍然是荒芜的沙漠，规则与2004年相同：参赛车辆在不借助公路设施和外力帮助的条件下，通过132英里长的越野赛道，最终有5支车队完成了赛程。②

DARPA举办的自动驾驶汽车大挑战赛事标志着自动驾驶技术开始从学术研究向产业开发转变。2007年赛事结束后，谷歌公司就邀请了当时

---

① See John Frank Weaver, Robots Are People Too: How Siri, Goole Car, and Artificial Intelligence Will Force Us to Change Our Laws, Praeger, 2014, p53.

② 参见［美］胡迪·利普森、梅尔芭·库曼:《无人驾驶》，林露茵、金阳译，文汇出版社2017年版，第183—185页。

亚军车队的领袖塞巴斯蒂安·特龙（Sebastian Thrun）合作。随后，塞巴斯蒂安·特龙从斯坦福大学辞职，在谷歌公司全职工作，秘密开展自动驾驶汽车项目的研发。两年后，谷歌公司宣布了它的自动驾驶汽车计划。与此同时，奔驰、宝马、奥迪、大众、通用、日产、本田、丰田、沃尔沃、福特、现代等传统汽车制造商开始进入自动驾驶汽车领域，慧摩（Waymo）、克鲁斯（Cruise）等初创企业纷纷入局，同时博世、德尔福、大陆和Mobileye等零部件供应商也在发力。①

2010年以来，自动驾驶汽车开始进入道路测试阶段。2011年，美国内华达州率先通过有关自动驾驶汽车道路测试的法案，并给谷歌公司颁发了首张自动驾驶汽车道路测试的牌照。随后，美国至少有40个州和华盛顿特区通过了有关自动驾驶汽车的立法，自动驾驶汽车道路测试也随之遍地开花。与此同时，2016年《维也纳道路交通公约》的修订，打开了欧洲自动驾驶道路测试的大门，德国、英国、法国、意大利等纷纷开始自动驾驶汽车的道路测试。而在亚洲，日本、韩国、新加坡等汽车强国也不甘人后，积极推动自动驾驶汽车的发展。

2016年9月，全球第一辆无人驾驶出租车在新加坡亮相，公众可以通过手机享受免费叫车服务。这比优步（Uber）公司在美国匹兹堡推出的无人驾驶出租车服务还早了几个星期。2016年11月，日本在秋田县仙北市的公路上进行了无人驾驶大客车的载客实验。②此后，行业开始积极探寻自动驾驶汽车商业化落地，自动驾驶出租车、自动驾驶巴士等商业应用日益频繁，同时大规模量产自动驾驶汽车产品变得日益迫切。2018年11月，慧摩公司推出的自动驾驶载人服务Waymo One在美国亚利桑那州菲

---

① 参见柴占祥、聂天心、[德] Jan Becker编著:《自动驾驶改变未来》，机械工业出版社2017年版，第56页。

② 参见柴占祥、聂天心、[德] Jan Becker编著:《自动驾驶改变未来》，机械工业出版社2017年版，第154页。

尼克斯上线。2020年，慧摩公司的全无人自动驾驶出租车开始在菲尼克斯郊区上路。2021年6月，克鲁斯公司获得加利福尼亚州公用事业委员会（CPUC）颁发的许可证，成为加利福尼亚州首个可以在公共道路提供全无人自动驾驶载客服务的公司。①

（二）自动驾驶汽车的本土发展

相较于国外，我国20世纪80年代左右才开始自动驾驶汽车的研发。1978年，清华大学计算机系齐国光教授成立了自动驾驶课题组，当时有3名研究生参加了自动驾驶项目，这是我国在自动驾驶领域播下的第一颗种子。②1992年，国防科技大学、哈尔滨工业大学和沈阳自动化研究所3家单位参与了“遥控驾驶的防核化侦察车”项目的研究，并成功研制出了我国第一辆能够自主行驶的测试样车ATB–1，行驶速度可以达到21公里每小时。ATB–1的诞生标志着中国自动驾驶汽车行业正式起步并进入探索期，自动驾驶汽车的技术研发正式启动。

2008年，为了研发具有自然环境感知与智能行为决策能力的自动驾驶车辆验证平台，国家自然科学基金委员会启动了“视听觉信息的认知计算”这一重大研究项目，并决定自2009年起每年举办一届“中国智能车未来挑战赛”作为该重大研究项目的重要组成部分，旨在集成创新研发自动驾驶汽车，并通过真实道路环境下的自主行驶来检验研究成果。2009年，第一届“中国智能车未来挑战赛”在西安举行，参赛队伍只有西安交大、北京理工大学、湖南大学等6支车队，在不足3公里的园区道路上，自动驾驶车辆不时地需要人工干预，并且失控、撞树等状况不断，自动驾驶汽车要实现道路运行似乎还有漫长的距离。随后，参加比赛的

---

① 参见李彦宏：《智能交通》，人民出版社2021年版，第281页。

② 参见杨宽、陆盛赟：《无人驾驶》，化学工业出版社2022年版，第19页。

队伍越来越多，比赛内容也不断升级。与此同时，中国智能汽车大赛、世界智能驾驶挑战赛、i-VISTA自动驾驶汽车挑战赛等同类型的赛事也陆续开办。

2010年以后，我国自动驾驶汽车开始频繁地走进公众的视野。2011年7月，红旗公司研发的自动驾驶汽车HQ3首次完成了从长沙到武汉286公里的高速全程无人驾驶，全程自主驾驶平均时速87公里，历时约3个半小时。这是我国自主打造的自动驾驶汽车首次在真实复杂的交通路况下完成测试。

2012年11月，由中国军事交通学院研制的“军交猛狮Ⅲ号”完成了114公里的京津高速行驶，全程共耗时85分钟，平均时速79.06公里，最高时速105公里。根据记录，这辆自动驾驶汽车完成了自主超车12次，被动超车21次，换道36次，油门操作1816次，刹车操作30次，转向操作11812次。[①]

2015年12月，百度公司对外宣布其研发的自动驾驶汽车已在国内首次实现城市、环路及高速道路混合路况下的全自动驾驶。根据百度公司公布的道路测试路线显示，百度自动驾驶汽车从位于北京中关村软件园的百度大厦附近出发，驶入G7京新高速公路，经五环路，抵达奥林匹克森林公园，并随后按原路线返回，车辆全程自动驾驶，并实现了多次跟车减速、变道、超车、上下匝道、调头等复杂驾驶动作以及不同道路场景的切换，最高时速达100公里。

2016年4月，长安公司改装的两辆自动驾驶汽车从重庆出发前往北京，整个测试历时近6天，途经四川、陕西、河南、河北等全国多个省市及地区后，最终抵达北京，完成了2000余公里的长距离自动驾驶测试，让自

---

① 参见《我国无人驾驶汽车成功挑战高速公路》，载《中国青年报》2012年11月28日，第3版。

动驾驶汽车再次成为热门话题。[①]

2018年7月，百度公司与厦门金龙公司合作生产的全球首款L4级自动驾驶巴士量产下线。这款L4级自动驾驶巴士名叫“阿波龙”，搭载了百度公司最新的自动驾驶系统“阿波罗”（Apollo），拥有高精定位、智能感知，智能控制等功能。此外，这款自动驾驶巴士既没有方向盘和驾驶位，也没有油门和刹车，做到了真正意义上的无人驾驶。

自动驾驶汽车行业的迅速发展引起了监管部门的高度重视，为自动驾驶汽车打开道路测试的大门成为迫在眉睫的事情。2018年4月，工业和信息化部、公安部、交通运输部三部委联合出台《智能网联汽车道路测试管理规范（试行）》，我国自动驾驶汽车产业正式进入道路测试阶段。随后，自动驾驶汽车道路测试在全国各地全面铺开，北京、上海、重庆、深圳、长沙等几十个城市都发放了自动驾驶汽车道路测试牌照，自动驾驶汽车产业发展进入快车道。

自2019年下半年开始，我国自动驾驶汽车行业开始寻求商业化落地。2020年10月，百度公司在北京推出自动驾驶出租车服务，市民可在北京经济技术开发区、海淀区、顺义区的数十个自动驾驶出租车站点，直接下单免费试乘自动驾驶出租车服务。2021年10月，北京市智能网联汽车政策先行区正式开放无人化测试场景，随后又开放了全国首个自动驾驶出行服务商业化试点。2022年4月，百度在北京取得无人化载人示范应用许可，推出了主驾无人的自动驾驶出租车。2022年8月，重庆、武汉两地率先发布自动驾驶全无人商业化试点政策，并向百度公司颁发了全国首批无人化示范运营资格，允许车内无安全员的自动驾驶车辆在社会道路上开展商业化服务。这标志着我国自动驾驶汽车商业化落地进入新的阶段。

① 参见赵宇飞、张桂林：《长安：无人驾驶汽车来了》，载《中国品牌》2016年第6期。

二、自动驾驶汽车的社会价值

如果有人告诉你有这么一项发明：它每年可以帮助你节省几千元甚至数万元，可以减轻所有人的税负，可以让你和邻居家都能有更多空间，可以减少空气和噪声污染，可以让老人、小孩还有残障人士都能安全地外出走动，还可以节省你的通勤时间，甚至可以将每年导致成千上万人死亡的车祸消灭掉90%，那么这听上去是否好得有些令人难以置信呢？好消息是，这些都未必那么令人难以置信。[①]自动驾驶汽车正在将这些好处一一变为现实，带来一个全新的社会面貌。对此，我们将自动驾驶汽车的社会价值做一个归纳。

（一）提高出行安全

汽车的到来解放了人类的双腿，但同时也带来了严重的交通事故。据报告，全球每年有近100多万人因为交通事故而失去生命，这是非常恐怖的数字。我国是汽车大国，也是人口大国，交通事故每天都在上演。根据国家统计局的数据，2020年我国交通事故发生数总计244674起，交通事故造成的死亡人数为61703人，造成受伤人数为250723人，直接财产损失总计131361万元。[②]对于交通事故发生的原因，绝大多数可以归咎于驾驶员的原因，只有小部分是因为技术和环境的问题。既然由人来驾驶汽车并不安全，那么自动驾驶取代人类手动驾驶后，就可以大幅减少交通事故的发生。虽然，自动驾驶汽车很难实现零交通事故，但有可能消除90%的人为交通事故，这对于提高交通安全和出行服务来说，已经具有里程碑意义。[③]

---

① 参见［爱尔兰］戴维·克里根：《无人驾驶：未来出行与生活方式的大变革》，谭宇墨凡译，机械工业出版社2019年版，第1页。

② 参见国家统计局网站，载https://data.stats.gov.cn/easyquery.htm?cn=C01&zb=A0S0D01&sj=2020，2022年7月7日访问。

③ 参见李彦宏：《智能交通》，人民出版社2021年版，第65页。

相较于人类驾驶员，自动驾驶汽车将更加安全。一方面，自动驾驶汽车更加自律。现代汽车在很大程度上把人们同外面的公路隔离开，并创造了一个封闭的环境，车内的人们常常会无视交通法规，而一心关注自己想要去的地方。[①] 人类是情感丰富的动物，人们在驾驶汽车的过程中很难做到完全遵守交通规则，醉酒、打电话、超速、路怒、疲劳等情况时有发生，严重危害驾驶活动的安全。例如，人们常常会因为分心玩手机而导致事故的发生。根据美国交通部国家公路交通安全管理局（NHTSA）的数据，在美国的任何一个白天，大约有66万名司机在驾驶汽车时使用手机。在驾驶期间，司机的眼睛会不自觉地离开路面2—3秒，去查看短信或者自拍。仅在2015年，因司机分心发生的交通事故就有3477例死亡和39.1万人受伤。[②] 相较于人类驾驶员，自动驾驶汽车是理性的机器，不会像人类那样产生负面的情绪，可以确保全心全意投入驾驶活动，完全遵守交通法规。

另一方面，自动驾驶汽车也更加适合驾驶活动。人类驾驶员囿于生理原因，对于道路环境的感知存在很大的局限，同时应对突发事件的能力也是有限的。有研究显示，在汽车以每小时50公里的速度行驶时，如果能够早半秒刹车的话，就能减少50%的事故，但39%的驾驶者在事故发生前根本没有刹车，而40%的驾驶者则没有有效刹车。[③] 相较于人类驾驶者，自动驾驶汽车拥有极快的反应速度，能有效减少交通事故的发生。此外，自动驾驶汽车还拥有360度的视野，全天候精准分析驾驶环境，这些

---

① 参见［爱尔兰］戴维·克里根：《无人驾驶：未来出行与生活方式的大变革》，谭宇墨凡译，机械工业出版社2019年版，第130页。

② 参见［爱尔兰］戴维·克里根：《无人驾驶：未来出行与生活方式的大变革》，谭宇墨凡译，机械工业出版社2019年版，第131—132页。

③ See Alex Forrest & Mustafa Konca, Autonomous Cars and Society, Worcester Polytechnic Institute, 2007, pp.31–32.

都是人类驾驶者无法比拟的。[①]对此，谷歌公司的自动驾驶汽车项目的负责人德米特里·多尔戈夫（Dmitri Dolgov）先生曾提到一个小插曲："某天，我路过一片茂林区，汽车缓缓停了下来。我心中正纳闷，一定是自动驾驶系统出了问题。结果没一会，一头鹿从汽车身边走过。显然，与我们不同，自动驾驶汽车晚上也能看见。"[②]

（二）优化出行效率

自动驾驶汽车对于人类生活产生的影响最不为人全面认识的一点，就是对于交通拥堵产生的影响。一种乐观的看法是自动驾驶汽车可以提升城市交通系统的效率，致使私家车数量减少，进而减少拥堵，降低城市中交通出行产生的碳排放量。有研究表明，如果城市居民不再乘坐私家车和公共交通，而是以共享的方式使用自动化出租车，那么城市道路上的机动车数量会减少90%。自动驾驶汽车可以让每个家庭平均保有的车辆减少到一辆，因为自动驾驶汽车在送完一个家庭成员上班后会启动回家模式，这样其他家庭成员也可以使用这辆车来接送自己外出办事或者参加活动。[③]

虽然汽车的发明是工业史上的巨大成就，但由于汽车的广泛普及而导致的城市交通拥堵也成为许多大都市现代化、城市化和机动化过程中难以逾越的阶段。[④]我国许多城市都饱受拥堵之苦。根据高德地图联合国家信息中心大数据发展部、清华大学交通研究所等多家权威机构共同发布的

---

① See Erico Guizzo, How Google's Self-Driving Car Works, IEEE Spectrum, Oct.18, 2011.

② See Burkhard Bilger, Auto Correct: Has the Self-Driving Car at Last Arrived?, The New Yorker, Nov. 25, 2013.

③ 参见［美］胡迪·利普森、梅尔芭·库曼：《无人驾驶》，林露茵、金阳译，文汇出版社2017年版，第35—37页。

④ 参见何玉宏：《汽车社会与城市交通：交通社会学的探索》，上海三联书店2012年版，第72页。

《2021年度中国主要城市交通分析报告》显示，同比2020年，2021年全国50个主要城市中有60%的城市内路网高峰行程延时指数上升，24%的城市基本持平，16%的城市拥堵下降。截至2021年3月，中国私家车保有量超过200万辆的城市达33个。巨大的汽车保有量以及大量的出行需求，造成了道路拥堵。早高峰、晚高峰、节假日、恶劣天气等，让交通拥堵成为城市化过程中最大的弊病之一。①

在过去几十年里，增加道路容量是消除这种交通拥挤的老办法。然而，对于当前的绝大部分城市来说，这种办法从物理上、财政上、政治上都变得越来越不现实了。②唯有提高现有道路利用效率，才能破解交通拥堵的难题。事实上，交通拥堵的原因，除汽车保有量的不断上涨外，与道路的利用效率有很大关系。人类驾驶的车辆无法充分利用道路，出于安全的考虑，人类驾驶汽车不得不与前后车辆保持数十米的距离，而且在变道时我们也做不到平滑熟练。对此，自动驾驶汽车结队行驶后可以更加有效地利用路面空间，让通常会堵塞的地方变得更加通畅，因为交通拥堵通常发生在公路的驶入驶出匝道的位置、变换车道的位置，以及交叉路口等地。③假如车行道的总宽度是10米，按现在的汽车性能来设计，只能划分为3车道，而如果通行的是自动驾驶汽车，则可以划分为4车道或者5车道，可以使交通容量提升三分之一或者三分之二，而改造的成本仅仅是为道路重新画线。④此外，自动驾驶汽车还可以减少交通事故的发生，这也有助于解决交通拥堵的问题。有数据认为，自动驾驶汽车整体上能够将道路利

---

① 参见李彦宏:《智能交通》，人民出版社2021年版，第67页。

② 参见［日］北村隆一编著:《汽车化与城市生活——21世纪的城市与交通发展战略》，吴戈、石京译，人民交通出版社2006年版，第22页。

③ 参见［美］胡迪·利普森、梅尔芭·库曼:《无人驾驶》，林露茵、金阳译，文汇出版社2017年版，第40页。

④ 参见［美］塞缪尔·I.施瓦茨、凯伦·凯利:《无人驾驶：重新思考未来交通》，李建华、杨志华译，机械工业出版社2021年版，第40页。

用率提升至惊人的273%。[①]

（三）增强出行能力

相较于马车，汽车大幅增强了人们的出行能力，可以在更少的时间内让人们到达更远的距离。同时，拥有汽车也让人们更加的自由，可以随时随地享受出行的便利。然而，与驾驶马车一样，驾驶汽车也需要经过专业的训练，必须拿到驾照才能真正享受汽车带来的出行好处。而要想拿到驾照并不容易，需要付出很多的时间和精力。同时，拿到驾照也并不意味着你就是一名经验丰富的司机，相反，你还需要长年累月地积累出行里程，在长期的实战中增长驾驶经验。事实上，驾驶大概是我们大多数人日常生活里最复杂的事情。驾驶这项技能包含了至少1500个子技能。大多数人似乎都认为开车是相当容易的一件事，但实际上开车是一项极其复杂且要求很高的任务：我们要处理一堆令人眼花缭乱的信息，要持续做出预测和计算，并实时判断风险和做出回应，还要参与大量的感觉和认知活动。[②]此外，囿于生理原因，有些特殊群体无法取得驾照，不能亲自驾驶汽车，只能依仗司机或者公共交通。例如，根据我国《机动车驾驶证申领和使用规定》第14条的规定，申请小型汽车的驾照需年满18周岁，没有红绿色盲，双手拇指健全，双下肢健全且运动功能正常。此外，第15条还明确规定，有器质性心脏病、癫痫病、美尼尔氏症、眩晕症、癔病、震颤麻痹、精神病、痴呆以及影响肢体活动的神经系统疾病等妨碍安全驾驶疾病的，不得申请驾照。对于这部分群体来说，汽车带来的出行自由只能停留在羡慕当中。

---

① See Evan Ackerman, Study: Intelligent Cars Could Boost Highway Capacity by 273%, IEEE SPECTRUM, June 8, 2016.

② 参见［爱尔兰］戴维·克里根：《无人驾驶：未来出行与生活方式的大变革》，谭宇墨凡译，机械工业出版社2019年版，第67页。

自动驾驶汽车的到来可以显著缓解上述问题。与传统汽车不同，自动驾驶汽车对于使用人的要求并不会过分严格，使用人未来只需要经过简单的培训即可取得驾照，不需要学习如何手动操作方向盘、油门、踏板等复杂的驾驶技能，只要能够了解自动驾驶模式的开启以及紧急情况下的应对即可。与此同时，自动驾驶汽车在出厂之时已经是身经百战的“司机”，算法系统也经过了成万上亿公里的训练，能够提供更加安全稳定的驾驶感受。同时，一辆自动驾驶汽车“学会”了某种新技能，所有的自动驾驶汽车的都能掌握这一技能，这种技能的叠加升级也是人类驾驶员所不具备的。

此外，更为重要的是，自动驾驶汽车可以解决部分残疾人等特殊群体出行的问题，算法系统通过语音、按键等方式接收他们的指令，即可带他们回家或者到达目的地，生理因素的限制被机器智能彻底补足。我们甚至可以期待，那些原先只能枯坐在家的人可以借助这种新型交通工具重新变得灵活起来。①2017年2月，欧洲议会向欧盟委员会提出立法建议的决议《机器人技术民事法律规则》就指出，应当关注自动驾驶汽车为残疾人带来的高附加值，因为这类车辆能够帮助他们更有效地参与到交通运输当中，从而为他们的日常生活提供便利。

（四）增加利用时间

驾驶汽车是一项非常消耗时间的事情，特别是对于那些住所远离工作地点的家庭。20世纪40年代至50年代，美国有85%的家庭都住在郊区。由于每日的通勤，大多数的父亲几乎没有时间去参与家庭活动。尽管城市化让更多的家庭住进了城市，但通勤时间依然占据着很大的比重。

---

① 参见［德］埃里克·希尔根多夫：《自动化驾驶与法律》，黄笑岩译，载易继明主编：《私法》第25卷，法律出版社2016年版，第88页。

例如，我国许多中大型城市中的人群也饱受通勤之苦。2022年7月，中国城市规划设计研究院发布的《2022年度中国主要城市通勤监测报告》显示，44个国内主要城市中单程平均通勤时耗为36分钟，超过1400万人承受着“极端通勤”，单程时间60分钟以上的通勤比重占13%。其中，北京60分钟以上的通勤比重为30%，是全国极端通勤人口最多的城市。自动驾驶汽车到来后，驾驶活动占用人们宝贵时间的比例将大幅缩小，人们可以利用在车上的时间工作或者休息。[①]这一部分宝贵的时间将被有效地利用起来。与此同时，自动驾驶汽车对于交通拥堵的积极影响，也会减少通勤所需要的时间，让人们有更多的时间投入生活和工作。此外，自动驾驶汽车还能让工作更加准时，提升时间利用的整体效率。[②]

毫无疑问，自动驾驶汽车是一台时间机器，它们生产的是最难以捉摸的资源——可供人们消费的新的时间，而时间就是金钱。[③]这也是自动驾驶汽车非常重要的一项价值。当自动驾驶汽车将人们从繁重的驾驶任务中解放出来后，人们将拥有更多的自由时间。1956年，美国独立电子电力公司在《生活》（LIFE）杂志上投放了一则广告，一辆自动驾驶汽车正在公路上行驶，车内的一家四口则坐在桌子旁边，汽车仿佛变成了一个客厅。父亲坐在驾驶位上，但他的双手已经离开了方向盘。母亲和女儿正在玩着多米诺骨牌，一旁的儿子则在把玩手中的飞机模型。这则广告充分体现了这样一个主题，即自动驾驶汽车是一个可以用来构建和谐家庭生活的理想平台。人们可以将浪费在驾驶上的时间节省下来，转而

---

① See Jeffey Mackowski, Good but Not Great: Autonomous Vehicles and the Law in Florida, 11 FIU L.Rev. 221, 2016, p.227.

② See Kyle Colonna, Autonomous Cars and Tort Liability, 4 Journal of Law, Technology & The Internet 81, 2012, p.113.

③ 参见［爱尔兰］戴维·克里根：《无人驾驶：未来出行与生活方式的大变革》，谭宇墨凡译，机械工业出版社2019年版，第96页。

花在陪伴家人身上。[①]与此同时，这些多出来的空闲时间能够很好地转化为经济价值。在一篇讨论谷歌公司的自动驾驶汽车项目收入潜力的文章中，一位专业人士就提到，只要有1%的美国汽车使用谷歌公司提供支持的软件，那么每年由自动驾驶汽车所创造的因谷歌服务的额外使用所带来的收入就有可能达到14000亿美元。这就不难理解为何谷歌公司要投资自动驾驶汽车，也就可以理解为什么其他公司同样要保证自己不会错失良机。[②]在日益激烈的注意力经济的争夺战中，自动驾驶汽车将会开辟广阔的新战场。

（五）助力环境保护

除上述价值外，自动驾驶汽车还有助于环境保护。一个有着相当数量自动驾驶汽车的运输系统将主要通过三种方式减少能源消耗：更有效率地驾驶；更轻量也更省油的车辆；高效的基础设施。[③]

传统汽车燃油效率十分低下，只有不到30%的能量是用于驱动汽车，以及少量能量被用来给车灯、收音机和空调等设备供电，其余大部分能量都以热、噪声等方式浪费掉了。一辆小汽车动辄一两吨，而人体不过一两百斤，驱动汽车的能量只有约5%是用于运送乘客，仅占燃油总能量的1.5%。[④]自动驾驶汽车可以提升驾驶效率，减少能源消耗。例如，由于

---

① 参见［德］马库斯·毛雷尔、［美］J.克里斯琴·格迪斯、［德］芭芭拉·伦茨、［德］赫尔曼·温纳主编：《自动驾驶：技术、法规与社会》，白杰、黄李波、白静华译，机械工业出版社2021年版，第40—41页。

② 参见［爱尔兰］戴维·克里根：《无人驾驶：未来出行与生活方式的大变革》，谭宇墨凡译，机械工业出版社2019年版，第96页。

③ 参见［爱尔兰］戴维·克里根：《无人驾驶：未来出行与生活方式的大变革》，谭宇墨凡译，机械工业出版社2019年版，第170页。

④ 参见［美］劳伦斯·伯恩斯、［加］克里斯托弗·舒尔根：《自动时代：无人驾驶重塑世界》，唐璐、谢炜烨译，湖南科学技术出版社2020年版，第16页。

风阻的影响，卡车尤其容易发生燃油效率低下的问题，如果将自动驾驶卡车编组，相距不超过3英尺，那么行驶时每辆卡车的油耗将减少15%到20%。[①]再如，人类司机会迷路、会发怒，还很难找到停车位。自动驾驶汽车的驾驶风格可以被设定成高效、冷静而流畅。一名激进的司机使用的燃料比一般司机要多33%，而一般司机使用的燃料比最高效的驾驶要多10%。因此，有理由认为，与普通人类司机相比，自动驾驶汽车能够多节省10%—20%的燃油。[②]

与此同时，自动驾驶汽车的安全性可以让汽车设计得更加经济。现代汽车设计的一个重要考量是增加防撞的空间，需要给可能发生的交通事故预留足够的缓冲，在车身结构以及尺寸上都采取的是又重又长的设计。既然自动驾驶汽车能够显著降低交通事故的发生，那么汽车就可以设计得更加轻巧，这也会更加省油。[③]此外，自动驾驶汽车常常与新能源联系在一起。汽车在无人自动化改进过程中一个核心变化就是它们的驱动能源。自动驾驶汽车更有可能采用电力驱动，同时一旦自动驾驶技术成熟，汽车变得智能化，能够自动计划路线，并适时地将充电站纳入行程，电动汽车充电的问题也会得到缓解。[④]

（六）优化城市设计

汽车不同于家电产品，它的消费需要一系列外部配套条件才能实现，

---

① 参见［美］胡迪·利普森、梅尔芭·库曼：《无人驾驶》，林露茵、金阳译，文汇出版社2017年版，第40页。

② 参见［爱尔兰］戴维·克里根：《无人驾驶：未来出行与生活方式的大变革》，谭宇墨凡译，机械工业出版社2019年版，第171页。

③ 参见［美］胡迪·利普森、梅尔芭·库曼：《无人驾驶》，林露茵、金阳译，文汇出版社2017年版，第41页。

④ 参见［美］胡迪·利普森、梅尔芭·库曼：《无人驾驶》，林露茵、金阳译，文汇出版社2017年版，第42页。

除能源耗费外，还需要道路、停车场等基础设施。汽车所到之处，沥青也随之扫荡着脚下的土地，农田变成了道路，森林变成了停车场。[①]自动驾驶汽车的出现会影响城市土地的规划利用，如停车场的设计。一个城市停车场的设计规划对于城市的个性韵味有着惊人的显著影响。[②]尽管人们表面上购买汽车的原因是他们需要四处走动，但实际上他们真正使用汽车的时间是很少的。一辆汽车大部分时间都停在那里等着我们再次需要它，而这种需要往往是很短暂的活动。通常情况下，我们使用汽车的间隔时间能够达到12个小时，而大部分时间汽车都在那一动不动，它们需要在不同的地方有多个停放空间：家里需要一个停车位，办公场所需要一个停车位，购物中心或者迪士尼乐园等休闲场所也是如此。大量的土地被修成了停车场和车库，成了都市的“死亡地带”，逐渐消耗着城市街道的生气和活力。[③]与此同时，停车位似乎永远赶不上需求。人们驾驶传统汽车的一个痛点就是寻找停车场，驾驶汽车到达目的地并不意味着驾驶活动的结束，还需要为汽车寻找一个“安身之所”，这对于许多城市来说都是极其困难的，也让驾驶活动徒增烦恼，影响驾驶人的心情，同时加剧能源的消耗。

自动驾驶汽车到来后，对于停车场的设计将会产生重要影响，人们并不需要自己开车去寻找车位，自动驾驶汽车既可以自己寻找车位，也可以选择回家供其他家庭成员使用。如此一来，在提升人们出行体验的同时，还可以减少一笔停车费用的开支。同时，停车位的减少还会减少房屋的成

---

① 参见何玉宏：《汽车社会与城市交通：交通社会学的探索》，上海三联书店2012年版，第45页。

② 参见［美］胡迪·利普森、梅尔芭·库曼：《无人驾驶》，林露茵、金阳译，文汇出版社2017年版，第43页。

③ 参见［爱尔兰］戴维·克里根：《无人驾驶：未来出行与生活方式的大变革》，谭宇墨凡译，机械工业出版社2019年版，第45页。

本，人们购买停车位的需求会大幅降低，开发商将会重新考虑房屋或者社区的设计，是否需要配套那么多的车位。届时，法律可能取消对新建商圈或者住宅必须配备一定数量新车位的要求，而多出来的土地可以用在其他更有意义的地方，如可以将停车场改造成公园、运动场或者路边咖啡馆等公共领域，为弥漫低沉之气的市中心注入活力，还可能带来许多新的工作需求。此外，城市将变得更加干净、美丽，没有停车道，街道立马变成了宽阔的林荫大道。①

（七）其他价值

自动驾驶汽车还会对法律系统产生影响。20世纪，汽车日益成为生活的中心，产生了许多积极的影响，但也引发了相当一部分犯罪。2016年，车辆盗窃案件占旧金山警察局登记犯罪事件的21%以上，还有很多与机动车相关的犯罪，如交通肇事等。如果自动驾驶汽车普及开来，相关的犯罪将会大幅下降，进而可以解放警力，用以侦查其他犯罪，同时还可以减少昂贵的诉讼资源浪费，提升司法系统的效率。与此同时，自动驾驶汽车取代人类驾驶员后，违反交通规则的情况将会变少，围绕交通巡逻组织的警务工作也将被解放，可以用于其他更有意义的工作当中。②

此外，自动驾驶汽车还对现有社会的各行各业产生影响，如医疗、教育、金融、零售、制造、安防等。想要精准预测自动驾驶汽车的影响是不可能的，很多预设的好处可能不会很顺利地如约而至。与此同时，自动驾驶汽车还会带来巨大的、复杂的和不确定的社会风险，有可能打乱或者替代现有的社会和经济体系，甚至将重新定义和重新分配个人自由和责

---

① 参见［美］胡迪·利普森、梅尔芭·库曼：《无人驾驶》，林露茵、金阳译，文汇出版社2017年版，第46页。

② 参见［爱尔兰］戴维·克里根：《无人驾驶：未来出行与生活方式的大变革》，谭宇墨凡译，机械工业出版社2019年版，第175页。

任。[①]故此，在畅想自动驾驶汽车积极影响的同时，我们也应该去关注其可能带来的各种挑战。

第二节　自动驾驶汽车的界定与分级

一、自动驾驶汽车的界定

（一）自动驾驶汽车的概念

当前，对于自动驾驶汽车并没有一个达成共识的概念。各国对于自动驾驶汽车的定义各有侧重。

2011年，美国内华达州颁布了“第511号法案”，其中第8条对于人工智能和自动驾驶汽车下了一个定义：所谓的人工智能，是指使用计算机和相关设备使机器能够复制或模仿人类的行为。而自动驾驶汽车，是指无须人类操作者主动干预，通过使用人工智能、传感器和全球定位系统来实现自动驾驶的机动车辆。其中，传感器包括但不限于摄像头、激光和雷达。内华达州“第511号法案”的定义将自动驾驶汽车与人工智能的概念结合在一起，看到了人工智能对于自动驾驶汽车的重要作用，抓住了自动驾驶汽车的技术关键。

2016年9月，美国交通部国家公路交通安全管理局发布《联邦自动驾驶政策：加速道路安全变革》（Federal Automated Vehicles Policy: Accelerating the Next Revolution in Roadway Safety, AV 1.0），使用了高度自动驾驶汽车（Highly Automated Vehicles, HAVs）的概念，将高度自动驾驶汽车界定为装有高度自动驾驶系统的车辆，具体包括国际自动机工程师

① 参见樊云慧：《论无人驾驶汽车的法律监管》，载《兰州学刊》2019年第10期。

学会（SAE）发布的分级指南中的有条件自动驾驶（L3）、高度自动驾驶（L4）以及完全自动驾驶（L5）三个阶段。根据文件给出的定义，所谓的高度自动驾驶系统（Highly Automated Vehicle Systems），是指为驾驶员提供安全、舒适和便利功能的硬件和软件的组合，通过控制和组合制动、油门和转向功能来执行驾驶功能（如高速公路驾驶、自动出租车、自动泊车）的系统。

2018年10月，美国交通部国家公路交通安全管理局发布《为未来交通做准备：自动驾驶汽车3.0》（Preparing for the Future of Transportation: Automated Vehicles 3.0, AV 3.0），重新使用了自动驾驶汽车（Automated Vehicle）的概念，并将其界定为任何装有自动驾驶系统（Automated Driving System）的车辆，而自动驾驶系统是指能够共同持续执行整个动态驾驶任务的硬件和软件，无论它是否仅限于特定的操作设计域，具体包括SAE分级指南中的L3级、L4级和L5级自动驾驶。这一定义延续《联邦自动驾驶政策：加速道路安全变革》（AV 1.0）的做法，主要依靠SAE分级指南来界定自动驾驶汽车。

2017年6月，德国通过了《道路交通法第八修正案》（Eight Act Amending the Road Traffic Act），第1a条对高度或者完全自动驾驶功能的机动车作出了规定，具体对应SAE分级指南中的L3级与L4级。根据该条规定，装有高度或者完全自动驾驶功能的机动车意味着机动车需具备如下技术：第一，当开启后，能够控制机动车，包括执行驾驶任务（汽车控制）；第二，当汽车处于高度或者完全自动驾驶模式中，能够遵守相关交通规则和法规；第三，能够随时被驾驶人接管或者中止；第四，能够确定需要驾驶人重新人工操作机动车的情形；第五，具备能够通知驾驶人——通过视频、音频、触觉等其他可知方式——重新人工控制机动车的能力，同时有足够的时间缓冲完成这一接管；第六，汽车使用与系统说明是一致的。相较于美国法的定义，德国对于自动驾驶汽车的界定更加细致，突出了自动驾驶汽车的自主性以及随时被人类驾驶员接管的技术特征。

2022年1月，英国法律委员会发布《自动驾驶汽车：联合报告》（Automated Vehicles: joint report），其中对自动驾驶汽车的概念作出了界定。报告指出，自动驾驶是指一系列汽车技术，我们可以将自动驾驶汽车描述成一种设计为能够自行驾驶的汽车，在自动驾驶汽车模式下，汽车至少可以在一段旅程内不需要人类的控制和监督。因此，自动驾驶汽车的重点是自动驾驶系统至少需要在部分旅程中取代人类驾驶员，而不是仅仅提供驾驶辅助。[①]从这一定义可以看出，英国对自动驾驶与驾驶辅助做了严格区分，后者并不属于自动驾驶汽车的范畴。

2018年4月，我国工业和信息化部、公安部、交通运输部联合发布《智能网联汽车道路测试管理规范（试行）》，对于自动驾驶汽车的概念下了一个定义。根据该规范第28条的规定，自动驾驶汽车，又可称为智能网联汽车或智能汽车，主要指“搭载先进的车载传感器、控制器、执行器等装置，并融合现代通信与网络技术，实现车与X（人、车、路、云端等）智能信息交换、共享，具备复杂环境感知、智能决策、协同控制等功能，可实现安全、高效、舒适、节能行驶，并最终可实现替代人来操作的新一代汽车”。随后，2021年的《智能网联汽车道路测试与示范应用管理规范（试行）》继续沿用这一概念。相较于美国、德国以及英国有关自动驾驶汽车的定义，我国对于自动驾驶汽车的界定同时强调网联性与自主性两个技术特征。

德国学者埃里克·希尔根多夫认为，当其他人想知道这里谈论的究竟为何物时，术语问题自然十分重要。但是，由于科技发展十分迅速，如果一开始就尝试将概念定义压制在一定的界限内，显然不太合适。[②]为此，自动驾驶汽车的概念应当具有开放性。笔者认为，所谓的自动驾驶汽车，

---

① See The Law Commission, Automated Vehicles: joint report, 2022, p.2.

② 参见［德］埃里克·希尔根多夫：《自动化驾驶与法律》，黄笑岩译，载易继明主编：《私法》第25卷，法律出版社2016年版，第86页。

又可以称为无人驾驶汽车、智能汽车、智能网联汽车，简单来说就是由机器智能执行驾驶任务的汽车，是一个与依靠人类智能执行驾驶任务的传统汽车相对的概念。[①]

（二）自动驾驶汽车的特征

自动驾驶汽车是不同于传统汽车的新一代汽车。对此，我们可以从如下四个方面来理解自动驾驶汽车。

第一，自动驾驶汽车是一种人工智能。自动驾驶汽车是人工智能技术在交通领域的具体应用，其内核是机器智能。从人类历史发展来看，出行工具不断发生变化，从早期的马车到了现代汽车。汽车的发明让人们不需要马匹的帮助就能享受出行的便利。然而，汽车在取代马匹的同时，也失去了某种形式的自主权。通过训练和驯马技术，拉马车的马可以自行学会保持在一些简单的规则范围内。在此情景之下，马车具有一定程度的自主性。从马车到汽车的过渡中，人们看似收获了更强的出行能力，却失去了重要的障碍物规避能力，这毫无疑问是执行“自主任务”的一种必备的临时能力。在马车行驶的很多时候，即便马夫不再完全接管旅途，马儿自己也能将马车安全地带回家。即使马儿无法认识回家的路，但它们至少会让马车处于安全的状态，然后停在路边吃草。从这个角度来看，自动驾驶汽车的目的就是恢复传统汽车失去的自主性并且超越其历史形式。[②]换言之，

---

① 需要说明的是，有观点认为自动驾驶汽车与无人驾驶汽车是两个不同的概念，认为只有L5级的完全自动驾驶汽车才称为无人驾驶汽车（参见韩旭至:《人工智能的法律回应：从权利法理到致害责任》，法律出版社2021年版，第154页）。对此，笔者认为，无论是有条件自动驾驶，还是高度自动驾驶、完全自动驾驶，手动驾驶均已被系统取代，因而皆可称为无人驾驶。

② 参见［德］马库斯·毛雷尔、［美］J.克里斯琴·格迪斯、［德］芭芭拉·伦茨、［德］赫尔曼·温纳主编:《自动驾驶：技术、法规与社会》，白杰、黄李波、白静华译，机械工业出版社2021年版，第1页。

自动驾驶汽车想要实现的是汽车的自主运行，但这种自主性不是依靠动物智能和人类智能，而是依靠机器智能来实现的。

第二，自动驾驶汽车运行包括感知、决策和行动三个阶段。依靠机器智能，自动驾驶汽车能够实现自主性，实现了自动驾驶对手动驾驶的取代，算法对人类驾驶员的取代。对于自动驾驶技术的运行逻辑，本质上与人工智能的运行逻辑是一样的，主要依靠感知、决策和行动三种能力，自动驾驶汽车的行驶过程自然也可以分为这三个阶段。[①]第一阶段是感知，即自动驾驶汽车通过各类传感器感知周围环境，绘制汽车行驶的周边环境图。感知阶段是自动驾驶汽车性能最基本、最重要的信息来源和体验保障。[②]对于人类驾驶员来说，我们主要依赖眼睛完成信息的输入，而自动驾驶汽车则主要借助摄像头、激光雷达、毫米波雷达等传感器来观察四周的环境。单独依靠一种传感器很难提供像人眼一样高效的信息输入，因此大多数自动驾驶汽车依赖于多种类型传感器的融合。第二阶段是决策，即自动驾驶系统对第一阶段收集的数据进行处理，生成可以到达目的地的最优路线，做出驾驶决策。在这一阶段，自动驾驶系统需要借助强大的算力，对前一阶段收集的数据进行快速处理，以便选择最佳的行动方案。第三阶段就是行动，在自动驾驶系统的指令下，自动驾驶汽车执行器驱动汽车行驶，执行第二阶段的指令，包括加速、刹车、转向等。

第三，自动驾驶汽车强调自主性与网联性。自动驾驶汽车的发展存在两个不同方向，分别是智能模式与网联模式。[③]产业界将其称为单车智能

---

① See Harry Surden & Mary-Anne Williams, Technological Opacity, Predictability, and Self-Driving Cars, 38 Cardozo Law Review 121, 2016, p.141.

② 参见信风智库编著：《解码智能时代：刷新未来认知》，重庆大学出版社2020年版，第42页。

③ 参见杨宽、陆盛赟：《无人驾驶》，化学工业出版社2022年版，第54页。

和车路协同的“路线之争”。单车智能主要依靠车辆自身的视觉、毫米波雷达、激光雷达等传感器，计算单元以及线控系统进行环境感知、计算决策和控制执行。而车路协同，则是将路端升级到与车端智能化同等的水平，通过车联网将人—车—路—云这些交通参与要素有机地联系在一起，从而保证自动驾驶安全，加快自动驾驶应用的成熟。[①]这两种路径并非由技术本身的逻辑导致的，而是由自动驾驶技术研发和商业化的主要参与者的既有优势和利益所决定的，是一种“路径依赖”或“锁定效应”。更符合技术逻辑的发展方向当然是“智能化+网联化”相融合，最终使系统能够替代人类执行全部驾驶任务。[②]从理论上看，车路协同的加入，可以让自动驾驶汽车不再是单个的智能体。具言之，车联网技术可以让自动驾驶汽车实现信息与网络的共享，通过车与车（V2V）、车与基础设施（V2I）、车与人（V2P）等交互实现信息共享，收集车辆、道路和环境的信息，由此可以大大降低交通事故的发生率。[③]故此，自动驾驶汽车不仅要具备自主能力，能够自主识别驾驶环境、规划路线和执行决策，还应当具备网联能力，实现车与各方互联互通。[④]

第四，自动驾驶汽车是一种机器人。自动驾驶汽车是一种人工智能，也可以被定义为一种机器人。严格来说，人工智能与机器人并非同一事物。从历史来看，机器人概念的产生要早于人工智能。机器人（Robot）一词由捷克作家卡雷尔·恰佩克（Karel Čapek）于1921年首次提出，而

① 参见李彦宏：《智能交通》，人民出版社2021年版，第168页。

② 参见郑戈：《数据法治与未来交通——自动驾驶汽车数据治理刍议》，载《中国法律评论》2022年第1期。

③ 参见陈慧岩、熊光明、龚建伟、姜岩主编：《无人驾驶汽车概论》，北京理工大学出版社2014年版，第213页。

④ 参见柴占祥、聂天心、[德] Jan Becker编著：《自动驾驶改变未来》，机械工业出版社2017年版，第39页。

人工智能术语的产生晚了近40年。[①]从概念本身来看，机器人通常是指能够像人类一样行动的机器装置，其模仿的是人类的躯体，并不必然要求智能，如传统工业生产线上的生产机器臂等。而人工智能的核心是智能，至于是否有物理载体并非必需，模仿的是人类的大脑，如智能推荐系统、医疗诊断系统等。随着机器人与人工智能技术的发展，两者结合的概念智能机器人由此诞生。欧盟《机器人技术民事法律规则》认为，智能机器人通常具备如下特征：通过传感器与/或通过与所处环境交换数据（内部连接）及分析数据实现自动化的能力；通过经验积累及互动方式进行学习的能力；机器人的物理支持形式；根据环境调适自己行为的能力。简言之，机器人以及智能机器人都要求具备物理载体，能够物理地作用于现实环境与世界，而人工智能并没有这一要求。自动驾驶汽车既是一种人工智能，也是一种机器人，属于两者的结合体，即智能机器人。

二、自动驾驶汽车的分级

当前，国内外有关自动驾驶汽车分级存在不同做法，许多国家都有自己的分级方法，如德国汽车工业协会（VDA）的六级法、美国国家公路交通安全管理局（NHTSA）的五级法等。

（一）国际层面

国际上，通用的是国际自动机工程师学会（SAE）发布的"六阶段分级法"。2014年1月，SAE首次发布了汽车自动化分级指南。随后，SAE

① 参见［美］大卫·J.贡克尔:《机器人权利》，李奉栖、张云、郑志峰、杨春梅译，清华大学出版社2020年版，第21页。

分别于2016年9月、2018年6月、2021年4月三次更新分级指南。

根据2021年版的指南，汽车自动化分为六个阶段：L0，无驾驶自动化，由驾驶员执行整个动态驾驶任务（dynamic driving task, DDT）；L1，驾驶辅助，系统持续专门地提供DDT中横向或纵向运动控制子任务，其余部分由驾驶员承担；L2，部分驾驶自动化，系统持续专门地提供DDT中横向与纵向运行控制子任务，驾驶员执行目标与意外监测与响应任务（object and event detection and response, OEDR）；L3，有条件驾驶自动化，系统执行整个DDT任务，用户在必要时接管；L4，高度驾驶自动化，系统执行整个DDT任务，用户无须接管，但系统存在设计运行范围（operational design domain, ODD）；L5，完全驾驶自动化，系统执行整个DDT任务，用户无须接管，且系统不存在ODD限制。

（二）国内层面

2021年8月，我国正式发布推荐性国标《汽车驾驶自动化分级》（GB/T 40429—2021），并于2022年3月1日开始实施。

根据《汽车驾驶自动化分级》，驾驶自动化可以分为六个阶段：0级驾驶自动化，又称应急辅助，系统不能持续执行DDT中的车辆横向或纵向运动控制，但具备持续执行DDT中部分OEDR能力，如车道偏离预警、前向碰撞预警、自动紧急制动、车道偏离抑制等功能；1级驾驶自动化，又称部分驾驶辅助，系统在ODD内持续地执行DDT中的车辆横向或纵向运动控制，且具备相应的部分OEDR能力，如车道居中控制、自适应巡航控制等功能；2级驾驶自动化，又称组合驾驶辅助，系统在ODD内持续地执行DDT中的车辆横向和纵向运动控制，且具备相应的部分OEDR能力；3级驾驶自动化，又称有条件自动驾驶，系统在ODD内持续地执行全部DDT，用户必要时需要接管；4级驾驶自动化，又称高度自动驾驶，系统在ODD内持续执行全部DDT，并自动执行最小风险策略（minimal risk maneuver, MRM）；5级驾驶自动化，又称完全自动驾驶，系统持续执行全部DDT，并自动执行MRM，且没有ODD限制。

总的来说，我国对于自动驾驶汽车的分级与SAE的做法是一致的，自动驾驶仅指L3级至L5级，具体包括有条件自动驾驶（L3）、高度自动驾驶（L4）与完全自动驾驶（L5）三个阶段。至于应急辅助、部分驾驶辅助、组合驾驶辅助均不属于自动驾驶，不能归入自动驾驶的范畴。自动驾驶汽车的分级指南对于引导企业准确使用相关概念，如区分辅助驾驶与自动驾驶，避免误导消费者有重要作用。①当然，概念的界定本身并不能解决法律问题。从自动驾驶汽车的特定定义或者自动化驾驶的分级阶段中并不能轻易地推导出法律义务或是其他的法律后果。只有当立法者将法律后果与特定的定义或者分级衔接起来时，该定义和分级才是重要的。②基于此，我们需要在自动驾驶分级的基础上，进一步探讨分级对于相关主体的法律影响。

第三节　自动驾驶汽车的私法挑战

一场革命正在进行，它将从根本上改变汽车行业，对现有的经济和社会产生巨大影响，相当于当年从马匹运输过渡到燃油动力车辆所带来的变化。③无论我们是否准备好，自动驾驶汽车都正在向我们快速驶来。为了

① 参见郑志峰：《车企要避免夸大宣传辅助驾驶功能》，载《法治日报》2021年8月25日，第5版。

② 参见［德］埃里克·希尔根多夫：《自动化驾驶与法律》，黄笑岩译，载易继明主编：《私法》第25卷，法律出版社2016年版，第87页。

③ 参见［德］马里奥·赫格尔：《未来驾驶》，屈丽、王化娟译，电子工业出版社2020年版，第5页。

更加从容地迎接自动驾驶汽车的时代，让技术更好地服务人们和造福社会，我们需要提前准备大量的应对工作，其中就包括归纳自动驾驶汽车引发的法律挑战，找出最为值得公众关注和讨论的话题。

一、法律挑战的原因剖析

自动驾驶汽车代表着下一代汽车技术的变革方向，带来的影响是全方位的，包括四个方面：一是互联互通；二是自动驾驶；三是交通即服务；四是共享经济。一言蔽之，汽车行业的未来就是网联化、智能化、共享化的未来。[①]由此可见，自动驾驶汽车的影响并非单一的技术体，而是技术群带来的全方位冲击。其中，自动驾驶汽车的智能化、数据化直接引发了一系列法律和伦理问题。

（一）自动驾驶汽车的智能化

自动驾驶汽车区别于传统汽车的地方在于是否实现智能化，这种智能体现为机器智能对于人类智能的取代，自动驾驶系统对人类驾驶员的取代。自动驾驶汽车的智能化对应着自主性这一特征，凸显了自动驾驶汽车的关键技术特征。在实现自主性的过程中，自动驾驶汽车需要像人类一样解决驾驶活动所面临的问题，自动驾驶系统需要像人类驾驶员那样去思考和行动，执行原本由人类驾驶员执行的任务。由此一来，人机之间的冲突也随之显现出来。

具体来说，现有法律制度预设的规则是只有人才能作出决策、执行决策，法律只调整人的行为，法律主体、法律关系、法律行为、法律责

① 参见柴占祥、聂天心、［德］Jan Becker：《自动驾驶改变未来》，机械工业出版社2017年版，第2—3页。

任、法律监管都是围绕人来展开的。传统汽车仅仅是出行工具，并无任何自主性，不过是人类驾驶员行为的延伸，由汽车引发的任何行为都被评价为其背后人类驾驶员的行为。然而，自动驾驶汽车到来后，现有法律制度预设的前提将被彻底打破。自动驾驶汽车不再是人类驾驶员行为的简单延伸，汽车运行的一举一动也不在人类驾驶员的决策范围之内，算法的自主性直接冲击着现有的法律主体、法律责任、法律监管等制度。例如，我国《道路交通安全法》第22条规定："机动车驾驶人应当遵守道路交通安全法律、法规的规定，按照操作规范安全驾驶、文明驾驶。饮酒、服用国家管制的精神药品或者麻醉药品，或者患有妨碍安全驾驶机动车的疾病，或者过度疲劳影响安全驾驶的，不得驾驶机动车。任何人不得强迫、指使、纵容驾驶人违反道路交通安全法律、法规和机动车安全驾驶要求驾驶机动车。"《道路交通安全法实施条例》第62条规定："驾驶机动车不得有下列行为：……（三）拨打接听手持电话、观看电视等妨碍安全驾驶的行为；……（七）连续驾驶机动车超过4小时未停车休息或者停车休息时间少于20分钟；……"自动驾驶汽车到来后，驾驶人安全驾驶、文明驾驶、不得饮酒以及疲劳驾驶的规则显然会难以为继。再如，根据我国《民法典》以及《道路交通安全法》的规定，机动车引发的交通事故，受害人可以请求有过错的使用人承担赔偿责任。对此，自动驾驶汽车引发交通事故造成损害，使用人一方如何承担责任便随之成为了难题。简言之，以机器智能为核心的自动驾驶汽车冲击着现行以人类智能为中心构造的法律秩序，人机之间的较量即将出现在法律王国的每一个角落。

（二）自动驾驶汽车的数据化

自动驾驶汽车的智能化趋势与数据化趋势是密切相关的，没有数据化就不会有智能化。机器智能的背后体现的是人工智能的力量，自动驾驶系统之所以高度智能，实际上是海量数据学习的结果。人工智能技术对于自动驾驶汽车而言十分重要，在感知、认知和决策等方面的大量应用，尤其是基于深度学习的算法，在提高视觉技术、自然语言处理、传感器融合、目标识别、规划和决策方面都有非常重要的应用。[①]而在自动驾驶系统高度智能的背后，需要的是海量数据的喂养。没有数据，算法就不能学习迭代，自动驾驶系统也随之成为无源之水。对于自动驾驶汽车来说，本质上是将驾驶活动转化为数据处理活动。可以说，正是自动驾驶汽车的数据化，才成就了自动驾驶汽车的智能化。没有自动驾驶汽车的网联性，就不会有自动驾驶汽车的自主性。

自动驾驶汽车的数据化意味着互联互通至关重要，车联网将扮演非常重要的角色。与此同时，自动驾驶汽车的数据化也与自动驾驶汽车的服务化趋势密切相关。交通即服务，意味着自动驾驶汽车不再仅仅是单一的出行工具，而是能够给用户提供各种服务的移动空间。为了给用户提供更为优质的服务，自动驾驶汽车需要尽可能地收集更多的数据，反过来又将推动自动驾驶汽车的数据化程度。这些都是传统汽车所没有的特征，由此也带来了全新的法律挑战。作为一名普通用户，我们能够想到的第一个问题便是自动驾驶汽车可能产生严重的隐私和个人信息保护问题。既然自动驾驶汽车会大量收集用户的数据，那么用户的住所、工作地点、喜欢的超市、心仪的商场、家庭成员结构等私密信息都将暴露无遗，自动驾驶汽车无疑是一台大型监视器。特别是自动驾驶汽车的数据处理、利用过程涉及主体繁多、数据种类复杂，而且事关交通安全，从而具有强烈的公共利益属性，这些都对通用的个人数据保护规则在该新兴领域的具体适用提出了新的挑战。[②]此外，自动驾驶汽车的数据化还会引来网络安全问题，互联互通给了黑客可乘之机。2015年，美国两名黑客就利用远程方式入侵汽

① 参见柴占祥、聂天心、[德] Jan Becker:《自动驾驶改变未来》，机械工业出版社2017年版，第47页。

② 参见张韬略、蒋瑶瑶:《智能汽车个人数据保护——欧盟与德国的探索及启示》，载《德国研究》2019年第4期。

车电脑，导致上百辆汽车被召回。[①]

二、私法挑战的类型梳理

自动驾驶汽车带来的好处是如此显著巨大，但这项发明的代价同样是高昂的，并且这个代价不单是金钱上的。它会扰乱许多我们原本认为理所当然的事情，也会挑战许多有权势的既得利益者，还可能引起大规模的失业，或者至少可能引起像农业和工业革命那种程度的剧变。[②]这种巨大冲击力同样体现在法律领域。对于自动驾驶汽车究竟引发了哪些法律挑战，存在不同的观察角度。德国学者埃里克·希尔根多夫认为，自动驾驶汽车的法律挑战包括准入与运营、民事法律责任、刑事责任、生产商责任、数据保护以及保险法等问题。[③]我国有学者认为，自动驾驶汽车对于现行法律的挑战包括自动驾驶的法律地位、自动驾驶的民事归责、刑事归责、隐私与数据保护、自动驾驶与网络安全。[④]笔者认为，从自动驾驶汽车的技术特征出发，可以将其引发的私法挑战归纳为以下三大板块。

（一）自动驾驶汽车的法律地位

经过几千年的发展，人类法治文明已经非常完备，发展出一系列部门法。然而，无论是何种部门法，也无论是部门法中的任何规则制度，其背后基本的假设前提都是法律只能调整人的行为，即只有人才能作出决定，

---

① 参见柴占祥、聂天心、[德] Jan Becker:《自动驾驶改变未来》，机械工业出版社2017年版，第123—124页。

② 参见[爱尔兰]戴维·克里根:《无人驾驶：未来出行与生活方式的大变革》，谭宇墨凡译，机械工业出版社2019年版，第1—2页。

③ 参见[德]埃里克·希尔根多夫:《自动化驾驶与法律》，黄笑岩译，载易继明主编:《私法》(第25卷)，法律出版社2016年版，第89页。

④ 参见江溯:《自动驾驶汽车对法律的挑战》，载《中国法律评论》2018年第2期。

拥有自主人格的人基于自己意识进行的行为而产生的责任归属于此人。在这个前提下，构建起了权利能力、法人、基本人权等作为法律秩序基础的概念，以及私人自治、过失责任主义等基本原理原则。①例如，《民法典》第2条明确规定："民法调整平等主体的自然人、法人和非法人组织之间的人身关系和财产关系。"据此，现有民事主体类型仅包括自然人、法人和非法人组织三种，唯有他们才能享受民事权利，承担民事义务与责任。

作为科技发展的产物，人工智能既造福于人类，又给人类带来了前所未有的冲击。在各种冲击之中，最根本的是对人之主体性的挑战。②换言之，人工智能究竟应当作为法律关系的主体还是客体出现？应当将其等同于普通的机器或者动物对待，抑或将其作为"人"来看待？③背后的原因在于，与以往的任何科技都不同，人工智能是模拟人类理性的技术，这使得人工智能具有人类独有的智能属性，进而引发法律地位的困惑。早在20世纪70年代，美国就有学者曾经通过一系列思想实验，探讨人工智能是否能够取得法律人格的问题，其在考察反对意见的基础上，最终认为如果认知科学证实产生这些行为的基本过程与人类精神的过程相对相似，我们就有充分的理由将人工智能视为人，从而表明是否赋予人工智能以民事主体资格建立在我们对"人"的理解这一基础上。④近年来，人工智能有了进一步的发展，展现出了前所未有的智能属性，能够像人类一样从事下围棋、驾驶汽车、看病、创作作品等活动，这使得人与物之间的界限出现

---

① 参见彭诚信主编，[日]弥永真生、宍户常寿编：《人工智能与法律的对话》，郭美蓉等译，郑超、郭美蓉校，上海人民出版社2021年版，第22页。

② 参见陆幸福：《人工智能时代的主体性之忧：法理学如何回应》，载《比较法研究》2022年第1期。

③ 参见王利明：《人工智能时代对民法学的新挑战》，载《东方法学》2018年第3期。

④ 参见石冠彬：《人工智能民事主体资格论：不同路径的价值抉择》，载《西南民族大学学报（人文社会科学版）》2019年第12期。

模糊，引发了人工智能法律地位的争议。对此，我国有关人工智能法律地位的学说层出不穷，肯定说与否定说也是针锋相对。[①]

自动驾驶汽车是人工智能法律地位争论的主战场之一，因为这直接关乎自动驾驶汽车法律责任的承担，也是检验这一命题实践价值的最佳样本。有学者认为，“基于自动驾驶汽车侵权责任的独特性，应该确立自动驾驶汽车工具性人格，从而确定相应主体的责任，这是自动驾驶汽车立法的基础，也是确定相关责任的前提与关键”[②]。有学者则主张，“智能机器无法理解和响应法律的行止要求、无法接受法律的调整、无法理解财产之于自身的意义，旨在通过赋予其法律人格以达到的责任限定效果不符合正义的基本要求，并且与法人的类比论证忽略了自然人之于法人的重要意义，因而赋予智能机器以法律人格，从理论上看是无法成立的”[③]。显然，人工智能法律地位问题是自动驾驶汽车私法规制无法绕开的话题，其直接影响着自动驾驶汽车责任规则的构建。

---

① 关于人工智能或者智能机器人法律地位的争论，请参见袁曾:《人工智能有限法律人格审视》，载《东方法学》2017年第5期；孙占利:《智能机器人法律人格问题论析》，载《东方法学》2018年第3期；冯洁:《人工智能体法律主体地位的法理反思》，载《东方法学》2019年第4期；赵万一:《机器人的法律主体地位辨析——兼谈对机器人进行法律规制的基本要求》，载《贵州民族大学学报（哲学社会科学版）》2018年第3期；刘洪华:《论人工智能的法律地位》，载《政治与法律》2019年第1期；张绍欣:《法律位格、法律主体与人工智能的法律地位》，载《现代法学》2019年第4期；冯珏:《智能机器人还不能成为法律上的人》，载《经济参考报》2019年6月19日；郭剑平:《制度变迁史视域下人工智能法律主体地位的法理诠释》，载《北方法学》2020年第6期；曹险峰:《人工智能具有法律人格吗》，载《地方立法研究》2020年第5期；王春梅、冯源:《技术性人格：人工智能主体资格的私法构设》，载《华东政法大学学报》2021年第5期；朱艺浩:《人工智能法律人格论批判及理性应对》，载《法学杂志》2020年第3期；陆幸福:《人工智能时代的主体性之忧：法理学如何回应》，载《比较法研究》2022年第1期；等等。

② 参见许中缘:《智能汽车侵权责任立法——以工具性人格为中心》，载《法学》2019年第4期。

③ 参见冯珏:《自动驾驶汽车致损的民事侵权责任》，载《中国法学》2018年第6期。

（二）自动驾驶汽车的法律责任

当谈论语音助手、聊天机器人等人工智能形式时，大多数人都不会担心责任问题。但是，当话题转向即将到来的令人兴奋的人工智能形式——自动驾驶汽车！自主外科医生！机器人保姆！——责任问题立马成为一个焦点问题。“谁会想要一辆自动驾驶的汽车？如果它撞人怎么办？”“没有人会去制造一台机器人保姆——想象一下满天飞的官司！”“难道律师给医生制造的麻烦还不够多吗？你认为医生会对这类诉讼视而不见？”[①]对于自动驾驶汽车来说，法律责任如何分担是最为关键也是最为迫切需要解决的课题。从责任性质来看，自动驾驶汽车的法律责任问题可以细分为民事责任、刑事责任与行政责任。[②]其中，民事责任是更为紧迫的课题，因为不解决好生产者一方与使用人一方的民事责任问题，自动驾驶汽车可能都不会有机会上路。

对于使用人一方来说，传统汽车属于纯粹的工具，汽车的运行操作全系于背后使用人的自由意志与自主行为，使用人自然需要承担机动车交通事故责任。对此，我国《道路交通安全法》第76条第1款规定：“……（一）机动车之间发生交通事故的，由有过错的一方承担赔偿责任；双方都有过错的，按照各自过错的比例分担责任。（二）机动车与非机动车驾驶人、行人之间发生交通事故，非机动车驾驶人、行人没有过错的，由机动车一方承担赔偿责任；有证据证明非机动车驾驶人、行人有

---

① 参见［美］约翰·弗兰克·韦弗：《人工智能机器人的法律责任》，郑志峰译，载《财经法学》2019年第1期。

② 有关自动驾驶汽车刑事责任、行政责任的探讨，请参见［日］冈部雅人：《自动汽车的事故和刑事责任：基于日本刑法学的视角》，储陈城译，载《苏州大学学报（法学版）》2021年第3期；皮勇：《论自动驾驶汽车生产者的刑事责任》，载《比较法研究》2022年第1期；赵司聪：《论自动驾驶的刑事风险及应对》，载《北方法学》2022年第2期；胡元聪、李明康：《自动驾驶汽车对〈道路交通安全法〉的挑战及应对》，载《上海交通大学学报（哲学社会科学版）》2019年第1期；等等。

过错的，根据过错程度适当减轻机动车一方的赔偿责任；机动车一方没有过错的，承担不超过百分之十的赔偿责任。”然而，当自动驾驶汽车到来后，使用人不再需要手动驾驶汽车，没有驾驶行为又何来驾驶过错？如此一来，使用人一方是否需要以及如何承担责任就成了难题。此时，现行交通事故侵权责任规则能否继续适用？如果不适用，新的责任规则又该如何构建？这些现实诘难是自动驾驶汽车发展过程中必须回应的问题。

与此同时，自动驾驶汽车也让产品责任的承担更加复杂。传统产品责任意义上的“产品”，通常系经过加工、制作用于销售的各类有形动产，原则上不动产和无形动产不能作为《产品质量法》规范的产品。从比较法上看，有些国家将部分不动产、电力以及软件作为产品对待。自动驾驶汽车的一大特征是由软件或程序代替驾驶员作出驾驶决策，并且因为人工智能的发展使其可以基于其算法而具有自主学习和决策能力。[①]此种背景下，自动驾驶汽车能否归入产品范畴都不无疑问。在此基础上，自动驾驶汽车产品缺陷、因果关系的认定都将面临诸多困难。虽然产品责任声称是一种严格责任，但是由于需要证明产品存在缺陷，对于受害人来说，求偿的便利性远远低于机动车道路交通事故责任。更何况，自动驾驶汽车的自主性与学习能力也给现行产品责任法律框架带来了新的挑战。[②]

此外，如何为自动驾驶汽车配置适当的责任保险规则也至关重要。相较于机动车交通事故责任、产品责任，责任保险在救济受害人、分散风险、促进新技术商业化落地等方面有独特的优势。特别是对于自动驾驶汽车来说，由于潜在的损失和责任可能很大，而各种参与者之间的责任往往难以确定，因此除非能够通过保险转移分散，否则自动驾驶汽车技术的商

---

① 参见王乐兵：《自动驾驶汽车的缺陷及其产品责任》，载《清华法学》2020年第2期。

② 参见冯珏：《自动驾驶汽车致损的民事侵权责任》，载《中国法学》2018年第6期。

业市场难以形成。[①]与此同时，自动驾驶汽车对于现行责任保险体系也提出了挑战，现行以机动车使用人为主体构建的责任保险规则难以为继，需要重新构建一套适应自动驾驶技术的责任保险规则。

（三）自动驾驶汽车的数据治理

从某种程度上讲，自动驾驶汽车更像是一台装有轮子的电脑，而不是一台装有电脑的汽车，它们随时随地都在收集、利用和传输数据。[②]这与我们拥有的智能手机越发相似。而随着汽车越来越像带着座位的巨型手机和移动电脑，它们就越依赖数据的喂养和网络的支持，同时更容易受到高科技的攻击。至此，如何确保自动驾驶汽车的数据和网络安全就成了头等大事。其中，最让个体担心的便是隐私和个人信息保护问题。对于自动驾驶汽车而言，无论是私人所有，还是临时租赁，汽车与个人的交互不可避免，需要不停地收集处理海量的个人信息，如用户的姓名、家庭地址、电话、通信录、位置信息等，这些数据组合起来就可以对个人进行精准画像。未来，自动驾驶汽车将和飞机一样配备黑匣子来记录数据，同时各种摄像头、传感器全方位开启，各种有关部门可以获知车主的一举一动。作为车主的你，想想这一切就可能如坐针毡。[③]

此外，汽车数据还具有重要的经济价值，汽车行业是大数据的富矿。数据之所以被视为资源，原因就在于其分析价值，单个数据可以直接描述对象的某个或某类特征，但海量数据相互联系，就能够抽象出数据对象背

---

① 参见邢海宝：《智能汽车对保险的影响：挑战与回应》，载《法律科学（西北政法大学学报）》2019年第6期。

② 参见［美］特蕾莎·M.佩顿、西奥多·克莱普尔：《大数据时代的隐私》，郑淑红译，上海科学技术出版社2017年版，第137页。

③ 参见柴占祥、聂天心、［德］Jan Becker：《自动驾驶改变未来》，机械工业出版社2017年版，第120页。

后的普遍特征，并通过其透析客观世界或分析对象的规律、特征，预测未来。[①]世界上每天有数以亿计的人在使用汽车去上班、回家、购物以及娱乐等，每个人都有各自的生活。这些数据可以聚合、排序和打包，如果从他们使用汽车的习惯来研究出某些规律，那将非常具有价值。[②]这些极具经济价值的汽车数据，如何界定它们的产权和利用边界也是摆在我们面前亟需解决的问题。

① 参见高富平:《数据流通理论：数据资源权利配置的基础》，载《中外法学》2019年第6期。

② 参见柴占祥、聂天心、[德] Jan Becker:《自动驾驶改变未来》，机械工业出版社2017年版，第49页。

第二章

自动驾驶汽车法律规制的全球考察

汽车是一门大生意。2013年，全球十家最大的跨国汽车生产商的年度收入之和是13000亿美元，总共提供了230万个就业岗位。汽车是现代经济的支柱产业，20世纪历史性的、前所未有的经济增长都与汽车行业的崛起密切相关。在过去的100多年里，汽车也是影响甚至左右现代社会发展的重要角色，几乎没有什么能够撼动汽车的支配地位。汽车使现代社会高效运转，但也牢牢地将人们束缚在方向盘上。而自动驾驶汽车的出现，将引领汽车新的发展方向，直接推动汽车行业迈入一个全新的时代。可以想象的是，自动驾驶汽车未来几十年所能带来的广泛的社会变革和惊人的经济增长也将是前所未有的。[①]自动驾驶汽车业务正在成长为一个价值数万亿美元的产业，市值将超过当前亚马逊和沃尔玛的总和，而且凭借巨大的经济总量，其必将成为一股空前的政治势力。[②]

鉴于自动驾驶汽车所蕴藏的巨大能量，没有任何一个国家会忽视这一新技术。自动驾驶汽车对于传统汽车的影响，就像当年汽车取代马车一样，对外可以改变世界经济政治的格局，对内则会直接影响社会发展的更新迭代以及国民生活的幸福指数。为此，中国、美国、德国、英国、日本、韩国等都在积极更新法律政策，以期推动自动驾驶汽车早日商业化落地，抢占自动驾驶产业发展先机。本部分，我们将选取自动驾驶汽车世界

---

① 参见［爱尔兰］戴维·克里根：《无人驾驶：未来出行与生活方式的大变革》，谭宇墨凡译，机械工业出版社2019年版，第4—6页。

② 参见参见［美］塞缪尔·I.施瓦茨、凯伦·凯利：《无人驾驶：重新思考未来交通》，李建华、杨志华译，机械工业出版社2021年版，第Ⅻ页。

版图中的重点国家进行考察，总结各国在自动驾驶汽车法律规制方面的趋势与经验。

第一节 中 国

近年来，我国企业越发重视自动驾驶技术的研发，自动驾驶汽车也被视为我国汽车产业弯道超车的重要机遇。[①]自动驾驶汽车对于我国汽车产业具有重要的战略意义，中央与地方政府都已经出台一系列法律政策，初步构建了一套规则体系。

一、中央层面

2015年5月，国务院印发《中国制造2025》，其中就提到可穿戴智能产品、智能家电、智能汽车等智能终端产品不断拓展制造业新领域，我国制造业转型升级、创新发展迎来重大机遇。对此，《中国制造2025》提出继续支持电动汽车、燃料电池汽车发展，掌握汽车低碳化、信息化、智能化核心技术，提升动力电池、驱动电机、高效内燃机、先进变速器、轻量化材料、智能控制等核心技术的工程化和产业化能力，形成从关键零部件到整车的完整工业体系和创新体系，推动自主品牌节能与新能源汽车同国际先进水平接轨。

2016年10月，中国汽车工程学会与中国汽车工业协会牵头成立的中国智能网联汽车产业创新联盟发布了《智能网联汽车技术发展路线图

---

① 参见徐恒、侯沁：《无人驾驶是中国汽车产业弯道超车的机遇》，载《中国电子报》2016年10月28日，第3版。

1.0》，提出三步走战略：到2020年，驾驶辅助/部分自动驾驶车辆市场占有率达到50%；到2025年，高度自动驾驶车辆市场占有率达到约15%；到2030年，完全自动驾驶车辆市场占有率接近10%。2020年11月，《智能网联汽车技术发展路线图2.0》出台，计划到2035年，中国方案智能网联汽车技术和产业体系全面建成，产业生态健全完善，整车智能化水平显著提升，网联式高度自动驾驶智能网联汽车大规模应用。

2017年7月，国务院发布《新一代人工智能发展规划》，提出发展自动驾驶汽车和轨道交通系统，加强车载感知、自动驾驶、车联网、物联网等技术集成和配套，开发交通智能感知系统，形成我国自主的自动驾驶平台技术体系和产品总成能力，探索自动驾驶汽车共享模式。

2017年12月，工业和信息化部、国家标准化管理委员会共同组织制定《国家车联网产业标准体系建设指南》系列文件，根据标准化主体对象和行业属性分为总体要求、智能网联汽车、信息通信、电子产品与服务等部分。

2018年4月，工业和信息化部、公安部、交通运输部三部委出台《智能网联汽车道路测试管理规范（试行）》，明确了自动驾驶汽车道路测试的原则性事项，包括自动驾驶汽车的管理机构及其职责、测试主体、测试车辆、测试驾驶员、交通事故责任认定、测试门槛与考核、保险规则、测试数据、监管装置、脱离报告、法律责任等，正式拉开了全国自动驾驶汽车道路测试的序幕。

2020年2月，国家发展和改革委员会、中央网信办、科学技术部等印发《智能汽车创新发展战略》，提出了2020—2050年自动驾驶汽车发展路线图，并要求开展智能汽车“机器驾驶人”认定、责任确认、网络安全、数据管理等法律问题及伦理规范研究，明确相关主体的法律权利、义务和责任等。推动出台规范智能汽车测试、准入、使用、监管等方面的法律法规规范，促进《道路交通安全法》等法律法规修订完善，完善测绘地理信息法律法规。

2020年7月，国务院办公厅发布《关于进一步优化营商环境更好服务市场主体的实施意见》，针对自动驾驶汽车的发展做了指导，要求统一智能网联汽车自动驾驶功能测试标准，推动实现封闭场地测试结果全国通用互认，督促封闭场地向社会公开测试服务项目及收费标准，简化测试通知书申领及异地换发手续，对测试通知书到期但车辆状态未改变的无须重复测试、直接延长期限。降低导航电子地图制作测绘资质申请条件，压减资质延续和信息变更的办理时间。

2020年12月，交通运输部发布《关于促进道路交通自动驾驶技术发展和应用的指导意见》，提出到2025年，自动驾驶基础理论研究取得积极进展，道路基础设施智能化、车路协同等关键技术及产品研发和测试验证取得重要突破；出台一批自动驾驶方面的基础性、关键性标准；建成一批国家级自动驾驶测试基地和先导应用示范工程，在部分场景实现规模化应用，推动自动驾驶技术产业化落地。

2021年3月，工业和信息化部发布《2021年工业和信息化标准工作要点》，提出要加强电动汽车、车联网（智能网联汽车）等重点领域标准体系的顶层设计。

2021年3月，公安部发布《道路交通安全法（修订建议稿）》公开征求意见，第155条规定："具有自动驾驶功能的汽车开展道路测试应当在封闭道路、场地内测试合格，取得临时行驶车号牌，并按规定在指定的时间、区域、路线进行。经测试合格的，依照相关法律规定准予生产、进口、销售，需要上道路通行的，应当申领机动车号牌。具有自动驾驶功能且具备人工直接操作模式的汽车开展道路测试或者上道路通行时，应当实时记录行驶数据；驾驶人应当处于车辆驾驶座位上，监控车辆运行状态及周围环境，随时准备接管车辆。发生道路交通安全违法行为或者交通事故的，应当依法确定驾驶人、自动驾驶系统开发单位的责任，并依照有关法律、法规确定损害赔偿责任。构成犯罪的，依法追究刑事责任。具有自动驾驶功能但不具备人工直接操作模式的汽车上道路通行的，由国务院有关部门另行规定。自动驾驶功能应当经具有相应资质的从事汽车相关业务的第三方检测机构检测合格。”

2021年4月，工业和信息化部发布《智能网联汽车生产企业及产品准入管理指南（试行）》（征求意见稿），针对具备有条件自动驾驶、高度自动驾驶功能的智能网联汽车生产企业及智能网联产品的准入问题作了规定，为智能网联汽车生产企业在线软件升级、网络安全、数据安全等方面提出了新的具体指引。

2021年7月，工业和信息化部发布《关于加强智能网联汽车生产企业及产品准入管理的意见》，针对自动驾驶汽车产业发展作了整体部署，包括加强数据和网络安全管理、规范软件在线升级、加强产品管理以及建立保障措施。

2021年7月，工业和信息化部、公安部、交通运输部发布《智能网联汽车道路测试与示范应用管理规范（试行）》，这是对2018年《智能网联汽车道路测试管理规范（试行）》的全面升级。该管理规范有三大亮点：一是放开高速公路场景的测试与示范应用；二是引入互认机制；三是从国家层面允许自动驾驶汽车的示范应用。

2021年8月，国家互联网信息办公室、国家发展和改革委员会、工业和信息化部、公安部、交通运输部联合发布《汽车数据安全管理若干规定（试行）》，要求运营者应当落实网络安全等级保护制度，加强个人信息和重要数据保护，依法履行网络安全义务，同时提出了汽车数据处理的五项原则，包括车内处理原则、匿名化处理原则、最小保存期限原则、精度范围适用原则以及默认不收集原则。

2022年3月，交通运输部、科学技术部印发《“十四五”交通领域科技创新规划》，提出围绕道路运输、城市出行与物流、园区客货运输、港区运输和集疏运、特定场景作业等，构建一批试点应用场景，推动智能汽车技术、智慧道路技术和车路协同技术融合发展，提升自动驾驶车辆运行与网络安全保障能力，探索形成自动驾驶技术规模化应用方案。

2022年8月，交通运输部发布《自动驾驶汽车运输安全服务指南（试行）》（征求意见稿），针对使用自动驾驶汽车在公路（包括高速公路）、城市道路等用于社会机动车通行的各类道路上，从事城市公共汽（电）车客运、出租汽车客运、道路普通货物运输、道路旅客运输经营活动，向社会公开征求意见，试图从中央层面拉开自动驾驶汽车商业运营的大幕。

二、地方层面

地方是开展自动驾驶汽车道路测试与示范应用的主战场，各地政府依据自身的实际情况制定相关的政策文件。截至2022年9月，全国已经有超过40个省市出台了智能网联汽车道路测试管理细则。下面，我们重点选取北京、上海、深圳、重庆四个城市进行介绍。

第一，北京市。2017年12月，北京市发布《北京市关于加快推进自动驾驶车辆道路测试有关工作的指导意见（试行）》和《北京市自动驾驶车辆道路测试管理实施细则（试行）》两个文件，开启北京自动驾驶道路测试的大幕。随后，2018年北京市又发布了《北京市自动驾驶车辆道路测试能力评估内容与方法（试行）》和《北京市自动驾驶车辆封闭测试场地技术要求（试行）》，细化了自动驾驶汽车道路测试与封闭场地的具体要求。2021年4月，依托北京市高级别自动驾驶示范区，北京设立了全国首个智能网联汽车政策先行区，推动道路测试、示范应用和商业运营服务。北京市智能网联汽车政策先行区有四项特色政策，包括允许企业开展基于收费的商业运营服务、允许无人配送车上路运营、开放自动驾驶汽车高速测试以及支持智能网联汽车异地测试结果互认。2021年7月，北京市智能网联汽车政策先行区宣布正式开放自动驾驶高速场景，允许首批获取高速公路测试通知书的企业开展试点测试。2021年11月，北京市高级别自动驾驶示范区工作办公室发布《北京市智能网联汽车政策先行区自动驾驶出行服务商业化试点管理实施细则（试行）》，率先开展全国首个自动驾驶车辆商业化试点服务。

第二，上海市。2018年2月，上海市发布《上海市智能网联汽车道路测试管理办法（试行）》，明确自动驾驶汽车道路测试的具体要求。2019年9月，上海市发布《上海市智能网联汽车道路测试和示范应用管理办法（试行）》，成为全国首个颁发智能网联汽车示范应用牌照的城市。2021年10月，上海市发布《上海市智能网联汽车测试与示范实施办法》，主要围绕“高速”“商业化运营”“完全自动驾驶（无安全员）”“网络数据安全”等方面作了完善。2021年12月，上海市发布《上海市智能网联汽车测试与应用管理办法》，明确规定浦东新区人民政府可以根据国家和本市有关授权规定，制定完全自动驾驶智能网联汽车测试与应用等方面的管理措施。

第三，重庆市。2018年3月，重庆市发布《重庆市自动驾驶道路测试管理实施细则（试行）》，对于自动驾驶汽车道路测试作了基本规定。2020年10月，重庆市发布《重庆市自动驾驶道路测试管理办法（试行）》，将道路分为普通道路、山地道路和城市快速道路三个类型，将测试分为一般测试、载人测试、载物测试和编队行驶测试四种类型，以满足不同企业、不同车型在不同测试阶段的差异化需求。2022年1月，重庆市发布《重庆市智能网联汽车道路测试与应用管理试行办法》，重点针对自动驾驶汽车的示范应用、商业化运营进行规定，并明确规定重庆市人民政府应当科学划定智能网联汽车政策先行区，以便探索针对智能网联新技术、新产品、新模式应用推广的创新性监管措施。2022年8月，重庆市发布《重庆市建设世界级智能网联新能源汽车产业集群发展规划（2022—2030年）》，提出到2025年，初步形成世界级智能网联新能源汽车产业集群雏形，智能网联新能源汽车产销量占全国比重达到10%以上；到2030年，建成世界级智能网联新能源汽车产业集群，智能网联新能源汽车产销量在全国的占比进一步提升，产业规模达到全球一流水平。

第四，深圳市。2018年5月，深圳市发布《深圳市关于贯彻落实智能网联汽车道路测试管理规范（试行）的实施意见》，明确自动驾驶汽车道路测试的基本要求。2020年8月，深圳市发布《深圳市关于推进智能网联汽车应用示范的指导意见》，进一步允许载人、城市环卫作业和载货及其他专项作业等自动驾驶汽车应用示范活动。2021年3月，深圳市发布《深圳经济特区智能网联汽车管理条例（征求意见稿）》公开征求意见，针对道路测试和示范应用、准入和登记、使用管理、网络安全和数据保护、车路协同基础设施、道路运输、交通事故处理、法律责任等问题作了创新规定。2021年11月，深圳市发布《深圳市智能网联汽车道路测试与示范应用管理实施细则（征求意见稿）》公开征求意见，主要聚焦如下三个方面：一是新增无人测试与示范章节；二是扩展测试示范的道路及车辆范围；三是简化申请及审核流程。2022年7月，深圳市正式出台《深圳经济特区智能网联汽车管理条例》，这是我国首部针对自动驾驶汽车产品系统性管理的地方性法规。

第二节 国际层面

2016年4月，联合国欧洲经济委员会（The United Nations Economic Commission for Europe）同意修订《维也纳道路交通公约》（Vienna Convention on Road Traffic）中的相关条款，为自动驾驶汽车上路扫除障碍。根据1968年《维也纳道路交通公约》第8条的规定，“每辆行驶中的车辆或车辆组合都应配备驾驶员。每个驾驶员都应具备必要的身心能力，并处于适当的身心状态下驾驶。每个驾驶员在任何时候均应能够控制其车辆或者引导牵引的动物”。根据第13条第1款的规定，“在任何情况下，车辆的每个驾驶员均须将车辆置于控制之下，以便能够尽到应有且适当的注意，并在任何时候均可执行所需要的一切操作”。此种背景下，自动驾驶汽车想要上路就必须修改该公约的相关条款。为此，2016年的修订在该公约第8条第5款下增加一款：“影响车辆运行方式的车辆系统，只要符合国际法关于轮式车辆及可在轮式车辆上安装或者使用的设备和部件的构造、安装和使用条件的，应视为符合本条第5款以及第13条第1款之规定。如果车辆系统不符合上述规定，但能够被驾驶员接管或者关闭的，也被视为符合本条第5款以及第13条第1款规定。”由此，公约有条件地承认了自动驾驶系统的合法性，为成员方自动驾驶汽车上路扫除了障碍。

2018年10月，联合国欧洲经济委员会下属的全球道路安全论坛（WP1）通过了不具有法律约束力的《关于在道路交通中部署高度和全自动车辆的决议》（Resolution on the Deployment of Highly and Fully Automated Vehicles in Road Traffic），作为对《维也纳道路交通公约》缔约国在道路交通中安全部署自动驾驶汽车的补充，该决议提出了关于确保自动驾驶汽车与其他车辆以及行人之间进行安全互动的建议，并强调要保证人类在驾驶过程中的主导地位。

2019年6月，联合国世界车辆法规协调论坛（WP29）第178次全体会议审议通过了由中国、欧盟、日本和美国共同提出的《自动驾驶汽车框架文件》（Framework document on automated/autonomous vehicles），该文件提出了九项原则：第一，系统安全。自动驾驶汽车应当使驾驶员以及其他道路交通参与者都免于不合理的安全风险，并确保遵守道路交通法规。第二，失效保护响应。自动驾驶汽车能够检测车辆故障以及何时不再满足设计运行范围或者运行范围条件，并自动采取最低风险策略。第三，人机交互界面。自动驾驶汽车能够在需要驾驶员参与的情况下发出接管请求，并且在驾驶员不适驾时，要求其交出驾驶任务。第四，目标事件探测与响应。自动驾驶汽车应当能够对其运行范围内的合理可预见物体进行检测和响应。第五，设计运行范围。应当明确自动驾驶汽车采用自动驾驶模式行驶的具体条件，至少应当包括如下信息：道路类型、地理区域、速度范围、环境条件（天气和日夜时间）以及其他的范围约束条件。第六，系统安全验证。车辆制造商应该以设计出免于不合理安全风险的自动驾驶系统和保证符合道路交通法规与本文件列出的原则为目标，根据系统工程方法呈现出一个健全的设计和验证过程。第七，信息安全。自动驾驶汽车应当确保信息安全，采取各种必要措施抵御网络攻击。第八，软件更新。车辆制造商应确保可根据需要，以安全的方式进行系统更新。第九，事件数据记录仪和自动驾驶汽车数据储存。自动驾驶汽车应具有采集和记录与系统状态、故障发生、降级或失效相关的必要数据的功能。

2020年6月，联合国世界车辆法规协调论坛（WP29）第181次会议通过三项有关自动驾驶汽车的重要技术法规，分别是“第155号条例”《网络安全与网络安全管理系统》（Cyber Security and Cyber Security Management System）、“第156号条例”《软件升级与软件升级管理系统》（Software Update and Software Update Management System）以及“第157号条例”《车道自动保持系统（ALKS）条例》。这些条例于2021年1月开始实施，欧盟、日本、韩国等全球约60个国家和地区都参与其中。就条例内容来看，“第155号条例”与“第156号条例”主要是针对车辆的网络安全管理提出要求，而“第157号条例”则是全球首个针对自动驾驶汽车的具有约束力的国际法规。所谓的车道自动保持系统（Automated Lane Keeping Systems, ALKS），实际指的是从传统车道保持系统（LKS）升级而来的L3级自动驾驶功能。“第157号条例”针对车道自动保持系统（ALKS）的激活标准、驾驶员可用性识别系统以及自动驾驶数据存储系统等提出了明确的技术要求。

第三节　美　国

美国是自动驾驶汽车产业最为活跃的国家。据统计，全球范围内有420家自动驾驶汽车公司的总部位于美国，美国的技术公司和成熟的车企继续主导着全球自动驾驶产业的发展。[①]与此同时，美国联邦政府与各州也在积极配套相关的法律政策，为自动驾驶汽车的道路测试、商业运营提供了良好的法治环境。

一、联邦层面

（一）联邦政策

2016年9月，美国交通部国家公路交通安全管理局发布《联邦自动驾驶政策：加速道路安全变革》（AV 1.0），针对自动驾驶汽车的安全评估提出了十五项指标，具体包括：数据记录与分享；隐私；系统安全；整车网络安全；人机交互界面；防碰撞性能；消费者教育和培训；注册和认证；碰撞后反应；联邦、州和地方法律；伦理考量；设计运行范围；物体和事件的探测及响应；应急措施；验证方法。这是美国第一个联邦层面关于自动驾驶汽车的法律政策，也是迄今为止最详细的政策。虽然AV 1.0并非法律，但它详尽阐述了美国联邦政府对自动驾驶汽车的监管思路，为此后一系列监管政策奠定了基调。

2017年9月，美国交通部国家公路交通安全管理局发布《自动驾驶系统2.0：安全愿景》（Automated Driving Systems 2.0: A Vision for Safety, AV 2.0）。相较于AV 1.0中强制性的监管路径，AV 2.0针对自动驾驶汽车

---

① 参见李彦宏：《智能交通》，人民出版社2021年版，第290页。

的技术安全提出了一种非强制性的监管方法，具体包括十二项安全要素：系统安全；设计运行范围；物体和事件的探测及响应；退出机制（最小风险方案）；测试方法；人机交互界面；汽车网络安全；耐撞性；碰撞后自我处理；数据记录；消费者教育与培训；联邦、州以及地方法律。此外，为了获取公众的信任和信心，鼓励从事自动驾驶汽车测试和部署的实体公开披露对于自动驾驶系统安全的自我评估，以展示其实现安全的各种方法。

2018年10月，美国交通部国家公路交通安全管理局发布《为未来交通做准备：自动驾驶汽车3.0》（Preparing for the Future of Transportation: Automated Vehicles 3.0, AV 3.0），在AV 2.0版本的基础上对一些专业术语进行了更明确的界定，建立了标准的词汇库，以期为自动驾驶汽车的发展进行基础铺垫，在厘清各部门职责后进一步明确联邦政府和州政府对自动驾驶汽车的监管职责范围。此外，AV3.0还针对自动驾驶汽车提出了六项原则，包括安全优先、技术中立、法规现代化、营造一致性的监管环境、为自动驾驶积极准备以及保护并提升自由。

2020年1月，美国交通部国家公路交通安全管理局又发布了《确保美国自动驾驶汽车技术的领导地位：自动驾驶汽车4.0》（Ensuring American Leadership in Automated Vehicle Technologies: Automated Vehicles 4.0, AV 4.0）。AV 4.0版本作为前三个版本的升级版，延续了美国在自动驾驶汽车上的一贯战略，继续保持和强化其领先优势。为此，AV 4.0将AV 3.0中的六项原则进一步细化，提出了涵盖用户、市场以及政府三方的十项原则：其一，用户层面，包括安全至上、确保技术与网络安全、保护隐私与数据以及提高移动性和可用性四项原则。其二，市场层面，包括坚持技术中立、强化美国创新成果保护以及法律法规更新三项原则。其三，协调层面，包括政策标准一致、联邦方针一致以及运行系统高效化三项原则。此外，为了践行这些原则，AV 4.0版本提出了诸多建议，包括建立各级政府协同机制、保护隐私、积极投资开发基础设施、营造创新环境等。

2020年3月，美国智能交通系统联合计划办公室（Intelligent Transportation System Joint Program Office）发布《智能交通系统战略规划2020—2025》（Intelligent Transportation Systems Joint Program Office: Strategic Plan 2020–2025），强调自动驾驶、车联网已从研究阶段进入加速部署和应用阶段，提出新兴科技、数据共享、智能交通系统网络安全、自动驾驶、完整出行以及加快智能交通系统部署六项重点任务。

2021年1月，美国交通部发布《自动驾驶汽车综合计划》（Automated Vehicles Comprehensive Plan），延续了AV 4.0中的十项基本原则，同时明确了美国交通部对于自动驾驶系统的愿景：在为未来交通做准备时，优先考虑安全性，同时兼顾运输系统的效率和人员货物的流动性。为了实现这一愿景，美国交通部制定了三大目标：其一，促进协作和提高透明度。美国交通部将促进其合作伙伴和利益相关方（包括公众）获得关于自动驾驶系统各项功能和局限性的明确可靠信息。其二，监管环境的现代化。美国交通部将修订法规，消除在创新汽车设计、功能和运营模式方面的不必要和意外的障碍，开发以安全为重点的框架和工具，以评估自动驾驶系统技术的安全性能。其三，准备运输系统。美国交通部将与利益相关方合作，开展基础研究和示范活动，推动安全评估和自动驾驶系统集成，同时努力提高交通运输系统的安全性、效率性及便利性。

2022年3月，美国交通部国家公路交通安全管理局发布《无人驾驶汽车乘客保护规定》，强调自动驾驶汽车必须提供与传统汽车同等水平的乘客保护，明确完全自动驾驶汽车可以不再需要配备传统的方向盘、刹车、油门等手动驾驶装置。

（二）联邦立法

2017年7月，美国众议院提交了《车辆发展中确保生命安全的未来开发和研究法案》(The Safely Ensuring Lives Future Deployment and Research in Vehicle Evolution Act)，又称为《自动驾驶法案》(SELF DRIVE Act)。这是美国自动驾驶汽车领域的第一部法案，但最终未获得参议院的通过。法案的目的是通过鼓励自动驾驶汽车的测试与部署，督促联邦政府在确保自动驾驶汽车的设计、制造和性能方面的安全发挥作用。法案的主要内容包括13个条文，分别是目录、目的、国家公路交通安全管理局和州对于自动驾驶汽车的优先权、自动驾驶汽车的更新和新车安全标准、自动驾驶系统的网络安全、一般豁免、机动车测试或评估、向潜在买家提供高度自动驾驶系统的信息、自动驾驶汽车咨询委员会、后座乘员警报系统、前照灯、自动驾驶汽车隐私计划以及定义。

2017年10月，美国参议院提出了自己版本的《自动驾驶法案》(American Vision for Safer Transportation through Advancement of Revolutionary Technologies Act, or the “AV START Act”)，又称为《美国通过革命性技术提高安全运输的愿景》，同样也未获得通过。法案旨在以安全和负责任的方式推进高度自动驾驶汽车的开发和部署，促进公共安全并建立公众对该技术的信心和信任，同时避免对该技术引入州际贸易的不合理限制。

2020年11月，美国57个团体联合发布《自动驾驶汽车立法大纲》，旨在为美国联邦立法和有关自动驾驶汽车开发、应用的政策制定提供参考建议，并提出了一套确保公共安全的立法原则，包括优先考虑所有道路交通使用者的安全、保障所有人享有公平无障碍的出行服务、维护消费者和工人的权利以及确保地方管理职能和构建可持续运输四大类十六项基本原则。

二、各州层面

除联邦层面外，美国各州也颁布了与自动驾驶汽车相关的法律政策。自2011年以来，至少有40个州和华盛顿特区考虑过有关自动驾驶汽车的立法。对此，亚拉巴马州、阿肯色州、加利福尼亚州、科罗拉多州、康涅狄格州、佛罗里达州、佐治亚州、伊利诺伊州、印第安纳州、肯塔基州、路易斯安那州、缅因州、密歇根州、密西西比州、内布拉斯加州、纽约州、内华达州、北卡罗来纳州、北达科他州、俄勒冈州、宾夕法尼亚州、南卡罗来纳州、田纳西州、得克萨斯州、犹他州、弗吉尼亚州、佛蒙特州、华盛顿州和威斯康星州29个州以及华盛顿特区都颁布了有关自动驾驶汽车的立法。此外，亚利桑那州、特拉华州、夏威夷州、爱达荷州，伊利诺伊州、缅因州、马萨诸塞州、明尼苏达州、俄亥俄州、华盛顿州和威斯康星州11个州的州长已经发布了与自动驾驶汽车相关的行政命令。下面，针对几个典型的州进行分析。

第一，内华达州。早在2011年，内华达州就颁布了“第511号法案”，授权交通部门制定管理自动驾驶汽车在道路上行驶的规则和法规。2017年11月，内华达州拉斯维加斯同自动驾驶汽车公司AAA合作，在拉斯维加斯市内推出自动驾驶班车服务，但运营范围仅限于三个固定站点，并对车速作了限制。2018年5月，来福（Lyft）公司在拉斯维加斯推出自动驾驶商业运营服务。

第二，佛罗里达州。2012年，佛罗里达州通过了自动驾驶汽车立法，并宣布立法目的是鼓励自动驾驶汽车在国家公路上安全开发、测试和运行，但要求测试车辆中必须配有驾驶员。2016年，佛罗里达州又修改了该法中关于驾驶座上必须有驾驶员的规定。2019年，佛罗里达州签署了一份扩大自动驾驶汽车测试和使用的法案，允许各公司在不配备安全驾驶员的情况下测试自动驾驶汽车。

第三，加利福尼亚州。加利福尼亚州是美国有关自动驾驶法律规范最完备的州。2012年9月，加利福尼亚州通过了允许自动驾驶汽车合法上路的“SB1298法案”，授权自动驾驶汽车在公共道路上进行测试，但必须有驾驶员在车内监督汽车的运行，并且能够在发生自主技术故障或其他紧急情况时由驾驶员接管自动驾驶汽车。2020年11月，加利福尼亚州公共事业委员会发布《授权部署有安全员和完全无人的自动驾驶乘车服务的决定》(Decision Authorizing Deployment of Drivered and Driverless Autonomous Vehicle Passenger Service)，通过了“有安全员的自动驾驶乘车服务商用部署计划”和“完全无人的自动驾驶乘车服务商用部署计划”两项新计划，正式允许获得批准的公司提供自动驾驶乘车有偿服务和自动驾驶共享乘车有偿服务，但都需要提交乘客安全计划，描述如何在无人驾驶过程中保护乘客安全。这一举措使得加利福尼亚州成为继菲尼克斯、拉斯维加斯之后美国第三个允许自动驾驶商业运营的地区。

第四，亚利桑那州。2015年8月，亚利桑那州通过了一项行政命令，要求州内各机构“采取所有必要措施，支持自动驾驶汽车在亚利桑拉州的公共道路上进行测试和运营”。与加利福尼亚州相反，亚利桑那州拥有全美国内最宽松的监管环境，这吸引了大批不满加利福尼亚州严格监管环境的公司前往亚利桑那州进行道测，如Uber公司即放弃了在加利福尼亚州的测试资格。2018年，Waymo公司在亚利桑那州菲尼克斯推出了Waymo One网约车服务，并开始向乘客收费。2020年10月，Waymo宣布将为菲尼克斯的所有居民提供有偿且无安全员的自动驾驶出租车，使得自动驾驶商业化进程得到了进一步的拓展。2021年3月，亚利桑那州立法机构颁布了由州长签署的“HB281法案”，正式为自动驾驶汽车确立了标准。

第四节　欧　洲

一、欧盟层面

2015年5月，欧洲道路运输研究咨询委员会(European Road Transport

Research Advisory Council, ERTRAC）发布了《欧洲自动驾驶智能系统技术路线图》（European Roadmap Smart Systems for Driving），旨在为欧洲自动驾驶研究和创新提供战略愿景，为支持“地平线2020”的实施提供研究与创新框架方案。此后，ERTRAC不断对该路线图进行更新。2021年10月，ERTRAC发布了欧盟自动驾驶技术路线图更新版《网联、合作和自动移动路线图》（Connected, Cooperative and Automated Mobility Roadmap），公开征求意见。

2016年4月，欧盟各成员方签署了题为《阿姆斯特丹宣言：网联和自动驾驶领域的合作》（Declaration of Amsterdam: Cooperation in the field of connected and automated driving），制定了有关自动驾驶的欧洲共同战略，确定了一系列目标：努力建立一个统一的欧洲框架，以便部署可操作的自动和网联汽车；将网联和自动驾驶的发展结合起来，以便充分发挥其潜力，改善道路安全、交通流量，减少道路运输对环境的影响；采用经验学习方法，包括在可能的情况下跨境合作，分享和扩大自动和网联汽车方面的知识，制定切实可行的规范，确保系统和服务的互用性；支持自动和网联汽车技术的创新，以提高欧洲工业的全球市场地位；保障数据安全和隐私。

2017年1月，欧盟网络和信息安全机构（The European Union Agency for Network and Information Security, ENISA）发布研究报告《智能汽车网络安全与适应力：最佳实践与建议》（Cyber Security and Resilience of Smart Cars: Good practices and recommendations），对于智能汽车网络安全提出最佳实践的建议，以确保智能汽车的安全性免受网络威胁。

2017年8月，欧盟发布《欧盟协作式智能交通系统战略》（A European Strategy on Cooperative Intelligent Transport Systems），指出数字技术和基于它们的系统正在世界各地的运输中迅速应用。道路运输中的协作式智能交通系统（C-ITS）是这一发展的一部分，也是更广泛地推动车辆自动化的一个要素。这些系统使用了允许道路车辆与其他车辆或道路使用者和路边基础设施通信的技术。通过提高信息的质量和可靠性，C-ITS可以提高道路安全和交通效率，并减少交通运输的能源消耗和排放，但前提是确保网络与数据安全。

2018年5月，欧盟委员会发布《通往自动化之路：欧洲未来出行战略》（Road to automated mobility: An EU strategy for mobility of the future），明确指出战略目标是使欧洲成为部署自动驾驶汽车的世界领导者，降低道路死亡人数，减少运输有害排放，缓解交通拥堵。最终预计在2050年实现所谓的“零交通事故愿景”（Vision Zero），届时欧洲道路上将彻底没有由交通事故引发的死亡。而要将这一雄心壮志变为现实，有赖于欧盟、私营企业、成员方、地区和地方政府的共同努力。

2018年7月，欧盟下辖欧盟汽车技术委员会发布《欧盟自动驾驶车辆认证程序豁免指南》（Guidelines on the exemption procedure for the EU approval of automated vehicles），旨在向制造商阐明其对监管机构的期望，与国际合作伙伴协调监管，同时讨论对有关立法（如交通规则）进行必要的调整。

2020年1月，欧盟发布草案《关于在网联汽车和出行应用程序中处理个人数据的指南（1/2020号）》（Guidelines 01/2020 on processing personal data in the context of connected vehicles and mobility related applications）公开征求意见。2021年3月，欧盟发布了经过公众咨询后加以完善的2.0版本《关于在网联汽车和出行应用程序中处理个人数据的指南（01/2020）》，也称为《车联网个人数据保护指南》。其一，指南表示网联汽车正在产生越来越多的数据，其中大部分数据都可以被视为个人数据，因为它们与驾驶员或者乘客相关。其二，如何从产品设计阶段就贯彻个人数据保护，并确保汽车使用者享有《一般数据保护条例》（General Data Protection Regulation）赋予的对数据享有的透明度和控制权是至关重要的。其三，网联汽车任何涉及个人数据的数据处理活动都要适用《一般数据保护条例》。其四，网联汽车以及与其相连的设备应被识别为终端设备，进而适用《电子隐私指令》（ePrivacy Directive）第5条第3款的规定。

二、英国

2015年2月，英国发布《无人驾驶汽车发展道路：总结报告与行动计划》（The Pathway to Driverless Cars: Summary report and action plan），勾勒了英国自动驾驶汽车的发展路线。其一，明确自动驾驶汽车具有巨大的社会价值，能够让人们的生活变得更好。其二，路线图的目的是确保英国在自动驾驶汽车的道路测试与应用方面处于领先地位。其三，允许自动驾驶汽车在公共道路上合法测试，英国在自动驾驶汽车领域拥有独特的优势：英国政府采取宽松的监管方法；英国可以开放整个公共道路进行测试；英国拥有欧洲最具挑战和多样化的交通、道路和天气情况，同时伦敦也是欧洲唯一的特大城市。其四，英国政府将进一步配套与自动驾驶道路测试相关的法律规则。

2015年7月，英国发布《无人驾驶汽车发展道路：道路测试指南》（The Pathway to Driverless Cars: A Code of Practice for Testing），该指南的颁布正式开启了英国的自动驾驶汽车道路测试之路。其一，一般要求。测试主体应当始终确保自动驾驶技术在公共道路上的测试安全，购买适当的保险。其二，测试驾驶员的资质要求。测试驾驶员必须持有相应的驾照，通过专业的培训，遵守现行道路交通法规。其三，车辆的安全技术要求。测试车辆应当满足现行机动车安全技术要求，确保车辆已在封闭道路或测试轨道上成功完成内部测试。测试车辆应配备数据记录设备，以便记录自动驾驶汽车运行的各项数据。

2017年2月，英国颁布《汽车技术和航空法案》（Vehicle Technology

and Aviation Bill)。虽然法案最终因议会解体而夭折，但有关自动驾驶汽车责任保险的条款被后续出台的《自动化与电动化汽车法案》采纳。

2017年8月，英国发布《网联和自动驾驶汽车网络安全关键原则》(The Key Principles of Cyber Security for Connected and Automated Vehicles)，对自动驾驶汽车数据与网络安全作了规定。文件提出了八项原则：第一，组织安全在董事会层面得到确认、管理和提升。第二，以适当和相称的方式评估和管理安全风险，包括供应链中的风险。第三，所有组织需要进行产品善后护理和事件响应，以确保系统在其生命周期内是安全的。第四，所有组织，包括分包商、供应商和潜在的第三方，共同努力增强系统的安全性。第五，系统采用纵深防御方法进行设计。第六，所有软件的安全性在其整个生命周期内都受到管理。第七，确保数据的存储和传输是安全与可控的。第八，系统设计能够抵御攻击，并在其防御或传感器发生故障时作出适当响应。

2018年7月，英国颁布《自动化与电动化汽车法案》(Automated and Electric Vehicles Act)，基本延续了《汽车技术和航空法案》中的规定。其一，根据该法案第2条规定，如果自动驾驶汽车已投保，则保险人应承担赔偿责任。如果自动驾驶汽车没有投保，则由车主承担赔偿责任。此外，与1988年英国《道路交通法》第145条规定的传统车辆强制保险相比，保险人的责任范围扩大到包括自动驾驶汽车自动驾驶时对车内驾驶人造成的损害。其二，第3条规定自动驾驶汽车引发的交通事故可以适用于有过失原则。其三，第4条规定对于因违反保单更改软件或未进行安全攸关的软件更新而导致的事故，保险人无须对被保险人承担责任。其四，第5条规定了保险人向事故责任人索赔的权利，保险人或车主就事故承担第一顺位的责任后，有权向对事故负有责任的人追偿。

2019年2月，英国发布《自动车辆测试操作规范指南》(The Code of Practice: automated vehicle trialling)，该指南是对2015年《无人驾驶汽车

发展道路：道路测试指南》的更新，但是并未在指南中引进任何新的法律规则，更多的是在推动技术测试。该指南指出，在没有人类安全驾驶员或操作员的情况下进行试验已经成为可能，但必须有一名安全驾驶员或操作员可以使用远程控制功能，以便能够在必要时对车辆进行适当的控制。那些希望在公共道路或其他公共场所对自动驾驶汽车进行远程控制试验的人，需要保证远程控制系统能够提供与驾驶员在车内相同的安全级别。

2020年12月，英国法律委员会发布《自动驾驶汽车综合监管架构》（Comprehensive regulatory framework for self-driving vehicles）提案，该提案旨在通过一个全面的新法律框架确保自动驾驶车辆的安全。其内容包括：第一，实施全新的自动驾驶车辆安全保证计划，包括在整个车辆使用寿命内监控自动驾驶车辆的性能和软件更新。第二，根据自动驾驶技术的能力明确界定驾驶员、用户和车主、运营商的责任，确保自动驾驶车辆仅按预期方式使用。第三，确保制造商和技术开发人员认识到他们在保证车辆安全方面的作用，同时在自动驾驶模式运行时免除驾驶员的刑事责任。

2022年1月，英国法律委员会发布《自动驾驶汽车：联合报告》（Automated Vehicles: joint report），对自动驾驶汽车有关的诸多法律问题做了详细的论述，并提出了许多重要建议。其一，严格区分自动驾驶与辅助驾驶，打击误导性营销。其二，在当前国际和国内技术车辆批准方案的基础上，增加了一个新的第二阶段批准和授权流程，以授权车辆在公开道路上使用自动驾驶功能。其三，建立一项新的“在用安全”（in-use safety）保障计划，在自动驾驶汽车的整个生命周期内对其进行监管监督，以确保它们继续保持安全并遵守道路规则。其四，为用户、制造商和服务运营商提供新的法律角色，免除驾驶员的刑事责任。其五，追究制造商和服务经营者对虚假陈述或不披露与安全相关信息的刑事责任。

2022年4月，英国发布《公路法》（Highway Code）修订草案，计划允许L3级自动驾驶汽车上路行驶。根据草案规定，其一，当汽车处于自动驾驶模式，发生交通事故时，驾驶员无须承担责任。对此，保险公司将承担责任。其二，驾驶员可以在自动驾驶模式开启后使用车辆内置屏幕观看电影，但不能使用笔记本电脑或者手机观看。因为在紧急情况下，自动驾驶汽车可以通过切断内置屏幕影像来提醒驾驶员接管。其三，驾驶员不能使用手机，因为这会严重分散驾驶员的注意力。其四，驾驶员必须留在驾驶位上，确保能够及时接管。其五，驾驶员需要处于清醒状态，醉酒、使用麻醉药物等状态下不能使用自动驾驶功能。其六，驾驶员需要承担其他职责，包括纳税和保险。其七，如果自动驾驶汽车出错，驾驶员不需要承担刑事责任。①

2022年8月，英国政府发布《网联和自动出行2025：在英国释放自动驾驶汽车的效益》（Connected & Automated Mobility 2025: Realising the benefits of self-driving vehicles in the UK），提出到2025年在英国实现自动驾驶汽车的商业化落地，并就实现这一目标所需要的立法和监管措施做了系统阐释。该文件基本延续了《自动驾驶汽车：联合报告》的内容，试图提出一套适应自动驾驶技术特征的安全监管框架，并建议制定一部全新的《自动驾驶汽车法案》（Automated Vehicles Act）。

三、德国

2015年9月，德国出台《自动和网联驾驶战略》（Strategy for Automated and Connected Driving），明确德国发展自动驾驶的五大重点行动领域，分别是基础设施、法律、创新、互联性、网络安全与数据保护。

2016年1月，德国联邦与州政府的独立数据保护机构和德国汽车

① See Sam Barker, Everything you can and can't do in self-driving cars-from drinking to using phone, Mirror, 20 Apr, 2022.

工业协会（VDA）发布了一份联合声明《使用联网和非联网车辆时的数据保护》（Data protection aspects of using connected and non-connected vehicles），针对车辆运行过程中产生的数据处理提出了要求：其一，对于汽车产生的数据，只要与车辆识别号或者车牌关联，即成为《德国联邦数据保护法》保护的个人数据。其二，控制者收集数据的时间点至关重要，有必要区分车内存储的数据（离线），还是向车外传输数据（在线）。其三，离线与在线情况下控制者的认定有所不同。其四，数据收集和处理的合法性基础应当受到重视。其五，车主有权向制造商了解情况。其六，用户有权决定如何使用他们的个人数据。

2017年6月，得益于《维也纳道路交通公约》的修订，德国通过了《道路交通法第八修正案》（Eight Act Amending the Road Traffic Act），在原有的《道路交通法》上，新增第1a条、第1b条、第1c条、第63a条、第63b条。其一，第1a条主要定义自动驾驶汽车。修正案采取的是德国汽车工业协会（VDA）的六级分类法，大体对应的是SAE分级指南中的L3级和L4级的自动驾驶汽车，但从修正案的内容来看，主要针对的是L3级的自动驾驶汽车。凡是开启自动驾驶功能并且使用这一功能控制车辆的人，即使没有手动驾驶，也应当被认定为驾驶人。其二，第1b条定义驾驶人的权利义务。驾驶人在使用自动驾驶功能时可以从驾驶活动中转移注意力，但仍然需要保持足够的警惕，以便履行接管义务。驾驶人在如下情形中需要履行该义务，包括自动驾驶系统警示驾驶人接管或者情况非常明显时有必要接管。其三，第1c条为评估，联邦交通与数字基础设施部将于2019年基于技术发展情况对该法的适用进行评估。其四，第63a条主要是数据处理问题，法案规定当驾驶人切换到自动驾驶系统负责驾驶或由系统负责驾驶切换至手动驾驶时，系统都必须进行数据记录。其五，第63b条赋予联邦交通与数字基础设施部拟定相关法律的权利，如制定与数据存储保护有关的法律法规。

2017年6月，德国运输和数字技术设施部发布《自动和网联车辆交通伦理准则》(Ethical rules for automated and connected vehicular traffic),针对自动驾驶汽车提出了二十条伦理准则:第一,自动驾驶技术要提高所有相关者的安全,技术发展服从于私法自治。第二,对人的保护优先于所有其他利益的考量。第三,驾驶系统需要官方的批准及监管。第四,要实现个人自由决定与他人自由安全的平衡。第五,技术的设计应完全避免出现进退两难的情况。第六,法律不应当超越伦理认知水平强推自动驾驶技术应用。第七,对人生命的保护在法律考量上高于一切。第八,对于必须牺牲一方的"两难困境",禁止事先编程固化。第九,在事故不可避免时,禁止将人群属性作为参考因素。第十,考虑责任向制造商、技术系统运营商,以及基础设施、政策及法律的决策机构转移的情况。第十一,自动驾驶汽车损害与其他产品责任适用同样的原则。第十二,公众有权利充分了解新技术及其使用方式。第十三,加强数字化交通基础设施完善。第十四,不能因为自动驾驶汽车带来的损害而产生根本性的动摇。第十五,自动驾驶汽车产生的数据服从于交通参与者的自治权及数据主权。第十六,明确分工和记录人机驾驶数据和情况。第十七,机器适应人而非人适应机器。第十八,车辆可以自我学习但不能违反法律规定。第十九,在紧急情况下,车辆必须自主进入安全状态。第二十,人们应当接受自动驾驶培训并通过考核。

2021年7月,德国政府通过了《"道路交通法"与"强制保险法"》修正案(Act Amending the Road Traffic Act and the Compulsory Insurance Act),该法案也被称为《自动驾驶法案》(Autonomous Driving Act)。该法案主要分为两个部分:一是道路交通法的修订,在此前《道路交通法第八修正案》的基础上新增了第1d条至第1l条;二是强制保险法的修订,即在强制保险法第1条中增加一款,规定具有自动驾驶功能的机动车辆的保有人有义务为技术监督员购买和维持责任保险。其中,对于道路交通法部分的修订是重点,意在为无人驾驶技术的落地运营提供法律依据和监管框架。新法允许L4级智能汽车在德国公共道路指定区域常态化运营,对其技术要求、准入条件、数据处理规则等作了规定。[①] 主要内容包括：其一，第1d条对调整的自动驾驶汽车、技术监督员、最小风险状态三个概念进行定义。其二，第1e条规定了运行自动驾驶汽车所需要的条件。其三，第1f条规定了运行自动驾驶汽车的参与者的义务，车主的义务包括定期维护自动驾驶系统、遵守交通法规的义务，技术监督员具有及时接管的义务，生产者需要负担保障产品质量的义务。其四，第1g条针对数据处理进行规定，包括自动驾驶汽车运行需要存储的数据范围条件、用户的隐私保护等。其五，第1h条规定的是自动驾驶功能激活的条件。其六，第1i条针对自动驾驶汽车的道路测试进行规定，统一了全国的测试规则。其七，第1j条为授权立法条款，联邦交通与数字基础设施部有权出台有关自动驾驶汽车的登记和操作的具体规则。其八，第1k条针对国防、警用、消防等特殊车辆进行规定。其九，第1l条为评估条款，规定联邦交通与数字基础设施部将于2023年年底对本法的适用性进行评估。

第五节　亚洲其他地区

一、日本

2016年6月，日本警察厅发布了《自动驾驶系统道路实验指引》（自動走行システムに関する公道実証実験のためのガイドライン），这是日本自动驾驶汽车领域的首部规范性文件。该指引赋予自动驾驶汽车进行道路测试的合法化地位，允许L3级自动驾驶汽车在公共道路上开展测试，

① 参见张韬略、钱榕：《迈入无人驾驶时代的德国道路交通法——德国〈自动驾驶法〉的探索与启示》，载《德国研究》2022年第1期。

并对测试机构、参与测试的驾驶员、测试车辆应该符合的要求作了明确规定。

2017年5月，日本内阁发布《2017官民ITS构想及线路图》(Public-Private ITS Initiative/Roadmaps 2017)，明确了自动驾驶技术的推进时间表，此后每年进行更新。2021年6月，日本发布了最新的版本，明确提出2030年的目标是让日本成为世界上第一个实现L3级自动驾驶商业化的国家，并提出了五个方面的重点政策，包括技术研发、交通基础设施与网联设施建设、制度配套、数字出行平台建设以及社会接受度。

2017年5月，日本经济产业省与国土交通省发布《日本自动驾驶政策方针1.0版》，此后每年进行更新。2021年5月，日本发布了《实现和普及自动驾驶的行动方针5.0版本——以实现L4级自动驾驶为目标》(「自動走行の実現及び普及に向けた取組報告と方針」Version 5.0~レベル4自動運転サービスの社会実装を目指して~)，总结了此前自动驾驶道路测试的成果，提出以2022年度为目标，在限定区域内实现通过远程监控的L4级自动驾驶服务，同时明确确立远程监控的L4级自动驾驶的基本业务模式和制度设计。

2017年6月，日本警察厅在《自动驾驶系统道路实验指引》的基础上发布了《远程自动驾驶系统道路测试许可处理基准》(遠隔型自動運転の公道実証実験に係る道路使用許可基準)，允许车辆在没有驾驶员的状态下进行测试，但测试时必须配备一名远程监控员，来负责远程控制和监视自动驾驶汽车，承担驾驶员的职责。

2018年4月，日本提出了《自动驾驶相关制度整备大纲》(自動運転に係る制度整備大綱)，总结了政府审查道路交通相关法律制度的方向，以便尽快实现自动驾驶。其中，针对责任问题，大纲计划对于有条件自动驾驶汽车发生的交通事故责任，原则上由车辆所有者承担，车企的责任仅限于汽车系统存在缺陷的情形。因为系统被黑客入侵而发生的事故，适用政府救济制度，由政府进行赔偿。

2018年9月，日本国土交通省发布了《自动驾驶汽车安全技术指南》（自動運転車の安全技術ガイドライン），明确规定了L3级、L4级自动驾驶汽车的安全技术条件，具体包括十个方面：设计运行范围（ODD）的设定、自动驾驶系统的安全性、遵守安保标准、人机界面（HMI）、搭载数据记录装置、网络安全、用于无人驾驶移动服务的车辆安全性、安全性评价、确保使用过程安全以及向自动驾驶汽车使用者提供信息。

2019年5月，日本政府通过了《道路车辆运输法》修正案以及《道路交通法》修正案，并于2020年4月生效。其一，《道路运输车辆法》修正案规定了“自动导航设备”的定义以及安全标准，同时允许制造商在车辆上安装传感器（如摄像头、雷达等）、车载计算平台等装置。此外，修正案还创立了自动驾驶系统更新许可制度。其二，《道路交通法》修正案涉及的对象是L3级自动驾驶汽车，根据修正案第71条第4.2项规定，驾驶员能够在车况良好、自动驾驶功能运转正常时使用手机以及汽车配备的娱乐系统，但要随时做好在自动驾驶汽车发生故障情况下的接管准备。如果违反接管义务，则需要承担赔偿责任。

2020年11月，日本通过了《道路法》的修订，并于2021年3月正式生效实施。这次修订主要是从道路基础设施方面配合自动驾驶技术的发展，将“自动驾驶辅助设施”纳入道路条件。

二、韩国

2015年8月至2016年2月，韩国修订了《机动车管理法》（Motor Vehicle Management Act）及其附属法律，首次在韩国法律中创造了自动驾驶汽车的概念，为自动驾驶汽车临时运营等活动提供了法律框架。

2016年2月，韩国发布《自动驾驶汽车安全操作要求和试验操作规定》，对自动驾驶汽车道路测试进行规范管理，明确了道路测试的申请流程、系统控制模式、显示装置要求、事故数据记录装置、限速与碰撞预防等方面要求。随后，韩国于2017年、2018年和2021年进行了三次修订，以适应自动驾驶汽车道路测试的发展需要。

2018年3月，韩国修订《道路交通法》（Road Traffic Act），一是允许车辆安装自动驾驶功能；二是不再要求驾驶员离开驾驶位必须关闭车辆，只要能够采取措施防止事故的发生即可。通过这两项修订，自动驾驶泊车功能才获得法律正式许可。

2019年4月，韩国通过了《促进和支持自动驾驶汽车商业化法》《促进和支持自动驾驶汽车商业化法施行规则》《促进和支持自动驾驶汽车商业化法施行令》系列法案，简称为《自动驾驶汽车法案》（Autonomous Vehicles Act），旨在加速自动驾驶汽车商业化进程。[①]根据该法案规定，其一，国土交通部部长每五年制定一次基于自动驾驶的运输和物流的总体规划。其二，国土交通部部长能够指定自动驾驶安全区域，即自动驾驶可以安全驾驶的高速公路路段。其三，为自动驾驶汽车指定试点运营区域，在这些区域内给予各种监管豁免，以确保使用自动驾驶汽车开展新业务的试验和启动。其四，放宽与匿名个人信息的信息隐私相关的规定。其五，支持与自动驾驶汽车相关的技术开发、人力培养和国际合作。

2020年1月，韩国发布了《L3级自动驾驶汽车安全标准》，这是全球首个针对L3级自动驾驶汽车制造和商业化的安全标准，于2020年7月开始生效。这一安全标准包括驾驶员可用性识别系统（DARS）、车道自动保持系统（ALKS）、过渡需求、最小风险策略、紧急策略以及后备计划。其一，驾驶员可用性识别系统，是一种持续监控驾驶员以检测驾驶员是

① 参见桂宁、申杨柳、朱一方、刘宇：《提速自动驾驶应用场景商业化：从韩国〈促进和支持自动驾驶汽车商业化法〉谈起》，载微信公众号“百度公共政策研究院”，2020年12月22日。

否可以接管驾驶任务的系统。系统认为驾驶员可用性的标准包括：在过去30秒内输入车辆控制系统、有意的头部和身体运动，以及在过去4秒内没有闭眼。一旦系统检测到驾驶员无能力，系统应提供独特的警告，直到检测到驾驶员的适当动作或直到启动过渡需求。其二，过渡需求。对于高速公路出口等有计划的事件，系统应在事件发生前15秒内发出过渡请求。遇有道路建设等意外事件，一经发现，应提出过渡要求。其三，车道自动保持系统，新标准定义了ALKS的最高速度，具体取决于系统的检测范围和每个速度级别与同一车道前车的最小距离。其四，最小风险策略，系统应该能够在最小风险机动期间安全地使车辆停止，该程序旨在最大限度地降低交通风险，如果驾驶员没有响应过渡需求，系统会自动执行该程序。当自动驾驶系统发出接管请求，但驾驶员未在10秒内响应请求时，ALKS会通过在车道内减速来确保安全。其五，紧急策略。如果发生突然的意外事件，即车辆即将面临碰撞风险，并且在将控制权移交给驾驶员的准备时间不足的情况下，系统应执行紧急操作，目的是避免或减轻碰撞。其六，后备计划，车辆必须有后备计划，如系统冗余，以备系统出现故障时也能确保车辆的安全。其七，新标准不包括检测周边环境并判断是否变道的自动变道系统。当车道变换和其他技术足够先进时，这些标准将在未来根据国际监管框架进行更新。此外，除新标准外，韩国国土交通部部长还将加大力度对自动驾驶时代的交通系统和政策进行改造，如指定自动驾驶汽车试点运营区域和建设基础设施。

2020年10月，韩国《机动车事故赔偿保证法》（Guarantee of Automobile Accident Compensation Act）修正案正式生效。根据修正案规定，对于自动驾驶汽车引发的事故，先由保险公司赔偿受害人，然后根据自动驾驶汽车是否存在产品缺陷来分担责任。为查清交通事故原因，法案还专门配套了事故委员会制度，即《自动驾驶车辆事故调查委员会的组织和运作条例》。据此，委员会可要求车辆制造商提供事故记录系统中记录的信息，并同时要求保险公司提交在事故现场拍摄的任何相关照片以及因事故引起或与之相关的文件和材料。此外，委员会在其认为必要或适当的情况下，可以就事故提出具体问题或要求车主和车辆制造商提交事故报告等。

2020年12月，韩国国土交通部发布了三项不具有法律约束力的建议性准则，分别是《自动驾驶汽车和利益相关者的道德准则》《网络安全指南》《L4级自动驾驶汽车制造、安全指南》。其中，《自动驾驶汽车和利益相关者的道德准则》确立了自动驾驶汽车的伦理准则，包括“生命利益应当高于财产利益”“在事故发生时应优先保护生命安全”等；《网络安全指南》则主要是针对汽车制造商提出建议，要求制造商应利用网络安全管理程序保护安全；而《L4级自动驾驶汽车制造、安全指南》则是为L4级自动驾驶汽车的设计、制造与安全操作提供指南。

三、新加坡

2017年2月，新加坡通过了《道路交通法》修正案［Road Traffic (Amendment) Act 2017］，明确只有在获得新加坡公路交通管理局特别许可的情况下，才允许自动驾驶汽车上路测试和使用。获得授权的主体有义务确保自动驾驶汽车始终处于良好状态并正常运行，发生交通事故时需及时通知新加坡公路交通管理局，同时必须为自动驾驶汽车购买责任保险或者支付保证金，以便应对可能发生的交通事故。至于生产者的责任，该法案并未特别提及，理论上应当继续适用产品责任的规则。

2019年1月，新加坡发布了一份名为《自动驾驶汽车技术参考68号》（TR 68 Technical Reference for Autonomous Vehicles）的文件，为行业开发无安全员的自动驾驶汽车提供指导。文件具体分为四个部分，分别是基本驾驶行为、道路安全问题、网络安全问题以及车辆数据类型和格式。其一，基本驾驶行为，旨在为动态驾驶任务的适当执行提供参考。其二，道路安全问题，旨在为部署在公共道路上的自动驾驶汽车提供安全指南，包括设计和生成质量、特定应用环境中的安全操作两个关键领域。其三，网络安全问题，旨在为部署在公共道路上的自动驾驶汽车的网络安全提供指南，包括针对开发人员与运营商的网络安全原则，以及一套针对自动驾驶汽车网络安全评估的框架。其四，车辆数据类型和格式，旨在提供有关标准化服务和数据交换格式的指南，以提高自动驾驶汽车生态系统中多方通信的效率和可操作性。

2021年4月，新加坡再次提出了《道路交通法》修正案草案。修正案的目的包括三项，分别是扩展现有的自动驾驶汽车监管沙盒；当免税不再适用时，推动重新征收车辆税；授权警官和获授权人员对公共交通系统中的人员进行安全搜查。针对自动驾驶汽车，2017年《道路交通法》修正案特别设置2017年8月到2022年8月为期五年的监管沙盒，以便支持自动驾驶汽车的试验与产业发展，此次修正案决定再延长五年至2027年8月，以便开展更多的自动驾驶汽车试验活动。

第六节　小　结

通过上述比较可知，各国都非常重视自动驾驶汽车产业的发展，都在积极配套相关法律政策。总体来说，全球自动驾驶汽车法律规制呈现如下特点。

第一，高度重视自动驾驶汽车的战略地位。自动驾驶汽车是新一轮人工智能热潮最为典型的应用场景，抢占自动驾驶产业高地意义非凡。对此，各国都从国家战略的角度强调自动驾驶汽车发展的重要性。例如，德国在《自动驾驶法案》的立法理由书中明确表示："目前尚无使用智能汽车的国际准则。然而，如果再踌躇一段时间，德国在智能汽车的发展中将处于危险地位，也无法利用这一领域所蕴藏的潜力。如果不进行规制，会失去提升道路安全、减少环境排放和加强德国创新地位以及社会包容度的重要机会。”①美国在《确保美国自动驾驶汽车技术的领导地位：自动驾驶汽车4.0》中也明确表示，自动驾驶汽车的广泛应用能够为美国人民带来诸多潜在的好处：提升安全性和减少事故伤亡人数；改善所有公民生活、交通和出行的质量，降低能源消耗；改善供应链管理。接下来几十年，自动驾驶汽车将对日常生活中的许多领域产生重大影响。欧盟也相继发布了《欧洲自动驾驶智能系统技术路线图》《通往自动化之路：欧洲未来出行战略》，目的就是确保欧盟在自动驾驶领域的领先地位。日本先后发布了《2017官民ITS构想及线路图》以及五版《日本自动驾驶政策方针》，以指导本国自动驾驶产业的发展。与此同时，我国也相继发布了两版《智能网联汽车技术发展路线图》以及《智能汽车创新发展战略》，明确指出发展自动驾驶汽车具有重要的战略意义，包括增强新一轮科技革命和产业革命引领能力，培育数字经济，增强新时代国家综合实力，增进人民福祉。

第二，自动驾驶汽车的国际合作趋势明显。新一轮人工智能热潮席卷全球，人工智能已经成为各国都需要面临的重大课题，加强各国沟通协作是必然趋势。对于自动驾驶汽车这一全球化商品而言，如何凝聚各国共识，统一产品标准至关重要。对此，联合国发挥重要作用，一边修订原有的《维也纳道路交通公约》，出台《关于在道路交通中部署高度和全自动车辆的决议》，为自动驾驶汽车上路扫除法律障碍；另一边又积极制定《自动驾驶汽车框架文件》《网络安全与网络安全管理系统》《软件升级与软件升级管理系统》《车道自动保持系统（ALKS）条例》等技术法规，为全球自动驾驶产业的发展提供强有力的支持。与此同时，自动驾驶汽车领域的区

① 参见张韬略、钱榕：《迈入无人驾驶时代的德国道路交通法——德国〈自动驾驶法〉的探索与启示》，载《德国研究》2022年第1期。

域合作也越来越多。例如，欧盟层面就发布了《阿姆斯特丹宣言：互联和自动驾驶领域的合作》，试图制定一个有关自动驾驶的欧洲共同战略。此外，七国集团也多次展开交通部长会议，发布有关自动驾驶汽车的宣言。

第三，道路测试是自动驾驶汽车最为基础的配套。自动驾驶技术是一项具有颠覆性的新技术，道路测试是大规模商业化必经的阶段。对此，各国对于自动驾驶汽车的法律政策支持一开始都是围绕道路测试展开。同时，随着自动驾驶技术的成熟，各国不断更新升级相关的测试规范，以满足无人驾驶、载物测试、高速公路测试等多样化测试需求。对此，德国先后通过《道路交通法第八修正案》《自动驾驶法案》，英国前后发布了《无人驾驶汽车发展道路：道路测试指南》《自动车辆测试操作规范指南》，日本发布了《自动驾驶汽车道路测试指南》《远程自动驾驶系统道路测试许可处理基准》，韩国持续更新了三版《自动驾驶汽车安全操作要求和试验操作规定》，我国也相继出台了《智能网联汽车道路测试管理规范（试行）》《智能网联汽车道路测试与示范应用管理规范（试行）》。可以预见的是，道路测试在很长一段时间内仍然是自动驾驶汽车发展最为重要的配套制度。

第四，推进自动驾驶汽车商业化落地的法案成为重点。经过近十年的酝酿，当前自动驾驶汽车已经处于商业化应用的关键阶段，如何为自动驾驶汽车的商业化落地做好配套成为各国关注的重点。对此，美国参众两院分别提出了各自的《自动驾驶法案》，欧盟发布《欧盟自动驾驶车辆认证程序豁免指南》，德国出台《自动驾驶法案》，韩国通过了《自动驾驶汽车法案》，同时还发布了全球首个针对L3级自动驾驶汽车的安全标准以及针对L4级自动驾驶汽车的安全指南，目的都是推动自动驾驶汽车产品早日上市。与此同时，我国也在积极为自动驾驶汽车的商业化落地做好准备，工业和信息化部相继发布了《智能网联汽车生产企业及产品准入管理指南（试行）》（征求意见稿）与《关于加强智能网联汽车生产企业及产品准入管理的意见》，试图明确自动驾驶汽车的产品准入规则；地方层面，《深圳经济特区智能网联汽车管理条例》率先对自动驾驶汽车的准入登记、使用管理做了尝试。

第五，原有交通法规的修订成为共识。自动驾驶汽车与传统汽车存在本质区别，机器智能取代人类智能，自动驾驶取代手动驾驶，原先以人类驾驶员与传统汽车为中心构建的交通法规难以为继，成为自动驾驶汽车上路的一大法律障碍。为此，联合国层面修订了《维也纳道路交通公约》，德国两次修订原有《道路交通法》，日本修订了原有的《道路交通法》《道路车辆运输法》以及《道路法》，韩国修订了《机动车管理法》《道路交通法》等附属法规，新加坡修订了《道路交通法》。与此同时，我国也发布了《道路交通安全法（修订建议稿）》，试图将自动驾驶汽车纳入现有交通法规体系中。随着自动驾驶汽车商业化落地，自动驾驶汽车与传统汽车大量共存，如何构建一套同时融合两者的交通法规成为迫在眉睫的课题。

第六，出台专门的自动驾驶汽车法案成为趋势。美国两院率先提出了各自版本的《自动驾驶法案》，试图明确自动驾驶汽车的安全标准，推进自动驾驶汽车的开发和部署。德国通过了《自动驾驶法案》，就自动驾驶汽车的道路测试、准入、数据安全、责任保险、各方主体的职责等进行专门规定。韩国通过了《自动驾驶汽车法案》，旨在加速自动驾驶汽车商业化进程。英国《自动驾驶汽车：联合报告》以及《网联和自动出行2025：在英国释放自动驾驶汽车的效益》也认为自动驾驶汽车的引入将产生深远的法律后果，需要新的监管计划和新的参与者，配置新的责任和义务，建议制定一部新的《自动驾驶汽车法案》，来规范英国道路或其他公共场所的自动驾驶汽车。可以预见的是，越来越多的国家将通过有关自动驾驶汽车的专门法案，以便对自动驾驶汽车进行系统监管。

第七，广泛关注自动驾驶汽车的责任问题。自动驾驶汽车最大的社会价值是提高交通出行的安全，但它并不能保证百分百安全，如何解决自动驾驶汽车的责任问题成为各国关注的重点。对此，英国专门出台《自动化与电动化汽车法案》，为自动驾驶汽车交通事故配套了升级版的保险责任规则，由保险公司承担第一顺位的赔偿责任，很好地解决了受害人救济的问题。德国《自动驾驶法案》也修订了原有的《强制保险法》，要求自动驾驶汽车的保有人购买保险，同时对于车主、技术监督员、生产者的责任作了规定。日本通过修订《道路交通法》明确了驾驶员的接管义务，并试图提出《自动驾驶相关制度整备大纲》，以明确车辆所有人与车企各自的赔偿责任。韩国也修订了《机动车事故赔偿保证法》，明确保险公司、生产者、车主各方的责任，并专门配套了事故委员会制度，以便调查事故发生的真实原因，合理分配责任。

第八，自动驾驶汽车的数据治理受到重视。自动驾驶汽车的智能化、信息化，使其成为数据收集处理中心，数据问题受到各国高度重视。对此，欧盟层面发布了《车联网个人数据保护指南》，要求汽车数据的处理必须遵守《一般数据保护条例》以及《电子隐私指令》的规定。德国联邦与州政府的独立数据保护机构和德国汽车工业协会（VDA）发布了一份联合声明《使用联网和非联网车辆时的数据保护》，提出了汽车数据处理的六点意见。英国发布了《联网和自动驾驶汽车网络安全关键原则》，为自动驾驶汽车的数据处理与网络安全提供原则指导。韩国也出台了《网络安全指南》，就自动驾驶汽车的数据与网络安全提供指南。与此同时，我国也专门制定了《汽车数据安全管理若干规定（试行）》，就汽车数据的分级分类保护作出明确的规定，高度重视自动驾驶汽车的数据治理问题。

第九，自动驾驶汽车的伦理治理成为共识。自动驾驶汽车引发了诸多伦理困境，各国都充分重视伦理治理的价值。对此，联合国层面通过了《自动驾驶汽车框架文件》，针对自动驾驶汽车提出了九项原则，明确人机关系的一些基本界限。德国发布了《自动和网联车辆交通伦理准则》，提出了二十条伦理原则，大大拓展了针对自动驾驶汽车的伦理治理空间。

韩国出台了《自动驾驶汽车和利益相关者的道德准则》，明确要求自动驾驶汽车的设计和制造应优先考虑人类的生命安全。与此同时，我国也发布了《新一代人工智能伦理规范》，提出了增进人类福祉、促进公平公正、保护隐私安全、确保可控可信、强化责任担当以及提升伦理素养六项基本伦理要求，同时提出人工智能管理、研发、供应、使用等特定活动的十八项具体伦理要求。考虑到自动驾驶技术的复杂性，相较于法律法规的刚性特点，伦理治理将会持续扮演重要的角色。

第三章

自动驾驶汽车的法律地位

法律主体是个经典的命题。历史上，围绕奴隶、妇女、智力受损的自然人、胎儿、动物、船舶、植物、环境、城邦、寺庙、超自然存在、社团、电脑等人和物能否取得法律主体地位的问题展开过激烈的争论。[①]随着社会发展和科技进步，人工智能成为法律主体思辨漩涡中又一个需要厘清的事物。考虑到历史上纷繁复杂的讨论对象，探讨人工智能的法律地位问题并不会显得过于光怪陆离。一方面，相较于动物、植物、船舶等普通客体，人工智能具有智能上的优势，能够实实在在地完成驾驶汽车、绘画、作曲、撰写小说等人类才能完成的任务，这种拟人性的优势是其他竞争对手都无法具备的；另一方面，相较于寺庙、社团、超自然存在等特殊事物，人工智能是人们生活中更为常见的物，这种实在性和功能性使得有关人工智能的讨论更具价值。

从当前关于人工智能法律地位的讨论来看，主要解决的是两个法律问

① See Steven Tudor, Some Implications for Legal Personhood of Extending Legal Rights to Non-Human Animals, 35 Austl.J. Leg. Phil. 134, 2010, pp.134-139; Tamar Schapiro, Childhood and Personhood, 45 Ariz. L.Rev. 575, 2003, pp.575-594; Meir Dan-Cohen, Epilogue on Corporate Personhood and Humanity, 16 New Crim. L. Rev. 300, 2013, pp.300-308; Richard L. Cupp, Cognitively Impaired Humans, Intelligent Animals, and Legal Personhood, 69 Fla. L.Rev. 465,2017, pp.465-517; Gwendolyn J. Gordon, Environmental Personhood, 43 Colum. J. Envtl. L. 49,2018, pp.49-91; Jessica Berg, Of Elephants and Embryos: A Proposed Framework for Legal Personhood, 59 Hastings Law Journal 369, 2007, pp.369-406; Tom Allen & Robin Widdison, Can Computers Make Contracts?, 9 Harv. J. L. & Tech. 25,1996, pp.25-52; Toni Selkälä, MikkoRajavuori, Traditions, Myths, and Utopias of Personhood: An Introduction, 18 German Law Journal 1017, 2017, p.1052.

题：一是法律责任的承担，二是创作物权利归属。其中，责任承担是最为核心的问题。有学者就指出，所谓人工智能法律人格的重点仍然在于责任承担的问题，即当自动化的人工智能以超出设计者设定的程序运行时所导致的损害，在设计者、生产者、所有人、管理人、人工智能、保险公司之间的责任分担问题。[①]考虑到自动驾驶汽车天然具有风险属性，其无疑成为讨论人工智能法律地位的绝佳样本，同时能够充分检验这一命题的实践价值。为此，本章将站在人工智能的宏观视角，对于自动驾驶汽车的法律地位进行界定，以便明确责任规则构建的前提。[②]

第一节　人工智能法律地位的挑战

一、人工智能法律地位的热点事件

早在20世纪，关于机器人或者人工智能能否取得法律主体地位的讨论就已经开展。[③]近年来，随着人工智能日益智能以及若干热门事件的发生，在媒体和学者们的助推下，关于人工智能能否取得法律主体地位的讨论再次热闹起来。

---

① 参见韩旭至：《人工智能的法律回应：从权利法理到致害责任》，法律出版社2021年版，第12页。

② 需要说明的是，人工智能、机器人、智能机器人严格来说并非同一概念。从技术层面来看，智能机器人是人工智能与机器人技术的融合体，讨论智能机器人的法律地位更加合适，因为其既有人工智能的智能属性，又有机器人的物理载体，能够与物理世界直接互动，探讨起来更为直观。但鉴于学界常常会混用三者，为便于探讨和交流，本章关于人工智能法律地位的探讨，如没有特别交代，不做刻意区分。

③ 参见刘云：《论人工智能的法律人格制度需求与多层应对》，载《东方法学》2021年第1期。

1. 日本“户籍”事件。2010年11月，日本一款非常受欢迎的宠物机器人帕罗被申请获得户籍，户口簿上的父亲是发明人。2017年11月，日本再次为一款热门应用程序上的聊天机器人“涩谷未来”（Shibuya Mirai）设置了户籍，由涩谷区区长长谷部健为其颁发了《特别住民票》，标注了详细的住所、出生日期、区名资格授予日期以及特征，同时还配上了一张合成的照片。[①]作为宠物机器人的帕罗或许还称不上人工智能，但聊天机器人“涩谷未来”在技术上显然属于人工智能，其获得户籍的事件引起了人们的无限遐想。

2. 索菲娅事件。2017年10月25日，沙特政府授予机器人索菲亚公民身份，引起了广泛关注，也让人工智能法律地位的争论进一步白热化，似乎人工智能取得法律主体地位并非不可能。2021年1月，汉森机器人技术公司表示，包括索菲亚在内的四款机器人将于2021年上半年开始陆续出厂，最终目标是在2021年出售“上千台”大大小小的机器人。汉森机器人技术公司创始人兼首席执行官大卫·汉森（David Hanson）表示，疫情的暴发突显出自动化机器人的重要性。如果索菲亚机器人能够量产，那么围绕人工智能法律地位展开的讨论势必更加热烈和迫切。

3. 自动驾驶汽车交通事故事件。2016年2月，美国交通部国家公路交通安全管理局曾经表示，谷歌自动驾驶系统可被视为“驾驶员”。2018年3月18日晚上10点左右，Uber公司的一辆自动驾驶汽车在亚利桑那州坦佩市发生交通事故，导致一名行人身亡。自动驾驶汽车交通事故的发生引发了事故后的责任承担问题，为此一些学者提出赋予自动驾驶汽车法律人格，由自动驾驶汽车负责的观点。[②]

---

① 参见王莹主编：《人工智能法律基础》，西安交通大学出版社2021年版，第113页。

② 参见郑志峰：《自动驾驶汽车的交通事故侵权责任》，载《法学》2018年第4期。

人工智能能否取得法律人格，关系到诸多法律问题的解决：无监督的人工智能自主机器人可否拟制为人？人工智能技术自动生成作品是否可以享有著作权保护？如何对人工智能机器人进行征税？自动驾驶汽车造成他人损害该由谁来承担责任？如何为人工智能技术的发展设定伦理规范？人工智能机器人出入国家边境如何进行审查？人工智能产品的风险是否可以得到有限责任保护？……[①]当前法学体系建立在人物两分的基础上。在民法体系中，主体与客体、人与物之间有严格的区别。将机器人视为“人”，赋予其相应的主体资格，难以在现有的民法理论中得到合理的解释。[②]一旦人工智能被法律赋予了民事主体地位，并实际承担了法律责任，那么整个民法的根基将发生动摇。类似的争议也已经发生在刑法领域。这些争议如果持续存在，将很快影响到诉讼法领域，毕竟程序法必然和实体法的基本理论保持一致。[③]为此，我们需要谨慎应对这一问题。

二、人工智能法律地位的立法尝试

（一）欧盟

欧盟是最早也是最为积极主张界定人工智能法律地位的地区，但不同时期的观点不太统一。2017年欧盟《机器人技术民事法律规则》中提到，“从长远来看，要创设机器人的特殊法律地位，以确保至少最复杂的自动化机器人可以被确认为享有电子人的法律地位，有责任弥补自己所造成的任何

---

① 参见刘云:《论人工智能的法律人格制度需求与多层应对》，载《东方法学》2021年第1期。

② 参见吴汉东:《人工智能时代的制度安排与法律规制》，载《法律科学（西北政法大学学报）》2017年第6期。

③ 参见陆幸福:《人工智能时代的主体性之忧：法理学如何回应》，载《比较法研究》2022年第1期。

损害，并且可能在机器人作出自主决策或以其他方式与第三人独立交往的案件中适用电子人格”①。欧盟主张赋予机器人电子人法律地位的观点，立即引起了全球热议。我国许多学者都是受此影响而主张赋予人工智能法律人格。

2020年7月，欧洲议会法律事务委员会发布研究报告《人工智能与民事责任》，对于人工智能法律地位问题做了进一步的阐释。其一，从本体论的角度来看，所有先进的技术都不是主体，而仅仅是客体，没有理由授予它们权利，也不应要求它们承担法律责任。即使在现有的责任规则内，理论上始终可以确定对使用该设备所造成的损害负责的人。从这个意义上讲，责任框架可能不是最佳的，因为它引起了高成本和复杂的诉讼，但排除了责任鸿沟（responsibility gap）的存在。其二，从功能论的角度来看，在某些特定的情况下，可以像今天法律对待公司那样，将虚构的法人资格归属于特定的人工智能应用程序。此类条件包括：（1）在多方之间寻求协调，如某个人工智能产品或者服务的提供涉及多个主体，要想孤立地证明每个主体的责任即使并非不能，也很难做到；（2）独立资产和限制责任，以限制利润的分配和损害的分摊；（3）通过登记和披露职责确保透明度，以识别对于特定人工智能产品和服务享有经济利益或其他利益的各方；（4）税收的考量，最终可以激励更多更好的人工智能产品和服务的研发。当然，赋予人工智能法律主体资格不是达到这种效果的唯一途径。对于大多数现有的应用程序，更加务实的办法是使用其他法律工具。但是，我们没有技术上的理由从根本上排除未来可能授予特定类别的人工智能系统法律人格的可能性，况且这样做也不会造成人工智能像自然人那样享有权利和义务。

---

① Civil Law Rules on Robotics—European Parliament resolution of 16 February 2017 with recommendations to the Commission on Civil Law Rules on Robotics（2015/2103（INL））, European Parliament, 2017, paragraph f.

欧盟的这两份报告明确提到了赋予人工智能法律人格，这种新奇的观点让人眼前一亮，但这种提议很快在欧盟内部遭到了反对。例如，2019年4月，欧盟人工智能高级专家小组发布了《可信赖人工智能政策和投资建议》，对于赋予人工智能法律人格事宜明确持否定态度。报告表示，我们敦促决策者不要为人工智能系统或机器人赋予法律人格，认为这从根本上与人为代理、问责制和责任制不符，并构成重大的道德风险。2020年10月，欧洲议会审议通过了欧洲议会法律事务委员会4月提出的三份报告，分别是《关于伦理框架的立法建议》《关于民事责任的立法建议》《关于人工智能相关知识产权问题的立法建议》。其中，《关于民事责任的立法建议》再次明确表达反对意见："任何关于既有法律框架所需改变的讨论，都应首先理清一点，即人工智能系统既没有法律人格，也没有人类良知，它们的唯一任务就是为人类服务。许多人工智能系统与其他技术也没有太大区别，这些技术有时会构建于更为复杂的软件。最终，绝大多数的人工智能系统被用于处理琐碎的任务，而不会给社会带来任何风险。"[①]这意味着欧盟近期并没有打算推行电子人计划，人工智能短期内不会获得法律主体地位。

（二）俄罗斯

2017年12月，俄罗斯学者起草了具有专家建议稿性质的法律草案《在完善机器人领域关系法律调整部分修改俄罗斯联邦民法典的联邦法律》（也被称为"格里申法案"），这是俄罗斯首部也是世界上最早的关于智能机器人的法律地位的法律草案之一。该法案反映了俄罗斯学者对于人工智能法律地位的思考，提出了依据不同场景分别界定法律地位的观点：第一，作为类似于动物的财产，人类需要对机器人行为负责，同时对机器人

---

① See European Parliament, Draft Report with Recommendations to the Commission on a Civil liability Regime for Artificial Intelligence, 2020, p.11.

负有道德上的对待义务。第二，作为准主体，即机器人可以获得法律人格，成为独立的法律主体，具体可以列入法人一栏。第三，作为高度危险来源，由所有人来承担责任。[①]这部法案与欧盟电子人的主张既有相同也有差异，两者都看到人工智能获得法律人格的可能性，但不同的是，“格里申法案”相较于欧盟的主张更为务实，其提出在不同法律关系中分别界定机器人的法律地位，具有一定的启发性。

（三）其他国家

受2017年欧盟《机器人技术民事法律规则》的影响，一些国家和地区也提出赋予机器人法律人格。2017年7月，韩国国会提出《机器人基本法案》，全面借鉴了欧盟的做法，建议赋予机器人电子人法律地位。与此同时，2017年10月，爱沙尼亚政府公布一份人工智能法案，也主张赋予人工智能特定的法律地位，使其成为人类的代理人，并对人工智能的事故责任问题作了规定。法案提出，作为人类的代理人，人工智能拥有代理权，但最终的法律权利、义务都由被代理人承担，这种法律定位介于独立法律人格（如公司）和无法律地位的财产之间。[②]

第二节　人工智能法律地位学术观点的归纳

近年来，人工智能法律地位问题成为学界绝对的研究热点，学者们从不同视角阐释对于这一问题的看法，大体上可以分为赞同派（肯定说）与

---

① 参见张建文:《格里申法案的贡献与局限——俄罗斯首部机器人法草案述评》，载《华东政法大学学报》2018年第2期。

② See Ott Ummelas, Estonia Plans to Give Robots Legal Recognition, Independent, October 14, 2017.

反对派（否定说）。

一、肯定说

肯定说主张赋予人工智能法律人格，将人工智能作为法律主体进行对待，至于具体的分析路径多种多样。本书归纳如下。

第一，电子人格说。这种观点明显受到2017年欧盟《机器人技术民事法律规则》的影响，主张赋予机器人电子人法律人格。有学者指出，人工智能理当作为一类新型法律主体。鉴于人工智能有别于自然人和法人等现有主体类型，故而我们认为，应当赋予人工智能以独立的新型法律主体地位。对此，欧盟提出的“电子人”概念值得借鉴，其不仅可以很好地表明人工智能新型法律主体的独特地位，同时还可以据此构建一套新的法律规则。[①]有学者进一步论述，“电子人”指向人工智能，内涵界定需明确三个词：人工智能、电子、人，“人”乃主体之义，关键是“电子”。所谓的“电子人”，则是指拥有人类智能特征，具有自主性，以电子及电子化技术构建的机器设备或系统。[②]

第二，新型主体说。有学者指出，无论是自然人还是法人，均不能容下智能机器人。倘若新的社会主体（智能机器人）出现，法律出于调控社会关系的需要，可在理论上增加新的法律主体，法人制度已是先例，这恰恰证明了法律主体制度的包容性。同时基于发展中的人权理论，智能机器人作为权利与义务的主体，应当受到平等的对待和尊重。[③]

---

① 参见景荻：《论人工智能的民法定位》，载梁慧星主编：《民商法论丛》第68卷，社会科学文献出版社2019年版，第22页。

② 参见郭少飞：《“电子人”法律主体论》，载《东方法学》2018年第3期。

③ 参见付子堂、赵译超：《智能机器人法律地位的审视》，载《人工智能法学研究》2018年第1期。

第三，有限人格说。有学者认为，人工智能是如此的智能，不赋予其法律人格是不合适的，但其毕竟与人类存在区别，故只享有有限人格。人工智能有限人格意味着其可以享有特定的权利，承担一定的法律责任，但仍然需要配备“刺破人工智能面纱”规则，以便充分救济受害人。①

第四，人工类人格。有学者指出，判断法律人格需要考虑人体、意识与社会角色三要素。人工智能日益智能，逐渐可以满足这三个要件，但与人类仍然有区别，故此，人工智能享有的是一种特殊的法律人格，即人工类人格，类似于自然人的人格，但两者又不相同。②

第五，工具性人格说。有学者考察法律主体历史演变后认为，法律人格本身脱离了伦理属性，法律对于民事主体的选择更多的是基于显示需求，根本在于以人的利益为中心的功利主义。基于此，主张赋予人工智能工具性人格，以此解决人工智能引发的法律责任等难题，为科技发展“开一个口子”。③

第六，技术人人格说。有观点认为，人工智能能否取得法律人格与自然人的法律人格没有必然联系，可以通过人工智能无法归入物的范畴来反向证明取得法律人格的正当性。在具体称呼上，可以将人工智能称为“技术人”，以便保持与自然人、法人称谓同构。④

第七，拟制人格说。有学者认为，从社会发展角度出发，赋予人工智能法律人格有其必要性，可以解决新的挑战，但为了保障人类的权利和利益，防止人工智能奴役统治人类，必须将人工智能的法律主体地位置于人

---

① 参见袁曾：《人工智能有限法律人格审视》，载《东方法学》2017年第5期。

② 参见杨立新：《人工类人格：智能机器人的民法地位——兼论智能机器人致人损害的民事责任》，载《求实学刊》2018年第4期。

③ 参见许中缘：《论智能机器人的工具性人格》，载《法学评论》2018年第5期。

④ 参见王春梅、冯源：《技术性人格：人工智能主体资格的私法构设》，载《华东政法大学学报》2021年第5期。

类之下，将其定位为独立的拟制法律人格。[①]

第八，代理人说。有观点认为，随着交易型机器人越来越多地参与市场交易，传统合同法理论仅将人工智能视为缔约工具的理论逐渐受到质疑。对此，有学者主张将人工智能界定为人类的代理人，相关交易适用代理规则，代理人实施的行为由被代理人承担。[②]

第九，法人说。有学者认为，法律既然能够给予公司法律人格，当然也可以给予人工智能法律人格。[③]有学者则指出，鉴于机器人不同于生物学意义上的"人"，我们可以参照法人，将机器人"拟制"为法律主体。[④]在具体形态上，有观点认为，考虑到人工智能具有财产方面的意思能力和责任能力，但不具有人身性人格，其自主行为背后体现的也是多方主体的意志，以财产性人格的进路将其拟制为电子法人，既是可行的，也是必要的。[⑤]有学者则认为，在商事组织领域中，公司和合伙均因其各自的法律特点而无法承载，但美国的LLC（limited liability company）恰好可以克服公司与合伙的各自弊端，具有承载人工智能法律地位的潜在可能性。[⑥]

第十，从属法律主体说。有观点指出，人工智能可以成为法律的主体，但人工智能的自然属性决定其不能与人具有等同的法律主体资格。人

---

① 参见杨清望、张磊：《论人工智能的拟制法律人格》，载《湖南科技大学学报（社会科学版）》2018年第6期。

② See Ugo pagallo, The Law of Robots: Crimes, Contracts, and Torts, Springer, 2013, pp.95–102.

③ See Jessica Berg, Of Elephants and Embryos: A Proposed Framework for Legal Personhood, 59 Hastings L.J. 369, 2008, pp.369–406.

④ 法人说可以参见张玉洁：《论人工智能时代的机器人权利及其风险规制》，载《东方法学》2017年第6期；袁曾：《基于功能性视角的人工智能法律人格再审视》，载《上海大学学报（社会科学版）》2020年第1期；崔文玉：《人工智能商主体地位探析》，载《中国政法大学学报》2020年第1期。

⑤ 参见张志坚：《论人工智能的电子法人地位》，载《现代法学》2019年第5期。

⑥ 参见林少伟：《人工智能法律主体资格实现路径：以商事主体为视角》，载《中国政法大学学报》2021年第3期。

工智能是一种新型的法律主体。其中的新，不仅在于其突破了传统法律主体，成为一种新的法律主体，还在于其与传统法律主体的不同，在法律性质上是具有从属性的法律主体。①

第十一，区分说。有学者认为，人工智能法律地位的认识需要区分不同阶段：第一阶段是将人工智能视为财产，尽管其可以代替人从事一些行为，但其法律后果都直接归系于人；第二个阶段的人工智能可以自主享有一些权利，也需要直接履行一些义务，是在当前法律主体制度不变的情况下所作的具体规则修订；第三个阶段的人工智能可能被承认为一类新的法律主体，此时需要专门的人工智能组织法。②此外，有学者主张区分弱人工智能、强人工智能、超人工智能，认为弱人工智能体有不同的存在样态，如机械手、无人机、无人艇、自动驾驶汽车和人形机器人等，在现阶段原则上被认定为权利客体更为合适；但对于一些高级的人工智能，可以通过对《民法典》第128条的扩张解释赋予其法律人格。③

二、否定说

面对赋予人工智能法律主体地位的观点，许多学者都表达了质疑，形成了与之相对的否定说。对此，简要归纳如下。

第一，一般客体说。有学者认为，人工智能没有取得法律人格的必要性和正当性，无论如何粉饰，承担责任的都是背后的人，因为机器不可能

① 参见张善根：《人工智能从属法律主体论的理论基础与技术甄别》，载《求索》2021年第6期。

② 参见刘云：《论人工智能的法律人格制度需求与多层应对》，载《东方法学》2021年第1期。

③ 参见彭诚信、陈吉栋：《论人工智能体法律人格的考量要素》，载《当代法学》2019年第2期。

有独立的收入。[①]有观点指出，对于智能机器人的法律人格问题，仍需要遵循“最小化原则”和“程序化原则”，尽可能将已经存在的法律适用到人工智能时代，尽量在最低程度上对人工智能制定新的法律，尽可能通过程序性的技术改造来适用已有的法律，以清除法律障碍或者明确关系。基于此，“工具论”仍然是当前解释和适用法律的方式。[②]有学者从人工智能技术本质出发，认为人工智能仅仅是人造智能，智能背后是人类事先植入的算法，这种智能与人类的智能有本质区别，同时人工智能也不具备人类所独有的情感意识。[③]有学者则认为，虽然人工智能具有人的部分理性能力，但人除了具有实用性智能以外，还具有道德层面的特质，这使得人工智能不应当取得法律人格。[④]总之，人工智能只是一般客体，是人们使用的工具。

第二，电子奴隶说。有学者认为，把今天的机器人和古罗马时期的奴隶之间进行比对看起来是恰当的，因为奴隶被视为物品并且在贸易和商业中扮演重要的角色。控制论之父诺伯特·维纳（Norbert Wiener）指出，“自动化机器，不论我们认为它有或者没有任何感觉，都与奴隶劳动是完全对等的”[⑤]。与此同时，利昂·维恩（Leon Wein）认为自动化“正在将奴隶制度的概念带回台前……代替了奴隶的雇员正在被机械‘奴隶’所代替，计算机系统的‘雇佣者’可能再一次要为他的财产所导致的损害负责，就如

① 参见郑戈：《人工智能与法律的未来》，载《探索与争鸣》2017年第10期。

② 参见孙占利：《智能机器人法律人格问题论析》，载《东方法学》2018年第3期。

③ 参见吴汉东：《人工智能时代的制度安排与法律规制》，载《法律科学（西北政法大学学报）》2017年第6期。

④ 参见陆幸福：《人工智能时代的主体性之忧：法理学如何回应》，载《比较法研究》2022年第1期。

⑤ ［意］乌戈·帕加罗：《谁为机器人的行为负责？》，张卉林、王黎黎译，上海人民出版社2018年版，第109页。

同要为奴隶所导致的损害承担责任一样”[①]。

第三，动物说。有观点指出，考虑到高度自主人工智能具有的“类人性”，特别是一些陪伴型人工智能还可能成为人类最好的“朋友”，故应当将高度自主机器人和宠物型高度自主人工智能纳入法律物格的最高等级伦理物格之列，规定特殊的法律制度和保护规则，如此才符合人类伦理道德。[②]这种将机器人与动物进行类比的观点很早就出现了。如大卫·麦克法兰德（David McFarland）在《有罪的机器人，快乐狗》一书中，声称我们应当构建我们与机器人之间的法律关系，就像我们在对待由于动物行为引发的个人过错那样，而不是认为伤害是机器或者智能冰箱引起的。[③]

第三节 人工智能法律地位分析框架的透析

一、三叉戟模式

虽然对于人工智能法律地位的讨论各式各样，但无论赞同、反对的观点如何层出不穷，其背后的本质分歧往往是分析框架的不同。美国学者罗杰·麦克斯基（Roger Michalski）认为分析框架是法律处理所有问题的基础，这是不言而喻的事情。人们常常在尚未充分认识某种分析框架或者质疑其可靠性的情况下，便已默认地选择某种分析框架。这样的做法不仅常

① ［意］乌戈·帕加罗：《谁为机器人的行为负责？》，张卉林、王黎黎译，上海人民出版社2018年版，第109页。

② 参见刘洪华：《工智能法律主体资格的否定及其法律规制构想》，载《北方法学》2019年第4期。

③ 参见［意］乌戈·帕加罗：《谁为机器人的行为负责？》，张卉林、王黎黎译，上海人民出版社2018年版，第37页。

为人们所忽视且未曾被阐明，由此招致了广泛的后果。被选中的分析框架会对大大小小的问题——从抽象的政策探讨，到对各种原则和标准的评价，再到制度建构和规则解释的重要细节——给出相应答案。基于此，罗杰·麦克斯基将林林总总关于人工智能法律地位的分析框架总结为本体论、道德论以及功能论三种。[①]这种分析思路具有极大的启发性，我们可以尝试对不同学者的观点进行透析。

（一）本体论的分析

本体论的观点在于从事物的本质出发去思考如何对待事物的方法。本体论是形而上学的一个分支。它所关切的是事物的本质、实体的类型、特征及联系。作为哲学研究中最古老的领域之一，本体论的文献中充斥着众多晦涩而抽象的问题。但即便如此，本体论也为世人提供了一种普遍而又具体的解决问题的方法。为了弄清如何对待某一新类型的对象，须先行探明该对象的本质属性，然后再将其核心特征与已知对象类比。[②]具体到人工智能身上，则集中表现为人工智能的智能本质究竟是什么。

采用本体论分析框架的论述随处可见。有学者认为，人工智能体是否具有特定的意志能力以及相对独立的财产是判断其应否具有主体资格的实质要件。高度自动驾驶与完全自动驾驶，由于自动驾驶系统之智能已经近乎通用智能，系统具备的自主学习能力和创造能力即符合法律要求的意志能力，可以获得法律人格。[③]自由意志指的是能够自主地不受外物控制和支

① 参见［美］罗杰·麦克斯基:《如何起诉一个机器人》，郑志峰、吕斌译，载梁慧星主编:《民商法论丛》第71卷，社会科学文献出版社2020年版，第345页。

② 参见［美］罗杰·麦克斯基:《如何起诉一个机器人》，郑志峰、吕斌译，载梁慧星主编:《民商法论丛》第71卷，社会科学文献出版社2020年版，第346页。

③ 参见彭诚信、陈吉栋:《论人工智能体法律人格的考量要素》，载《当代法学》2019年第2期。

配而实施行为的主动性。人工智能体可以是传统的普通机器、具有部分控制能力和意志表达能力的机器人以及具有完全行为能力和独立自由意志的智能机器人，后两类机器人明显能够生成自由意志，最终会像人类一样享有一些权利，以客体的姿态对待这些智慧物体并非恰当合适。[①]强人工智能本质上不再只是机器，其具有神经和情感，能够自主意识、自主行为并享有权利需求，也会全面参与社会活动，其相关的人格利益在现有的权利体系中并不能找到归属，所以人工智能应当具有主体人格、法律应当赋予其人格权。[②]人工智能能够记忆、推理、拥有初步的自我意识与情感，具有一定的主观能力，正迈向人类级，相较于现有法律主体，仍可纳入法律主体能力框架。[③]简言之，这种分析方法的核心在于论证人工智能具有理性能力。

反对派也同样可以采用这一分析框架。有学者认为，与人类主体的社会和文化属性不同，人工智能的本质属性是自然性和机械性，对于感官和大脑的模拟仅仅停留在机械化阶段。[④]人工智能本身是人类理性的产物，但绝不可能具有人类的理性诉求和表达，更不可能有积极的自我认知能力和情感、意念产生、输出机制。[⑤]人工智能“近人性”实际是人类对人工智能“自主性”的承认与人类情感的投射反应。[⑥]法律上的主体必须具有独立的意思，而人工智能无法理解并考量动机，无法理解并考量法律效

---

① 参见郭剑平：《制度变迁史视域下人工智能法律主体地位的法理诠释》，载《北方法学》2020年第6期。

② 参见朱凌珂：《赋予强人工智能法律主体地位的路径与限度》，载《广东社会科学》2021年第5期。

③ 参见郭少飞：《“电子人”法律主体论》，载《东方法学》2018年第3期。

④ 参见张劲松：《人是机器的尺度——论人工智能与人类主体性》，载《自然辩证法研究》2017年第1期。

⑤ 参见刘云生：《人工智能的民法定位》，载《深圳特区报》2017年10月24日，第B06版。

⑥ 参见郭明龙、王菁：《人工智能法律人格赋予之必要性辨析》，载《交大法学》2019年第3期。

果，无法理解并考量行为的意义与决策的代价，赋予人工智能法律人格没有意义。[①]人工智能的自动化与自主学习能力不过是人类强大学习和适应能力的载体和表达，再多的知识储备仍不过是来自人类的托付。[②]与肯定说相反，否定说试图通过本地论来否定人工智能的理性能力。

（二）道德论的分析

道德论又称为义务论，是一种与本体论截然不同的分析框架。这种分析方法主要关注的不是机器人或者人工智能的本质属性，而是我们对于人工智能是否负有道德义务。道德论的分析框架主要路径在于阐明，如何对待人工智能在道德上是允许的、必要的或者禁止的。道德论与功能论也存在不同，功能论常常以目的反过来论证观点的合理性，只要结果是善的或者好的，观点就是可取的。但道德论并非如此，道德论强调论证本身的善，不能从结果来反向推导。有些事情是为道德所禁止的，而有些事情则是道德上必要的。正义优先于善（right takes priority over good）。通过拒绝对结果的分析，道德论者重新将道德的评价聚焦于道德行为规范上来避免恶行。道德论思维的主要魅力在于它体现了道德责任感，这与对结果的精打细算是截然不同的。故此，杀人是不道德的。[③]

学界对于人工智能的法律人格的探讨也经常诉诸道德论。持肯定说的学者们认为，我们应当善待机器人，原因是我们可以从机器人身上看到我们自己身上的某种东西。即便这些特质和才能在这个机制中并不存在，我们也会

---

① 参见曹险峰：《人工智能具有法律人格吗》，载《地方立法研究》2020年第5期。

② 参见张力、陈鹏：《机器人“人格”理论批判与人工智能物的法律规制》，载《学术界》2018年第12期。

③ 参见［美］罗杰·麦克斯基：《如何起诉一个机器人》，郑志峰、吕斌译，载梁慧星主编：《民商法论丛》第71卷，社会科学文献出版社2020年版，第350—351页。

通过拟人的方式把它们投射到他人身上，如以社交机器人为代表的不同形式的机器人身上。由于机器人的外表和感觉与我们人类相似，我们有义务在道德和法律上给予对方一定程度的考虑。[①]随着自主性渐增，人工智能由被动遵守道德规范，到主动承担道德义务，道德责任的类型、范围、程度逐步扩展。同时，因趋向人类意识、思维、情感，人工智能更像“人”了，其由道德无涉者，演变为道德主体，享有免于伤害、不受虐待等道德权利。[②]

反对说也同样可以借助道德论。有观点就指出，人工智能是自然人劳动的成果，人工智能的创造者有权拥有他们。如果人工智能是人，那么也应当是作为创造者人类的奴隶。[③]从无神论的角度出发，人类是世间物种的统治者。在同类认同上，就很难接受电子人和自己同属于自然人的概念，任何人都不会认为他和电子人属于同一物种。[④]即使高度自主人工智能具有高度的“类人性”，而且某些类别的人工智能如陪伴型人工智能还将成为人类最密切的“朋友”，也只能将这些人工智能归入物格的最高等级予以特殊对待，符合人类伦理道德观。[⑤]

（三）功能论的分析

所谓功能论的分析，在于追问将人工智能作为法律主体究竟有什么益处，这种分析方法跳脱于对于人工智能本体以及道德义务的纠缠，将思考

---

① 参见［美］大卫·J.贡克尔：《机器人权利》，李奉栖、张云、郑志峰、杨春梅译，清华大学出版社2020年版，第294页。

② 参见郭少飞：《“电子人”法律主体论》，载《东方法学》2018年第3期。

③ See Lawrence B. Solum, Legal Personhood for Artificial Intelligences, 70 North Carolina Law Review 1231, 1992, p.1276.

④ 参见付子堂、赵译超：《智能机器人法律地位的审视》，载《人工智能法学研究》2018年第1期。

⑤ 参见刘洪华：《人工智能法律主体资格的否定及其法律规制构想》，载《北方法学》2019年第4期。

的起点和终点放在了更为务实和具体的效用上面，是一种功利主义的思考方式。通过相关法律需求和应对方法的分析，可以断定人工智能的发展确实带来了一系列新的法律问题，但不能简单地从概念上直接排除人工智能应具有法律人格的可能性，同时不能认为赋予法律人格是唯一或者更佳的解决办法。法律制度可以选择解释或者修订现行法的方式满足所谓的人工智能法律人格需求，也可以采用法律人格制度来回应社会治理挑战中的问题。人工智能法律人格是智能社会发展中新型治理模式的选项，以功能主义的态度来进行解释论或立法论的探讨是看待人工智能法律人格问题的正确视角。①

许多学者都是抱着这种观点展开分析的，将目的置于观点之前，以预期达到的结果目标反过来推演主张。例如，韦弗博士就反复提到赋予人工智能法律人格的目的在于更好地服务人类：为了更好地利用人工智能，我们需要修改法律和公共政策，赋予人工智能程序、机器人以法律人格。尽管法律需要进行修改以便在特定情形中将人工智能作为法律主体（legal person）来对待，但用来鼓励人工智能发展的法律，其目的只能是让人工智能带来的好处能够被广泛地用于巩固和壮大中产阶级队伍。人工智能的发展本身并非目的。修改法律以便让机器人也成为“人”，可以让中产阶级更加富裕和强大，如果法律修改得当，这些完全是有可能发生的。如果我们将机器人作为人来对待，那么它们也会让我们更具人性。②

与此同时，我国学者也存在许多功能论的观点。有观点认为，法律人格的确认是法律为了解决现实需要而作出的功能性安排。从解决实际问题出发，承认人工智能法律人格的有限性并明确“刺破人工智能面纱”的首

---

① 参见刘云：《论人工智能的法律人格制度需求与多层应对》，载《东方法学》2021年第1期。

② 参见［美］约翰·弗兰克·韦弗：《机器人也是人：人工智能时代的法律》，郑志峰译，元照出版集团2018年版，第286页、第295页。

要归责原则，通过法律系统性调整实现人工智能技术与社会正向发展目标。[①]这意味着人工智能法律人格与伦理并无关联，唯一要思考的是现阶段赋予人工智能以民事主体资格是否具有必要性。[②]有学者提出，人工智能时代法律人格赋予标准，也应当是立法者输入算法口令、司法实务者执行算法的结果：在认同法律决策应当有助于国家治理的前提下，基于维持社会秩序与促进经济发展两个方面考察将人工智能纳入法律主体体系的必要性与可行性，并在综合考量集体认同、经济文化、未来发展等要素之后所得出的结论。[③]有学者则从功能论角度，明确反对赋予人工智能法律人格，认为赋予人工智能人格会在两个方面造成对人之主体性的不利影响：一是人工智能与人将出现法律人格混同，人之主体性因此遭遇法律上的侵蚀；二是如果人工智能被赋予法律人格，人工智能将正当地凌驾于人之上，人的主体性将被进一步削弱。[④]

（四）小结

通过三种分析框架的透视，肯定说和否定说无非在不同的分析框架中寻求观点辩护。本体论、道德论以及功能论体现了三种不同的分析思路，没有任何一种观点是绝对正确的。本体论和道德论符合人们认识事物的自然规律，但也容易陷入虚无缥缈的无益争端，沉醉于人类理性主义和人类中心主义的思维陷阱，容易将我们对于人工智能的政策偏好、倾向、期望

---

① 参见袁曾：《基于功能性视角的人工智能法律人格再审视》，载《上海大学学报（社会科学版）》2020年第1期。

② 参见石冠彬：《人工智能民事主体资格论：不同路径的价值抉择》，载《西南民族大学学报（人文社会科学版）》2019年第12期。

③ 参见徐文：《反思与优化：人工智能时代法律人格赋予标准论》，载《西南民族大学学报（人文社会科学版）》2018年第7期。

④ 参见陆幸福：《人工智能时代的主体性之忧：法理学如何回应》，载《比较法研究》2022年第1期。

和偏见不自觉地带入其中。功能论的观点或许更为务实，但这并不是说本体论和道德论的思维均为土牛石田。人工智能法律地位的理想模型理应同时满足本体论、道德论和功能论的各项必要条件。但需要指出的是，这种模型是不太可能达成的。切合实际的做法是，我们必须在这三种分析方法中作出合理的权衡。为了获得广泛的认可，人工智能法律地位模型至少必须满足三个分析框架的最低限度的要求，并至少能够与其中一个分析框架良好匹配。[①]这种思考方式对于我们如何妥当安排人工智能法律地位具有很大的启发。

二、四段论模式

（一）应然与实然两分

从本体论、道德论以及功能论分析框架出发，我们可以很好地发现学者们不同观点的本质差异，同时为我们思考人工智能法律地位问题提供了新的分析路径。与此同时，美国学者大卫 · J. 贡克尔（David J. Gunkel）提出了一种四段论的分析框架。这种分析框架是从休谟的应然和实然两分法出发，围绕“机器人应当（should）拥有权利”与“机器人能（can）拥有权利”两个命题出发，将机器人权利问题分解为四组命题：机器人不能享有权利，故机器人不享有权利；机器人不能享有权利，但机器人应当享有权利；机器人能够享有权利，故机器人应当享有权利；机器人能够享有权利，但机器人不应享有权利。[②]借助这种分析框架，我们可以获得讨论

① 参见［美］罗杰 · 麦克斯基：《如何起诉一个机器人》，郑志峰、吕斌译，载梁慧星主编：《民商法论丛》第71卷，社会科学文献出版社2020年版，第356—357页。

② 参见［美］大卫 · J. 贡克尔：《机器人权利》，李奉栖、张云、郑志峰、杨春梅译，清华大学出版社2020年版，第7页。

人工智能法律地位问题的另一种分析工具，即通过将人工智能法律地位问题分为四组命题，以此来重新审思学界不同观点，从一个全新的角度来剖析学界关于人工智能法律地位问题的讨论。

（二）四组命题的分析

按照四段论模式，我们可以将人工智能法律地位问题分解为四组命题：人工智能不能享有法律人格，故人工智能不应当享有法律人格；人工智能能够享有法律人格，故人工智能应当享有法律人格；人工智能不能享有法律人格，但人工智能应当享有法律人格；人工智能能够享有法律人格，但人工智能不应当享有法律人格。从这四组命题出发，我们可以发现学界关于人工智能法律地位的论证思路大体上都可以归入其中。

第一组命题：人工智能不能享有法律人格，故人工智能不应当享有法律人格。这一组命题是典型的由实然推导出应然的例子，既然人工智能在事实层面无法享有法律人格，如拥有权利、承担义务，所以人工智能不应当享有法律人格。这种论断非常符合人们的思维模式，让人觉得准确无误，因为它基于这样一个看似无可辩驳的本体论事实：机器人不过是我们设计、制造和使用的技术性人工制品。一个机器人无论其设计或操作程序多么复杂，都和烤面包机、电视机、冰箱、汽车等人工制品没什么两样，不具备任何独立的道德地位或法律地位方面的要求权，我们没有任何理由感到或应当感到亏欠它们什么。[①]

许多学者的论证都可归入这一命题之中。例如，有学者认为，在现有的技术水平下（弱人工智能时代），智能机器（人）没有自主目的、不会反思、不会提出问题、无法进行因果性思考、没有自己的符号系统，显然

---

① 参见［美］大卫·J.贡克尔：《机器人权利》，李奉栖、张云、郑志峰、杨春梅译，清华大学出版社2020年版，第77页。

不具备人类心灵的能力。[①]模拟和扩展“人类智能”机器人虽具有相当智性，但不具备人之心性和灵性，与具有“人类智慧”的自然人和自然人集合体是不能简单等同的。[②]懂运算、会学习，确实是意志得以形成的一个因素，但它绝不是意志养成的充分且必要条件，更非意志本身。意志乃是由多个领域的认知能力综合而成的，人工智能建立在深度学习基础上的自主性，仅仅是一种源于算法程序的机械意志，而绝非心理认知意义上的自由意志。[③]总之，人工智能在实然层面根本不具备享有法律人格的事实条件，故而在应然层面也不应当赋予人工智能法律人格。

第二组命题：人工智能能够享有法律人格，故人工智能应当享有法律人格。这也是我们认识事物的一种常见思维，即从人工智能本身的特质、属性、能力等入手，论证赋予人工智能法律人格的合理性。例如，有观点指出，传统刑法观建立在一个基本的人性假设之上，那就是：动物与机器人不可能有“类人的智能”，更不可能有“超人类的智能”。但这个假设也许很快就会在人工智能时代被证明是错误的。[④]事实上，强人工智能具有相当程度的人类智慧，且在未来将逐步提升甚至有可能完全超越人类智慧。[⑤]机器人在没有人的辅佐与监管之下，能够进行各种复杂的活动，诸如驾驶车辆、投资、医疗等，随着机器人的普及，传统劳动力市场如打字、清扫、开户、照相等诸多服务领域将会被机器人替代。从现有法律制

---

① 参见冯珏：《智能机器人还不能成为法律上的人》，载《经济参考报》2019年6月19日，第8版。

② 参见吴汉东：《人工智能时代的制度安排与法律规制》，载《法律科学（西北政法大学学报）》2017年第5期。

③ 参见刘练军：《人工智能法律主体论的法理反思》，载《现代法学》2021年第4期。

④ 参见周详：《智能机器人“权利主体论”之提倡》，载《法学》2019年第10期，第17页。

⑤ 参见朱凌珂：《赋予强人工智能法律主体地位的路径与限度》，载《广东社会科学》2021年第5期。

度的设置来看，机器人能够拥有财产权，能够独立缔结合同，能够成为权利义务主体，并不具有法律上的障碍。[①]总之，采取这一命题论证方式的核心是通过实然推出应然，既然人工智能在技术层面、社会层面能够实实在在地享受权利、承担义务，那么就应当赋予人工智能法律人格。

第三组命题：人工智能不能享有法律人格，但人工智能应当享有法律人格。这组命题强调区分实然与应然，实然层面的否定不代表应然层面的否定。这也是现有文献中颇为流行的一种观点。持有这种观点的人虽然认识到人工智能本身可能不具有像人类一样的意识能力，但认为这并不是阻碍人工智能获得法律地位的原因。有学者就说道：随着社交机器，尤其是社交机器人的到来，关于社交机器是否具有意向、意识和自由意志的感知会改变。从社会互动的角度来看，机器是否具有这些属性的问题变得不那么重要，而更重要的是它是否看起来具有这些属性。如果赝品足够好，我们可以有效地感知到它们确实具有意向性、自觉性和自由意志。[②]独立意思是推断或者拟制的产物，要使法律意义上的抽象的独立意思转化为现实性，不是行为人具有独立的意思表示，承担法律责任也不要求行为具有意志的特性，而是要使其具备与其责任范围大体相称的独立财产，由此意识并不是人格的本质属性。[③]

第四组命题：人工智能能够享有法律人格，但人工智能不应当享有法律人格。这种观点同样是区分实然与应然，虽然承认人工智能具有一定的智能属性和能力，但仍然从价值判断层面否认人工智能获得法律人格的必要性。例如，有观点提到，不排除通过拟制将人工智能界定为法律主体或准主体的可能性，但是将人工智能设定为主体，就会使人的主体地位受到

① 参见许中缘：《论智能机器人的工具性人格》，载《法学评论》2018年第5期。

② 参见［美］大卫·J.贡克尔：《机器人权利》，李奉栖、张云、郑志峰、杨春梅译，清华大学出版社2020年版，第213—214页。

③ 参见许中缘：《论智能机器人的工具性人格》，载《法学评论》2018年第5期。

贬抑，甚至造成人类的危机。为此我们必须谨记一句话：人工智能可能是好的仆人，但不会是好的主人。[①]机器人是财产。无论它们有多么能干，或是看起来有多么能干，抑或是可能变得有多么的能干，我们都有责任不被机器人所束缚。[②]我们是人类。即使人工智能拥有一些可以成为道德主体的品质，我们也不应当让它们享有宪法权利，因为这不符合我们的利益。与此同时，人工智能可能比我们都要聪明，它们能够永生。如果赋予它们法律主体地位，它们可能统治世界。[③]

（三）小结

四段论分析框架是建立在实然与应然两分的基础上，能够帮助我们从一个全新的角度看待学者们的观点。与三叉戟分析框架一样，无论四组命题的哪一种，都不能完全胜出，同一个学者往往会反复横跳在不同的命题当中，寻找对自己有利的观点。或许我们应当思考的是：人工智能法律地位问题究竟是一个实然问题还是一个应然问题？如果人工智能的法律地位问题是一个实然判断问题，那么我们应当对人工智能能否取得法律主体地位的事实基础进行考察，重点关注人工智能究竟是否具有承载从事社会交往过程中权利义务容器的能力，而不应当从人类的主观价值或者情绪出发给出一个或充满傲慢偏见的否定答案或带有道德色彩的肯定答案。相反，如果人工智能法律地位是一个应然判断问题，那么我们无须关注人工智能是否具有自然人那样的理性能力，而应重点审视人工智能获得法律主体地

---

① 参见龙文懋：《人工智能法律主体地位的法哲学思考》，载《法律科学（西北政法大学学报）》2018年第5期。

② See Joanna J. Bryson, Robots Should Be Slaves, Intelligence University of Bath, 2019, pp.1–10.

③ See Lawrence B. Solum, Legal Personhood for Artificial Intelligences, 70 North Carolina Law Review 1231, 1992, pp.1260–1261.

位是否符合人类的价值与利益，即使人工智能发展出与自然人无异的理性能力，也并不必然会获得法律主体地位。由此观之，四段论与三叉戟的分析框架具有同质性，实然命题与本体论具有异曲同工之处，都强调对于事物本身属性的观察，从事物的本来面目寻求对其地位的合理安排。而应然命题则更充满主观色彩，与道德论与功能论有相似之处，强调从人类自身的价值和利益出发，为周遭的事物给出妥当的对待。与三叉戟模式一样，四段论模式也不会有一个绝对的结论，因为法律主体本身就是一个实然与应然杂糅一体的命题。或许，我们应当追问的不是人工智能的法律地位问题，而是应当重新反思作为现有法律主体制度核心的法律人格或者权利能力制度是否过于僵硬，以至于无法对现实社会的种种发展予以回应。

第四节 人工智能法律地位的制度反思

无论是本体论、道德论还是功能论的分析，也无论是实然命题与应然命题的审视，我们都无法对人工智能的法律地位问题作出一个肯定或者否定的确定回答。这种困境或许要回到法律主体制度本身，即作为法律主体制度核心的法律人格以及权利能力本身是否具有足够清晰的内涵与应对现实挑战的制度活力。为此，我们将从法律人格和权利能力制度本身出发，从源头上破解人工智能法律地位的两难命题。

一、理性要素是法律主体的本质吗？

（一）权利能力与理性要素的历史观察

法律主体的判断常常要借助某种工具，罗马法中的法律人格制度以及近现代法中的权利能力制度就是这种工具。人工智能能否成为法律主体，关键在于其有无权利能力。而要回答这个问题，我们就必须追问权利能力的本质究竟是什么？对此，许多学者都提到了权利能力背后的理性要素，如自由意志、意识等，以此论证人工智能并不具有权利能力。这种论证是否可行需要回到权利能力概念本身，即追问理性因素究竟是不是法律主体的本质。从历史考察的角度出发，无论是罗马法中的法律人格，还是后来的权利能力，并不必然要求理性要素。

第一，罗马法中的法律人格直接排斥理性要素。人格一词可以追溯到罗马法。在罗马法中，人格概念最初是从演员扮演角色所戴的假面具引申而来，剧中的不同角色的区分功能照进现实，就可以用以标注个体在社会共同体中的不同身份。[①]利用人格制度，罗马法实现了人与人之间的区别对待，奴隶与自由民、家父与家子、市民与外邦人，不同个体拥有的人格面具多寡，直接影响着其拥有不同的法律地位。从罗马法来看，法律人格作为区分法律主体与法律客体的标准，本身并不含有理性要素，同样是具有理性能力的生物人却被人为区分为自由民和奴隶。罗马法中的人格制度非但不要求理性要素，相反还要求尽可能地去除理性要素，如此才能作为身份社会中区分不同角色规范调整的法律工具。

第二，自然人权利能力并不以理性要素为要件。近代以来，人格逐渐让位于权利能力一词，所有自然人借助权利能力都成为法律主体。权利能力取代人格制度，实现了所有自然人平等获得法律主体的目的，背后体现了自由意志的重要作用。有观点指出，如果说罗马法对于为何生物人能够成为人格体没有揭示缘由，那么权利能力对这个问题进行追问并给出了回答，正是生物人所具有的理性，使生物人得以运用理性并按法律的要求作

① 参见周枏：《罗马法原论》（上册），商务印书馆2014年版，第115页。

出选择，从而能够成为权利主体。[①]易言之，权利能力对于理性要素的要求使得所有自然人都天然具备权利能力，成为理所当然的法律主体，无须社会共同体的外部承认与赋予，同时理性要素的抽象性使得所有自然人权利能力一律平等，真正打破了身份社会强加于人们的人格枷锁。

然而，这样的推论会引发诸多困境，即如果权利能力的概念是基于自由意志发展的，那么为何有的自然人意志天赋不足却能够拥有权利能力。狄骥曾经主张“儿童和精神残疾人并非法律主体的论断”。为解决这一问题，学者们提出了行为能力制度，将权利能力内含的理性要素抽离出来，如此理性能力不足者也可以取得法律主体地位。权利能力与行为能力并行的分离，解决了意志天赋不够的自然人为何能够成为法律主体的问题。至此，权利能力已经褪去了自由意志的要素，成为彻底的工具性或者技术性人格，伦理性并非唯一因素，财产和责任基础的独立性以及社会功能的重要性已然成为重要考量因素。[②]即使出于伦理性考量，权利能力必须具备某种程度的理性要素，这种理性要素也只能是一种潜在的抽象的理性能力，与行为能力所要求的具体的理性能力不同。[③]

第三，法人、非法人组织进一步抽空权利能力的理性要素。权利能力的出现不仅惠泽所有自然人，还为法人的登场准备了条件，德国《民法典》依据权利能力将法人纳入民事主体范围。对于法人而言，社团是组织化的人类团体，国家赋予其权力以保护其利益，而推动权力得以行使的意志来自那些根据社团组织确定的特定人。[④]对于法人权利能力的本质究竟

---

① 参见冯珏:《自然人与法人的权利能力：对于法人本质特征的追问》，载《中外法学》2021年第2期。

② 参见许中缘:《论智能机器人的工具性人格》，载《法学评论》2018年第5期。

③ 参见冯珏:《法人概念论》，法律出版社2021年版，第99页。

④ 参见［美］约翰·奇普曼·格雷:《法律的性质与渊源》(第二版)，马驰译，中国政法大学出版社2012年版，第43页。

是什么，许多学者都提到理性要素，如自由意志。穆勒说，法人这个法律概念除了意志之外空无一物，而对于法律来说，所谓肉体人无非带着肉体这个累赘的法人。[①]换言之，法人的权利能力也同样来源于背后自然人的自由意志，法人不过是自然人理性要素的重新组合。既然没有理性能力的法人团体可以获得权利能力，那么意味着权利能力或许根本不需要理性要素，或者说与理性能力没有必然关联。

（二）人工智能与理性要素的判断

权利能力是判断法律主体的标准。从历史的角度来看，法律主体并不必然与理性要素关联。即使理性要素可以维持法律主体的伦理属性，但理性要素本身并非全有全无的问题，维持法律主体的主体性所要求的仅仅是最低限度的抽象的理性要素，只需要一种理性的可能。从这个角度来看，人工智能是否具备理性要素并不能当然地得出否定的回答。

第一，权利能力中的理性要素本身就缺乏稳定性。理性能力是一种难以界定的概念，人工智能是否拥有理性能力没有确定的答案。例如，有学者质疑人工智能没有独立的意思，无法理解并考量动机和法律效果，也无法考量行为的意义与决策的代价。[②]这种对于“独立的意思能力”的质疑也同样可以推演到自由意志、情感、欲望、情绪、灵魂等理性要素中，强调人工智能仅仅是一种工具理性。然而，这种论证并不具有足够的说服力。其一，人类身上的特质是极其复杂的，理性要素的抽象十分困难。相较于动物，人类身上的理性要素有太多值得列举的，如情感、感觉、自由、意志、思想、灵魂、欲望、语言、意识等，都可以被认为是人类独有的理性要素。理性要素本身就是一个不确定的概念，依据理性要素去构建

---

① 参见［美］约翰·奇普曼·格雷：《法律的性质与渊源》（第二版），马驰译，中国政法大学出版社2012年版，第25页。

② 参见曹险峰：《人工智能具有法律人格吗》，载《地方立法研究》2020年第5期。

权利能力当然也会产生不确定性。其二，理性要素如此丰富多样，究竟哪一种或者哪几种才是法律主体必备的要素呢？显然，这也是难以确定的。例如，有学者认为，人工智能与人类最根本的区别即在于人造性，人工智能无法具备人类的意志与理性。随后又主张人工智能不具有道德抉择与价值判断的能力，认为人类的道德选择是多种因素共同作用的结果，包括生活、知识、审美、友谊、环境、宗教等构成人类善的价值，人工智能无法理解这些价值。此后，又强调意识、理性、意志三者密不可分，理性是人独一无二的特质。[①]有学者则认为，人工智能本身是人类理性的产物，但绝不可能具有人类的理性诉求和表达，更不可能有积极的自我认知能力和情感、意念产生、输出机制。[②]而有学者则认为，意志、理性均源于人类心灵的能力，正是这种能力使得为人类确立道德法则成为可能。而在现有的技术水平下（弱人工智能时代），智能机器（人）显然不具备人类心灵的能力。[③]显然，所谓的理性要素是极其不稳定的，高度依赖学者们的主观观察和描述。

第二，人工智能是否有理性能力难以确定。否定派的假设逻辑是人工智能可以模拟人类的行为，但只是“形”似而非“神”似，模拟某事物并非该事物本身。但这种论证逻辑经不起推敲。一方面，当人工智能能够自主从事画画、驾驶汽车、缔结合同等人类才能完成的任务时，我们否定人工智能的理性因素显然是没有说服力的。况且，人工智能究竟有没有意识本身是难以确定的。“子非鱼，安知鱼之乐”，或许我们永远无法证实亦

---

① 参见韩旭至：《人工智能的法律回应：从权利法理到致害责任》，法律出版社2021年版，第31—33页。

② 参见刘云生：《人工智能的民法定位》，载《深圳特区报》2017年10月24日，第B06版。

③ 参见冯珏：《智能机器人还不能成为法律上的人》，载《经济参考报》2019年6月19日，第8版。

无法证伪人工智能有无意识。[①]对此，有学者就全面阐述了可能来自这一方面的质疑，包括人工智能没有灵魂、没有意识、没有意向性、没有感觉、没有自由意志等，并逐一给出了反驳。[②]另一方面，人工智能本身就是对于人类的模拟，虽然人工智能与人类之间存在区别，但不可否认两者之间亦存在相似之处，这正是讨论人工智能法律地位的基础。既然人工智能与人类有共性也有区别，那么人工智能拥有的那部分理性要素是否可以支撑其获得权利能力也就有了讨论的空间，只抓住差异部分来否认人工智能法律主体地位的做法值得商榷。

第三，人工智能的理性能力完全可以拟制。尽管权利能力的理性要素源于自然人的理性，但并非所有的自然人都有理性能力，而自然人之外的组织是否具有理性能力也常常充满争议，但这并不妨碍婴儿、精神病人、法人获得法律主体地位，因为法律可以拟制理性要素。人类有一种能力，能够构想出某种抽象存在，它无法为任何感官所感知，却可以让一群人作为其可见的机构；它虽然没有意志和激情，却可以将人类的意志和激情归属给自己；此种能力简直是人类最为绝世的本领之一。对于所有除了自然人之外的法律主体来说，所使用的拟制相差无几，都是将一个人的意志归属于其本人之外的人或事物。[③]同样，退一万步来说，纵使人工智能没有自由意志，其也完全可以通过法律拟制的途径来补足，这并不存在法律技术上的实质障碍。

---

① 参见韩旭至：《人工智能的法律回应：从权利法理到致害责任》，法律出版社2021年版，第30页。

② See Lawrence B. Solum, Legal Personhood for Artificial Intelligences, 70 North Carolina Law Review 1231, 1992, p.1262.

③ 参见［美］约翰·奇普曼·格雷：《法律的性质与渊源》（第二版），马驰译，中国政法大学出版社2012年版，第43—45页。

二、人物两分可以非此即彼吗？

（一）人物两分的难题

罗马法学家盖尤斯将法律分为关于人（personae）、物（res）和诉讼（Actiones）的分类通常被认为是第一次提到人与物的区别。在罗马法中，人格作为一种工具，用来区分人与物。然而，从一开始就引发了人物两分的难题，最典型的就是奴隶的法律地位问题。通常认为，奴隶是一种法律客体，奴隶是会说话的工具。周枏先生提到，在奴隶社会，奴隶被视同牛马，不是权利义务的主体：第一，奴隶没有自己的人格，他们没有姓名，没有自由，只能称为某某的奴隶。奴隶也没有婚姻权，繁殖后代只是单纯的事实，法律不承认他们的亲属关系。第二，奴隶不是法律上的权利主体，没有财产权，奴隶所得的财物和债权都是主人所有。第三，奴隶不得有诉讼行为，既不得为原告，亦不得为被告。奴隶遭人损害，他不能起诉，应由其主人以财物被侵害来起诉。而奴隶致人损害时，亦应由主人应诉，或由他负责赔偿，或将奴隶交由受害人处理。[①]

然而，将奴隶认定为法律客体的同时，也存在诸多诘难。奴隶绝非与牛马一样的法律客体，其具有特定的主体要素。其一，罗马法对于奴隶的规定放在人法部分，而非物法之中。[②]这意味着奴隶与一般的财产存在本质的区别。其二，奴隶享有一定的人身保护，并不能像动物一样可以随意被处置。其三，主人可以通过收养等方式解放奴隶，从而恢复奴隶的法律主体身份。其四，奴隶在宗教方面（公共礼拜和家庭礼拜、丧葬、参加殡仪会等）的人格从未受到否认。其五，奴隶能够拥有和处分特有产。其六，奴隶可以作为主人以及家外人的继承人。其七，奴隶原则上不得与其主人

---

① 参见周枏：《罗马法原论》（上册），商务印书馆2014年版，第248—249页。

② 参见周枏：《罗马法原论》（上册），商务印书馆2014年版，第248—249页。

对簿公堂，但至少有涉及自由权的例外。[①]由此可见，即使是罗马法，法律人格所要实现的人物两分的功能从一开始就遭到了质疑。

近代以来，法律主体的类型和范围不断拓展，权利能力区别法律主体与法律客体的功能日渐明显，没有权利能力的一律被当作法律客体，归入“物”的范畴，而具有权利能力的被当然作为法律主体对待。然而，权利能力这种人物两分的功能自始就难以完成，不可能真正做到楚河汉界般清晰，人与物的模糊地带也是大量存在的。例如，法人就是人物难以两分的佐证。其一，法人的法律主体地位并非像自然人那般绝对不可动摇。一方面，法人作为团体需要满足法律规定的特定条件，通过登记等特定的程序，才能获得权利能力成为法律主体，同时还可能因为种种原因失去权利能力，重新沦为法律客体；另一方面，法人纵使具有权利能力，也难以像自然人那般等同视之，法人依然具有浓厚的法律客体属性，如可以成为法律主体之间买卖交易安排的客体。

除此之外，后续又有诸多事物进一步冲击权利能力所维护的人物两分秩序。其中，最具代表的就是动物。一直以来，民法理论对于动物究竟是不是纯粹的物存在争议。1988年奥地利《民法典》第285条新增第285a条规定：“动物不是物。它们受到特别法的保护。关于物的规定仅于无特别规定的情形适用于动物。”1990年德国《民法典》新增第90a条规定：“动物不是物。它们由特别法加以保护。除另有其他规定外，对动物适用有关物的规定。”同时，第903条新增规定：“动物的所有权人在行使其权利时，应注意有关保护动物的特别规定。”2002年修正的瑞士联邦《民法典》第641a条规定：“动物不是物。对于动物，只要不存在特别规定，适用可适用于物的规定。”与此同时，学界对于赋予动物某些权益等

---

① 参见徐铁英：《古罗马奴隶法律地位还原——“奴隶是会说话的工具”说法之批判》，载《河北法学》2012年第5期。

争论也不绝于耳，[①]甚至引发了大规模的动物保护运动。显然，动物并不能完全归入纯粹的物中，人物两分的思维面临巨大的考验。

（二）人物两端的序列类型

人物两分的思维限制了更多的可能性，也让奴隶、动物、人工智能等边缘对象的讨论出现了诸多争端。本书认为，人物之间的界限是呈序列类型的排列，绝对的主体与绝对的客体位于人物光谱的两端，中间则是主体要素与客体要素以不同比重在不同段位的分布。对此，我们可以将其中的某些关键节点描述如下。

1. 绝对主体——自然人。绝对的主体意味着绝对的非客体，这一范畴的主体类型只能是自然人。康德认为，没有理性的东西只有一种相对的价值，只能作为手段，因此叫作“物”；而有理性的生灵叫作“人”，因为人依其本质即为目的本身，不能仅仅作为手段来使用。自然人作为绝对主体，意味着其具有独一无二的法律主体地位：其一，自然人是绝对主体，这一法律地位是稳定不变的。无论出现何种情形，自然人的绝对主体地位都不能向客体一端转化，即使是自然人自己也没有办法放弃绝对主体的法律地位。这一目的在于确保人的主体性，维护人的人格尊严。其二，自然人作为绝对主体，决定着权利能力最初是以自然人为蓝本展开的，自然人应当拥有权利能力的全部要素。

2. 绝对客体——房屋。绝对客体意味着绝对的非主体，没有任何法律主体的要素，也没有向法律主体转化的可能。通常来说，日常生活中的物都可以归入其中，如房屋、冰箱、椅子等。

---

① See Joseph Mendelson III, Should Animals Have Standing? A Review of Standing Under the Animal Welfare Act, 24 B. C. Envtl. Aff. L. Rev. 795, 1996–1997; Tyler Totten, Should Elephants Have Standing? 6 W. J. Legal Stud. 1 2015; 杨立新、朱呈义：《动物法律人格之否定——兼论动物之法律“物格”》，载《法学研究》2004年第5期。

3.相对客体——奴隶。奴隶是相对客体，同时具有部分主体的可能性，可以拥有财产，也可以向法律主体转化。在罗马法中，奴隶是可以独立享有财产的。虽然从法律上讲，这种特有产是主人的，但事实上却归属奴隶个人。特有产不一定就是钱款，还可以表现为任何形式的财物，甚至是奴隶。特有产还可以是由奴隶根据自己的裁量权经营的业务，如果业务兴隆，他可以要求以自己所积攒的钱财买下他的自由。[①]

4.相对主体——法人。法人可以通过取得权利能力成为法律主体，但这种主体地位是一种相对的主体地位。其一，法人是一种法律主体，具备权利能力，能够作为法律主体参与社会活动，如从事法律行为、拥有财产权和部分人格权。其二，法人作为相对主体，并非绝对主体，意味着其仍然具有客体属性，可以作为一种财产为自然人所拥有。其三，法人作为相对主体，存在着向法律客体转化的可能性，即法人一旦丧失权利能力就会沦为一般的组织，不再具有法律主体地位。

5.中间形态——动物。动物并非法律主体，与权利能力要求的理性要素相去甚远，只能作为法律客体来对待。但动物的法律地位似乎又不同于奴隶和房屋，而是介于两者之间。其一，动物并非绝对客体那样的物，人们可以随意摧毁房屋和冰箱，却不能为所欲为地对待动物。无论是出于何种目的，一个普遍的共识是，人们对于动物负担某些义务。其二，动物也并非奴隶，不拥有向法律主体转化的可能。

6.人工智能的法律地位。人工智能或许可以成为人物光谱的中间形态，至于是主体因素多一点，还是客体因素多一点，需要根据技术的发展进行具体的配比。但有几点是可以明确的：其一，人工智能并非绝对主体，人工智能不是人，不能像自然人一样取得至高无上的法律主体地位。这意味

---

① 参见［英］巴里·尼古拉斯：《罗马法概论》，黄风译，法律出版社2010年版，第64页。

着人工智能具有客体属性，至少能够像公司一样为人类所拥有。即使人工智能获得法律主体地位，也不会剥夺人类的主体尊严和价值性。其二，人工智能并非绝对客体，人工智能与房屋、冰箱不同，甚至比动物都可能更接近主体一端，人类对于某些人工智能应当负担某些义务。特别是对于与人类具有密切关系的陪伴型机器人或宠物人工智能，在法律保护、致害责任以及遭受侵害后的损害赔偿责任等各个方面的规制均应与其他人工智能产品有所区分。例如，规定对这类人工智能的侵权需对主人进行精神损害赔偿，主人对这些人工智能不得残忍对待。[①]其三，人工智能并非绝对客体，意味着人工智能具有获得法律主体的可能性，如成为合同当事人一方、取得生成物的作者资格等。

三、权利义务的承担需要一个前提吗?

（一）权利义务的承担与主体资格的有无

近代民法以来，权利能力取代法律人格成为法律主体判断的标准。拥有权利能力者即为法律主体，可以享有权利承担义务。这种权利能力被塑造成一种抽象的权利义务资格，权利能力只存在有和无两种状态，有权利能力则具有享有权利和承担义务的资格，没有权利能力则没有享有权利和承担义务的资格，只能沦为法律客体。权利能力的取得即主体地位的取得，其法律后果指向的不是某一项具体的权利，而是指向所有可能归属于某类主体拥有的权利义务集合。[②]这种权利能力的制度安排遭遇了诸多质

---

① 参见刘洪华:《人工智能法律主体资格的否定及其法律规制构想》，载《北方法学》2019年第4期。

② 参见汪志刚:《自然人民事权利能力差等论的批判与反思》，载《法学研究》2021年第4期。

疑。第一个可能的质疑就是权利能力可以分化为享有权利的资格与负担义务的资格，如果某个存在仅仅具有享有权利的资格或者仅仅具有负担义务的资格，是否满足享有权利能力成为法律主体的条件呢？对此，约翰·奇普曼·格雷教授就说道：“在我看来，享有权利却无义务者，或是承担义务却无权利者，都是一种主体。前者最为常见的例子是英格兰国王。英格兰国王不承担义务，奴隶不享有权利，这一说法正确与否尚待澄清。我并不打算停顿下来讨论这个问题。不过，倘若真存在享有权利却无义务者，或是承担义务却无权利者，我以为他仍是法律视野中的主体。”[①]按照这种理解，仅仅承担义务或者享有权利都是享有权利能力的体现，也能成为法律主体。

格雷教授对于权利能力的分解是思维上的创新，是对权利能力与抽象的权利义务资格脱钩的一次勇敢的尝试。传统理论对于权利能力的理解是一种全有全无的状态，并不存在民事权利能力的中间状态。对此，理论上可以推演的是能否将权利能力依据特定场景中的权利义务关系进行分解。1963年，德国学者法布里秋斯（Fabricius）出版《权利能力之相对性》一书，通过梳理德国有关胎儿和无权利能力社团的相关立法规定、司法判决和学说主张，认为在有权利能力和无权利能力这两种情形之外，还存在着部分的权利能力，进而提出了部分权利能力理论。[②]受此启发，我国有学者也主张引入部分权利能力理论，认为一般权利能力是一种相对全面的作为整个法律秩序参与者的能力，包含了主体参与几乎所有法律关系，而部分权利能力则是作为特定的一种或多种法律关系参与者的能力。[③]依据该

---

① 参见［美］约翰·奇普曼·格雷：《法律的性质与渊源》（第二版），马驰译，中国政法大学出版社2012年版，第24页。

② 参见郑晓剑：《权利能力相对论之质疑》，载《法学家》2019年第6期。

③ 参见刘召成：《部分权利能力制度的构建》，载《法学研究》2012年第5期，第131—132页。

理论，《民法典》中的胎儿、死者、设立中的法人和清算中的法人都属于部分权利能力人，享有部分的权利义务。[①]

部分权利能力理论本质上是对权利能力作为权利义务承担资格前提的一种软化，用以解决人物两分模糊地带中一些事物的权利义务问题，具有很大的启发性。这种做法在某种程度上是从权利能力到法律人格理论的回归。虽然当前权利能力因为所有生物人的自由和法律面前人人平等而被认为是统一的，但罗马人对该问题的回答却是，人可以根据其所在人群而相应享有部分权利。[②]具言之，在权利能力取代法律人格之前，罗马法中的人格理论最初是一种具体的面具，某个自然人要想成为完全的法律主体必须同时拥有三种面具或者人格，即必须是自由民、家父以及罗马市民，而特定面具和人格的丧失都会引起具体权利义务关系资格的灭失。如丧失自由地位是“最大人格减等”，丧失市民身份是“中人格减等”，两者均被称为“人格大减等”，与之相对的则是“最小人格减等”，如丧失家庭身份。[③]故此，从权利能力的抽象理论向具体理论出发，可以寻求对动物、胎儿、非法人组织、人工智能等边缘事物法律地位的更好解释。

（二）人工智能与权利义务的承担

如果不再将权利能力视为权利义务承担的前提条件，而是直接针对具体的权利义务关系本身进行思考，或许更能接近事物的真相。与其在抽象层面探讨某些事物是否具有权利能力或者法律人格，不如将焦点放在具体

---

① 参见杨立新：《〈民法总则〉中部分民事权利能力的概念界定及理论基础》，载《法学》2017年第5期。

② 参见［德］马克斯·卡泽尔、罗夫尔·克努特尔：《罗马私法》，田士永译，法律出版社2018年版，第159页。

③ 参见［意］彼德罗·彭梵得：《罗马法教科书》，黄风译，中国政法大学出版社2005年版，第32页。

的权利义务关系场景中。

这种将权利义务承担与权利能力抽象资格脱钩的尝试，在动物身上就可以得到很好的解释。2014年12月，美国纽约州上诉法庭曾经驳回了一个民间团体要求赋予一只黑猩猩人权并放生的请求，理由是黑猩猩无法承担法律责任，不应享有相应法律权益。类似的关于动物是否享有权利的争论一直在持续。尽管现代文明社会都认为某些动物应当有权免受人类的虐待，但苦于全有全无的权利能力理论，使得我们无法承认动物的法律主体地位，因为一旦承认动物享有权利能力，就意味着要赋予其参与全部法律关系的资格。这种担忧显然是多余的，权利能力可以在具体的权利义务关系中得以分解。法律完全可以进行精细化设计，如大猩猩、海豚等动物可以只享有部分权利，如此并不会破坏现有的法律秩序。与此同时，将某些利益归属于动物也并不违反权利能力的逻辑，权利的享有并不必然要求具备具体的理性能力。拉伦茨就提到，“正确地说，确定某人具有权利主体资格，意味着将通过行使权利所获得的利益归属于权利主体”①。

法律人格的问题转化为具体场景中权利义务的讨论，可以将特定的对象置于具体的权利义务关系中去判断。对此，权利能力可以具体化为主动能力和被动能力。所谓主动能力包括：其一，从事法律行为的能力，如缔结合同等；其二，承担法律责任的能力，如承担侵权责任或者刑事责任的能力。而被动能力包括：其一，拥有财产的能力；其二，对自己的生命、自由和身体完整享有保护的能力；其三，成为法律诉讼当事人的能力；其四，成为法律保护对象的能力；其五，能够造成侵权损害的能力。②被动能力与主动能力的要求并不相同，被动能力更多地源自道德论的观点，即

---

① 参见［德］迪特尔·梅迪库斯：《德国民法总论》，邵建东译，法律出版社2013年版，第782页。

② See Visa A. J. Kurki & Tomasz Pietrzykowski (eds.), Legal Personhood: Animals, Artificial Intelligence and the Unborn. Springer, 2017, p.110.

赋予某种对象被动的保护才是符合人类道德伦理的，故而承认其具有这种能力。至于主动能力则更多需要本体论的支撑，要追问对象本身是否具有这种主动行为的能力或者潜力。

同样，人工智能法律地位问题也可以从权利能力全有全无的讨论中抽身出来，专注于具体场景中权利义务的承担。至于人工智能具体享有哪些主动能力和被动能力，则需要结合人工智能的技术发展水平以及其在社会关系中的存在去界定。可以设想的是，如果人工智能成为社会交往关系中的重要载体，人工智能享有某些被动能力是可以预见的，如免受虐待、维持机体完整等。这种被动能力的取得很多时候是来自人们对人工智能情感的投射，如长期在家庭中提供服务的陪伴型机器人、宠物机器人等。早在1996年，里夫斯和纳斯在“计算机作为社会参与者”的研究中表明，人类用户赋予计算机与他人相似的社会地位。这是外部社会交互的产物，与相关实体的实际内在或本体论属性无关。在面对机器时，绝大多数被测试对计算机的变化作出反应，因为他们把计算机看作一个有价值的人，而不仅仅是另一个物体。[①]至于主动能力的取得则需要依赖技术的进步与规则的完善，如缔结合同的能力、承担责任的能力等。

此外，从预防和治理人工智能风险、造福社会的角度出发，责任与主体的之间的关系应该进一步松绑甚至是脱钩，凡是风险的制造者都应成为责任的承担主体。有学者就指出，面对人工智能自主性和自我学习引发的不可预测的风险，一种选择，恐怕就是切断上述关联，试图只从结果来推导出责任。不去追问是否存在动机、意图、故意、过失，考量只是以发生何种结果为基础来追责的体系。不管这个机器人，或者是某种意义上的非完全的人，是否有意图或者决断，只要发生了某些负面后

---

① 参见［美］大卫·J.贡克尔：《机器人权利》，李奉栖、张云、郑志峰、杨春梅译，清华大学出版社2020年版，第239页。

果，其都要承担一定的责任。总之，为了实现从人人具有能够担负责任的人格为前提的自由社会到幸福社会的转变，需要每一个主体的行为都处于事先所计划统制的范围内，同时损害的发生可以被预先从风险中消除。[①]这种不考虑人格的有无只关注损害分配的思维，符合人工智能时代风险预防治理的理念。

第五节　小　结

不管我们是处于新时代、后时代，还是未来时代，我们都需面对人和科技的问题；无论是将其称为旧科技、新科技，还是智能科技，我们都必须面对人工智能。[②]要面对人工智能，首先需要理解人工智能究竟是什么，对于人类来说意味着什么，人工智能的法律地位该如何界定？

通过对人工智能法律地位各种学说的梳理和分析，我们可以得出如下结论。

第一，人工智能法律地位并非非此即彼的判断，赋予人工智能法律人格也不妨碍其客体属性。无论何时，我们都应该清醒地认识到，即使赋予人工智能法律主体地位，也并非要让人工智能等同于人，甚至取代人。恰恰相反，如同历史上公司等团体取得法律人格以全面解放和发展人一样，赋予人工智能法律人格也是在寻求未来人机和谐发展的可能路径，最大限度地利用人工智能增进整个社会的福祉。同时，纵使赋予人工智能法律主体地位，其也与自然人有着天壤之别，自然人是绝对主体，是无论如何都

---

① 参见彭诚信主编，[日]弥永真生、宍户常寿编：《人工智能与法律的对话》，郭美蓉等译，郑超、郭美蓉校，上海人民出版社2021年版，第62—63页。

② 参见於兴中：《人与科技：从智能间的平衡到人性的平衡》，载《中国法律评论》2021年第2期。

不能矮化或者降格为法律客体的。而人工智能至多是相对主体，其同时兼具客体属性，这使得人工智能与自然人永远都不可能同日而语。

第二，现行法律未给人工智能预留主体类型空间，但赋予其法律主体地位不存在法律技术障碍。我国《民法典》并未考虑赋予人工智能法律人格，主体类型只有自然人、法人与非法人组织三种，都无法涵盖人工智能。其一，就自然人而言，自然人仅仅指的是生物意义上的人，是有出生和死亡等自然生理限制的人，并不包括人工智能或者机器人。从人的法律定义与生物技术发展两个方面来看，人的概念均无法涵盖人工智能。[①]其二，就法人和非法人组织而言，指的是具有民事权利能力和民事行为能力的组织，这种组织本身并不具有意思能力，而是由组织的权力机关执行事务，这与机器人或者人工智能也相去甚远。有学者认为，《民法典》第128条规定："法律对未成年人、老年人、残疾人、妇女、消费者等的民事权利保护有特别规定的，依照其规定。"未来可通过扩张解释本条中的"等"字，将人工智能解释为此类弱势群体去施以保护。[②]本书认为，这种解释值得商榷：一是《民法典》第128条必须受到有关主体类型条文的限制，不能在自然人、法人、非法人组织之外创设新类型；二是按照文义解释，这里的等字应当指的是自然人群体，无法扩展至人工智能。与此同时，我们也应当认识到，赋予人工智能法律人格在法律技术上并无实质障碍。人工智能法律主体地位的讨论涉及伦理、社会等各个方面，但本质上仍然应当站在法律的角度进行探讨。从法律角度来看，权利能力早已经褪去了理性要素，"非人可人"已经是法律主体发展史的重要组成部分，法人等组织取得了法律主体地位，甚至在某些国家和地区，湖泊、山脉、瀑

① 参见韩旭至：《人工智能的法律回应：从权利法理到致害责任》，法律出版社2021年版，第17页。

② 参见彭诚信：《人工智能的法律主体地位》，载《人民法治》2018年第18期。

布等都可以获得法律人格的保护。[①]这为人工智能未来取得法律主体地位提供了可能性。

第三，人工智能是否能够获得法律主体地位是实然与应然并存的命题，需要从本体论、道德论以及功能论三个角度综合考察。人工智能法律地位的理想模型理应同时满足本体论、道德论和功能论的各项必要条件，但这种模型是不太可能达成的。或许更为务实的做法是，人工智能的法律地位模型至少必须满足三个分析框架的最低限度的要求，并至少能够与其中一个分析框架良好匹配。[②]从本体论上看，人工智能至少要具备参与社会关系最低限度的智能属性，完成某些人类专属意义的行为，如缔结合同、驾驶汽车、创作作品、劳动生产等。从道德论上看，人工智能必须始终符合人类的伦理观念，不会威胁、贬损人类的人格尊严、自由和安全。而从功能论上看，如果社会发展有现实需求，那么赋予人工智能法律人格并非不可能。

第四，人工智能提供了一个反思现有法律主体制度的契机，传统权利能力全有全无的规则存在诸多困境，人物两分的秩序也难以满足中间形态的需求。人工智能仅仅是诸多挑战现行法律主体秩序的选手之一，关键仍然在于法律主体制度本身存在僵化和呆板的缺陷，需要顺应发展予以更新。一种可能的解释是将人物光谱进行具体描述，描述出从绝对主体到绝对客体渐变的节点，从而将动物、人工智能等中间形态放入合适的位置。与此同时，权利义务的承担与权利能力的脱钩或者软化也是另一种可能的路径，在具体场景中去探讨权利义务的承担更加贴合社会发展的需求。

总之，人工智能的法律地位问题并非一个有清晰答案的问题，但相关

① 参见景荻：《论人工智能的民法定位》，载梁慧星主编：《民商法论丛》第68卷，社会科学文献出版社2019年版，第14页。

② 参见［美］罗杰·麦克斯基：《如何起诉一个机器人》，郑志峰、吕斌译，载梁慧星主编：《民商法论丛》第71卷，社会科学文献出版社2020年版，第356—357页。

讨论可以给我们方法论上的启发。自动驾驶汽车作为人工智能的典型应用，主张赋予其法律人格主要是为了解决责任承担问题。对此，我们需要具体比较赋予其法律人格与不赋予其法律人格对于解决责任承担问题的影响。当然，从方法论上看，这种论证仅仅是一种功能论的分析，忽视了本体论与道德论的考量，并不具有当然的正当性。从当前的讨论情况来看，赋予自动驾驶汽车法律人格似乎并不迫切，责任承担问题可以在现有责任框架中加以解决。然而，自动驾驶汽车毕竟不同于传统汽车，其对于现行侵权责任制度提出了诸多新的挑战。对此，我们将在接下来的章节中予以阐述。

第四章 自动驾驶汽车的交通事故责任

想象一下，在早晨去上班的路上，你坐在汽车的驾驶位上，但并没有手握方向盘、脚踩油门和刹车，神经高度紧张地以每小时20公里的速度缓慢前行；相反，你悠然地喝着咖啡，读着报纸，汽车自己以每小时60公里的速度行驶。当到达工作地点后，你打开车门径直往办公室走去，而汽车自己则缓缓地开进停车场。当一天的工作结束，你走出办公室，拿出手机轻轻一点，汽车又准时出现在你面前。坐上车后，你同样无须亲自驾驶，而是带着一天的疲惫安然入梦。但不幸的是，汽车在途中发生了事故，你不得不猛然清醒过来，一瞬间美梦变成了噩梦。[①]

考虑到交通事故发生的原因绝大部分都与人类驾驶者的驾驶失误有关，自动驾驶汽车带来的好处不言而喻。然而，尽管自动驾驶汽车的设计初衷是为了避免交通事故，但并不能保证绝对安全。事实上，自动驾驶汽车卷入交通事故的新闻报道常有耳闻，人们在质疑自动驾驶汽车安全性的同时，也在关注侵权责任分担的问题。相较于传统汽车，自动驾驶汽车最为本质的特征在于自动驾驶取代了人类驾驶员的手动驾驶，汽车的运行全程由自动驾驶系统操控，由此引发了侵权责任承担的难题：使用人一方没有驾驶行为是否还需承担责任，现行机动车交通事故责任能否继续适用？自动驾驶系统的缺陷如何认定，如何追究生产者一方的产品责任？对此，本章将重点分析自动驾驶汽车引发的交通事故责任，

① See Julie Goodrich, Driving Miss Daisy: An Autonomous Chauffeur System, 51 Hous.L.Rev.265, 2013, p.266.

即使用人一方的赔偿责任。至于自动驾驶汽车引发的产品责任，则在下一章中予以探讨。

第一节 自动驾驶汽车交通事故责任的挑战

一、自动驾驶汽车交通事故频发

近年来，自动驾驶汽车在全球范围日益频繁地上路测试，其商业化落地指日可待。与此同时，自动驾驶汽车引发的交通事故也受到公众高度关注。

2018年3月，Uber公司的一辆自动驾驶汽车，在美国亚利桑那州进行道路测试期间，撞到了一名正在骑自行车穿过斑马线的女性伊莱恩·赫茨伯格（Elaine Herzberg）。随后赫茨伯格被送往当地医院，最终因伤势过重不治身亡。这是全球首次自动驾驶汽车造成人员死亡的事件。根据美国国家安全委员会（NTSB）的调查，在2016年9月至2018年3月，Uber公司的自动驾驶汽车就已经发生过37起交通事故，其中33起是其他汽车追尾Uber公司的自动驾驶汽车。美国国家安全委员会调查报告显示，这次事故的发生原因包括技术与组织两个方面。在技术层面，Uber公司的自动驾驶汽车存在巨大的技术故障，改装车辆沃尔沃自带的前方碰撞警示和自动紧急制动系统被人为关闭了，导致无法及时识别行人和采取避撞措施。而在组织方面，Uber公司也缺乏应有的安全文化，既没有独立的运营安全部门或安全经理，也没有正式的安全计划、标准化的操作程序或者安全指导文件。这种安全文化的缺失也导致安全员缺乏足够的培训。在事故发生时，安全员就在低头观看视频，没有观察前方的情况，最终导致了悲剧的发生。

这次严重的交通事故，让自动驾驶汽车再次处于舆论的风口浪尖，也让自动驾驶汽车的侵权责任问题的解决变得更加迫切。

二、自动驾驶汽车侵权责任的规范现状

责任问题是确保人工智能安全应用的重要支撑，各国都高度重视自动驾驶汽车的侵权责任问题。对此，德国先后通过《道路交通法第八修正案》《自动驾驶法案》，明确自动驾驶汽车使用人与生产者的注意义务与赔偿责任，基本延续了德国既有的机动车交通事故侵权责任和产品责任归责的传统框架，即以车辆保有人的危险责任和制造者的产品责任为基础，以生产者过错责任、驾驶人过错推定责任为补充，以实现对受害人的多重保护。[①]英国则通过了《自动与电动汽车法案》，为自动驾驶汽车交通事故责任更新保险责任规则，明确了保险公司以及车主承担赔偿责任的条件。[②]日本提出《自动驾驶相关制度整备大纲》，计划由车辆所有人承担赔偿责任。2020年10月，欧洲议会更是通过了《关于人工智能系统运行的责任立法倡议》，明确生产者一方需承担产品责任，使用人一方的责任则需要区分人工智能的风险程度：对于自动驾驶汽车等高风险人工智能系统，使用人一方应当承担无过错责任；对于其他低风险人工智能系统，使用人一方则需要承担过错推定责任。[③]

我国也在加快应对自动驾驶汽车带来的法律挑战。2017年国务院发

---

① 参见张韬略、钱榕：《迈入无人驾驶时代的德国道路交通法——德国〈自动驾驶法〉的探索与启示》，载《德国研究》2022年第1期。

② 参见曹建峰、张嫣红：《〈英国自动与电动汽车法案〉评述：自动驾驶汽车保险和责任规则的革新》，载《信息安全与通信保密》2018年第10期。

③ See European Parliament, Draft Report with Recommendations to the Commission on a Civil liability Regime for Artificial Intelligence, 2020, Article 4, Article 8.

布的《新一代人工智能发展规划》明确提出“加强人工智能相关法律、伦理和社会问题研究，建立保障人工智能健康发展的法律法规和伦理道德框架”。2020年《智能汽车创新发展战略》再次提出“开展智能汽车‘机器驾驶人’认定、责任确认、网络安全、数据管理等法律问题及伦理规范研究，明确相关主体的法律权利、义务和责任等”。与此同时，产业界不少人士也建议完善自动驾驶汽车侵权责任的法律规则。例如，2022年两会期间，百度公司董事长李彦宏、广汽集团董事长曾庆洪、长安汽车董事长朱华荣、上汽集团董事长陈虹、北京市科学技术研究院创新发展战略研究所所长伊彤等在内的全国人大代表，均建议完善我国自动驾驶法律保障体系，解决自动驾驶汽车的侵权责任问题。[①]法学界也是迅速响应，围绕自动驾驶汽车的侵权责任问题展开热烈讨论。[②]例如，在《民法典》编纂期间，许多学者都提出了具体的立法建议，力图抓住《民法典》编纂的宝贵时机，推动自动驾驶汽车侵权责任法律规制入典，为产业发展保驾护航。

然而，学界的研究热情并未打动立法者，《民法典》没有针对自动驾驶

① 参见董柳、陈泽云、戚耀琪：《代表委员建议：立法明确自动驾驶的地位和事故责任》，载《羊城晚报》2022年3月5日。

② 参见司晓、曹建峰：《论人工智能的民事责任：以自动驾驶汽车和智能机器人为切入点》，载《法律科学（西北政法大学学报）》2017年第5期；杨立新：《自动驾驶机动车交通事故责任的规则设计》，载《福建师范大学学报（哲学社会科学版）》2019年第3期；冯珏：《自动驾驶汽车致损的民事侵权责任》，载《中国法学》2018年第6期；殷秋实：《智能汽车的侵权法问题与应对》，载《法律科学（西北政法大学学报）》2018年第5期；王乐兵：《自动驾驶汽车的缺陷及其产品责任》，载《清华法学》2020年第2期；张力、李倩：《高度自动驾驶汽车交通事故侵权责任构造分析》，载《浙江社会科学》2018年第8期；冯洁语：《人工智能技术与责任法的变迁——以自动驾驶技术为考察》，载《比较法研究》2018年第2期；郑志峰：《自动驾驶汽车的交通事故侵权责任》，载《法学》2018年第4期；刘召成：《自动驾驶机动车致害的侵权责任构造》，载《北方法学》2020年第4期；韩旭至：《自动驾驶事故的侵权责任构造——兼论自动驾驶的三层保险结构》，载《上海大学学报（社会科学版）》2019年第2期；等等。

汽车等人工智能的侵权责任问题做出特别安排。从党中央指示编纂一部具有时代特色的《民法典》要求出发，立法者显然是注意到了自动驾驶汽车的侵权责任问题。此种背景下，《民法典》留白只能是有意而为之，其中缘由可能有两种：一是立法者认为自动驾驶汽车侵权责任问题并未形成根本性挑战，现有侵权责任规则足以应对，故《民法典》无须作特别规定；二是自动驾驶汽车侵权责任问题过于复杂，当前规制并不合适，待时机成熟后再行立法。从参与《民法典》编纂的学者们的采访来看，第二种缘由的可能性更高。例如，周光权教授就提到，“这次立法从2015年启动到现在五年时间，分两步走，一千多条，确实有些问题是没有解决的，但是没有解决不等于没有研究过。一是关于网约车平台的监管义务和侵权责任问题，二是关于自动驾驶汽车的侵权责任问题。这些问题相对比较复杂，国外也没有相关经验，需要我们去探索，去反复研究，平衡各种关系，所以没有写”①。

2021年3月，公安部发布《道路交通安全法（修订建议稿）》公开征求意见，其中第155条尝试就自动驾驶汽车的侵权责任问题作出规定：“……发生道路交通安全违法行为或者交通事故的，应当依法确定驾驶人、自动驾驶系统开发单位的责任，并依照有关法律、法规确定损害赔偿责任。构成犯罪的，依法追究刑事责任。具有自动驾驶功能但不具备人工直接操作模式的汽车上道路通行的，由国务院有关部门另行规定。自动驾驶功能应当经具有相应资质的从事汽车相关业务的第三方检测机构检测合格。”然而，遗憾的是，该条规定过于笼统，只是简单地提及依法承担责任，根本无法有效解决自动驾驶汽车的侵权责任问题。在错过《民法典》这一重要契机的背景下，如何利用《道路交通安全法》的修订解决自动驾驶汽车的侵权责任问题值得高度关注。

2022年《深圳经济特区智能网联汽车管理条例》尝试解决自动驾驶

---

① 参见程依伦：《清华大学周光权教授：民法典是解释的对象；立法是“留白”的艺术》，载《广州日报》2020年6月1日。

汽车的责任承担问题，第53条规定："有驾驶人的智能网联汽车发生交通事故造成损害，属于该智能网联汽车一方责任的，由驾驶人承担赔偿责任。完全自动驾驶的智能网联汽车在无驾驶人期间发生交通事故造成损害，属于该智能网联汽车一方责任的，由车辆所有人、管理人承担赔偿责任。"第54条规定："智能网联汽车发生交通事故，因智能网联汽车存在缺陷造成损害的，车辆驾驶人或者所有人、管理人依照本条例第五十三条的规定赔偿后，可以依法向生产者、销售者请求赔偿。"然而，上述规定仅仅是明确了自动驾驶汽车的责任承担主体，对于归责原则、构成要件的具体适用并不清晰。此外，这一做法属于地方立法经验，未来仍然有必要通过《道路交通安全法》的修订来明确一般规则。

第二节　自动驾驶汽车交通事故责任的症结与前提

一、自动驾驶汽车交通事故责任的共识与分歧

（一）自动驾驶汽车交通事故责任的共识

随着人工智能日益智能，人机之间的界限逐渐模糊，有关人工智能法律地位的探讨日益多了起来。这不仅是一个法律课题，同时涉及人机之间的伦理问题，即什么是机器人？自动驾驶汽车应当被怎么样对待？它们能否被视为法律中的人？我们是否承认它们可以犯错误，承认它们拥有人类具有的权利，并且因为犯错而受到惩罚？[①]

正如上文所述，自动驾驶汽车的法律地位是探讨其侵权责任问题的前

---

① 参见［德］马里奥·赫格尔：《未来驾驶》，屈丽、王化娟译，电子工业出版社2020年版，第139页。

提，因为这直接影响到责任规则的具体构建。如果法律赋予自动驾驶汽车法律人格，那么相关的责任规则将会完全不同：其一，既然自动驾驶汽车是独立的法律主体，可以自主决定其行为，那么生产者一方将无须承担产品责任。其二，自动驾驶汽车与使用人一方将成立雇佣关系，使用人一方需要就自动驾驶汽车的行为承担雇主替代责任。其三，考虑到自动驾驶汽车的自主性，对于超出雇主指示范围外的交通事故，自动驾驶汽车应当自负其责。故此，我们首先需要解决自动驾驶汽车的法律地位问题。

虽然国内有观点提出要赋予人工智能法律人格，但很快遭到许多学者的反对。①经过一番争鸣，学界达成的一个初步的共识是：至少从当前来看，赋予自动驾驶汽车等人工智能法律人格没有必要性和正当性，也无助于侵权责任等法律问题的解决。因为无论是主张由自动驾驶汽车自行承担责任，②还是由使用人一方承担雇主替代责任，③抑或是将自动驾驶汽车拟制为法人来承担责任，④都会存在救济程序复杂化、自动驾驶汽车没有责

---

① 参见赵万一：《机器人的法律主体地位辨析——兼谈对机器人进行法律规制的基本要求》，载《贵州民族大学学报（哲学社会科学版）》2018年第3期；刘洪华：《论人工智能的法律地位》，载《政治与法律》2019年第1期；冯珏：《智能机器人还不能成为法律上的人》，载《经济参考报》2019年6月19日；曹险峰：《人工智能具有法律人格吗》，载《地方立法研究》2020年第5期；朱艺浩：《人工智能法律人格论批判及理性应对》，《法学杂志》载2020年第3期，等等。

② 参见［美］约翰·弗兰克·韦弗：《机器人也是人：人工智能时代的法律》，郑志峰译，元照出版集团2018年版，第41页；许中缘：《智能汽车侵权责任立法——以工具性人格为中心》，载《法学》2019年第4期；张继红、肖剑兰：《自动驾驶汽车侵权责任问题研究》，载《上海大学学报（社会科学版）》2019年第1期。

③ See Robert W. Peterson, New Technology—Old Law: Autonomous Vehicles and California's Insurance Framework, Santa Clara L. Rev. 52, 2012, pp.1358–1359.

④ 参见张志坚：《论人工智能的电子法人地位》，载《现代法学》2019年第5期；袁曾：《基于功能性视角的人工智能法律人格再审视》，载《上海大学学报（社会科学版）》2020年第1期；崔文玉：《人工智能商主体地位探析》，载《中国政法大学学报》2020年第1期。

任财产、生产者一方逃避产品责任等难题。此外，不论是产品责任还是自动驾驶汽车专项保险制度的引入，均能解决未来自动驾驶汽车普及后的侵权责任问题，解决该问题并非只有赋予智能机器人以民事主体资格这一路径。[①]故此，我们对于自动驾驶汽车侵权责任问题可以达成如下基本共识：当前赋予自动驾驶汽车法律主体地位缺乏正当性和必要性，仍然需要在法律客体范畴内解决自动驾驶汽车引发的侵权责任问题。

（二）自动驾驶汽车交通事故责任的分歧

传统汽车属于纯粹的工具，汽车的运行全系于背后使用人的自由意志与自主行为，使用人自然需要承担机动车交通事故责任。根据我国《民法典》第1208条以及《道路交通安全法》第76条规定，机动车交通事故责任需要区分两种情况：第一种是机动车与机动车之间的交通事故，明确采用过错责任的归责原则；第二种是机动车与非机动车、行人之间的交通事故，由于法条用语表达模糊，学界出现了过错责任（过错推定责任）、无过错责任、补偿责任等多种学说。[②]笔者认为，机动车一方没有过错时需要承担不超过10%的赔偿责任，这意味着无论做何解释，机动车一方是否具有过错对于责任承担都有实质意义，无过错责任至多只在10%范围内才有存在空间。由此观之，现行使用人一方承担的机动车交通事故责任，整体上仍然是以过错为基础构建的。当自动驾驶取代手动驾驶后，使用人无须实施具体的驾驶行为，驾驶过错自然也不复存在，使用人究竟如何承担

---

① 参见石冠彬：《人工智能民事主体资格论：不同路径的价值抉择》，载《西南民族大学学报（人文社会科学版）》2019年第12期。

② 关于《道路交通安全法》第76条第1款第2项归责原则的争议，请参见最高人民法院侵权责任法研究小组编著：《〈中华人民共和国侵权责任法〉条文理解与适用》，人民法院出版社2010年版，第349页；王利明、周友军、高圣平：《中国侵权责任法教程》，人民法院出版社2010年版，第556页；程啸：《侵权责任法》（第三版），法律出版社2021年版，第591页。

责任就成了难题。对此，学界展开了激烈争论，简单归纳如下。

第一，机动车交通事故侵权责任说。有学者认为，自动驾驶汽车发生交通事故造成损害需要区分人的责任与物的责任，如果是因为物的责任，那么适用产品责任规则，如果是人的责任，那么直接适用现有机动车交通事故责任，由有过错的驾驶人承担责任。[①]该观点认为，自动驾驶汽车使用人一方仍然可以继续适用现行机动车交通事故责任，但对于如何在没有驾驶行为的情况下认定机动车一方过错等难题没有进一步展开。

第二,一般侵权责任说。有学者认为，自动驾驶取代手动驾驶，使用人成为纯粹的乘客，理当由制造商一方承担产品责任，使用人一方仅在有过错时承担一般侵权责任。[②]这种观点看到了自动驾驶汽车对于使用人一方带来的挑战，但将使用人等同于乘客的观点值得商榷，忽视了使用人对于自动驾驶汽车的支配力。

第三，无过错保有人责任说。有学者认为，为更好救济自动驾驶汽车交通事故的受害人，解决现有规则的不足，我国可以考虑引入机动车保有人对于机动车这一本身风险物的无过错责任作为救济的责任基础。[③]该说主张参照大陆法系的做法，引入无过错保有人责任，解决使用人没有驾驶行为时如何承担责任的问题，但这意味着我国现行机动车交通事故责任规则需要彻底重塑。

第四，无过错保有人责任+机动车交通事故责任说。有学者认为，自动驾驶汽车致害除生产者承担产品责任外，使用人一方的责任需要区分为

---

① 参见杨立新:《民事责任在人工智能发展风险管控中的作用》，载《法学杂志》2019年第2期。

② 参见郑志峰:《自动驾驶汽车的交通事故侵权责任》，载《法学》2018年第4期；张童:《人工智能产品致人损害民事责任研究》，载《社会科学》2018年第4期。

③ 参见殷秋实:《智能汽车的侵权法问题与应对》，载《法律科学（西北政法大学学报）》2018年第5期；冯珏:《自动驾驶汽车致损的民事侵权责任》，载《中国法学》2018年第6期。

两种，即保有人责任与驾驶人责任。其中，保有人对于机动车运行的潜在危险带来的损害承担全面的赔偿责任，适用无过错责任原则，而驾驶人对于违反驾驶相关义务所致损害承担赔偿责任，适用过错推定原则。[①]该说区分保有人与使用人的做法首先就值得商榷，而引入无过错保有人责任则同样存在彻底改变现有责任规则的缺陷，同时对于驾驶人责任问题，也没有真正解决机动车一方过错如何认定这一关键问题。

第五，机动车交通事故责任+高度危险责任说。有学者认为，应区分一般自动驾驶与高度自动驾驶。对于一般自动驾驶，保有人仍然负有随时接管的注意义务，可以适用现有的机动车交通事故责任规则；而高度自动驾驶满足高度危险责任的三个适用要件，即行为自身具有危险性、即使尽到注意义务并采取安全措施也无法避免损害以及不考虑主观过错，因而在新规定出台之前，可以参照我国《民法典》第1236条适用高度危险致损的危险责任。[②]该说同样没有解释现行机动车交通事故责任究竟如何继续适用，同时参照高度危险责任适用的观点也缺乏正当性。

二、讨论自动驾驶汽车交通事故责任的前提

从上述争论可以看出，学界对于自动驾驶汽车使用人一方究竟承担何种责任存在较大争议，原本期待《民法典》的颁布可以厘清这一问题，但遗憾的是法典并未作出相关规定。同时，《道路交通安全法》的修订也没有明确的时间表。为此，我们需要站在《民法典》确立的责任框架内，重新思考自动驾驶汽车交通事故责任。在下文展开讨论之前，我们需要明确

---

① 参见刘召成：《自动驾驶机动车致害的侵权责任构造》，载《北方法学》2020年第4期。

② 参见宋宗宇、林传琳：《自动驾驶交通事故责任的民法教义学解释进路》，载《政治与法律》2020年第11期。

以下几个前提。

（一）区分自动驾驶与驾驶辅助

学界在讨论自动驾驶汽车侵权责任时，常常会提到美国汽车工程师学会（SAE）的分级方法，但理解却并不一致。例如，有学者认为L1级和L3级为一般自动驾驶，人类与系统共同控制汽车，人类负有干预义务；而L4级和L5级属于高度自动驾驶，此时由自动驾驶系统控制汽车，人类不负有干预义务。[①]而有的学者则认为L3级至L5级都属于高度自动驾驶汽车，其中，L5级属于最高阶段的完全自动驾驶，使用人不负有接管义务，而L3级和L4级中使用人仍负有接管义务。[②]

笔者认为，一方面，驾驶辅助并非自动驾驶，驾驶辅助阶段的使用人仍然是汽车运行的控制人，应当继续适用机动车交通事故责任。一些媒体和学者，以中国首例特斯拉自动驾驶事故来分析自动驾驶汽车的责任问题，[③]或者将使用领航辅助（NOP）功能引发的致命事故称为自动驾驶事故，[④]显然混淆了自动驾驶与辅助驾驶。另一方面，自动驾驶汽车的分级应当立足于本土，既然我国《汽车驾驶自动化分级》已经明确规定自动驾驶包括有条件自动驾驶、高度自动驾驶和完全自动驾驶三种，那么相关讨论理当以此为基础展开。与此同时，无论是哪个级别的自动驾驶，系统都

---

① 参见宋宗宇、林传琳：《自动驾驶交通事故责任的民法教义学解释进路》，载《政治与法律》2020年第11期。

② 参见张力、李倩：《高度自动驾驶汽车交通事故侵权责任构造分析》，载《浙江社会科学》2018年第8期；季若望：《智能汽车侵权的类型化研究——以分级比例责任为路径》，载《南京大学学报（哲学·人文科学·社会科学）》2020年第2期。

③ 参见韩旭至：《自动驾驶事故的侵权责任构造——兼论自动驾驶的三层保险结构》，载《上海大学学报（社会科学版）》2019年第2期。

④ 2021年8月12日，上善若水投资管理公司创始人、美一好品牌管理公司创始人林文钦在驾驶蔚来ES8汽车时，启用了领航辅助功能，后在沈海高速涵江段发生事故去世。对此，不少新闻媒体都使用了“自动驾驶”的标题来吸引眼球。

取代了人类驾驶员实际控制汽车运行，进而使得现行机动车交通事故责任规则难以为继。故此，问题的关键在于汽车是否处于“自动驾驶状态”，而非自动驾驶汽车的技术等级。

（二）区分商用阶段与道路测试阶段

当前，自动驾驶汽车道路测试如火如荼，我国北京、上海、重庆等几十个城市都在开展自动驾驶汽车道路测试。需要注意的是，商用阶段的自动驾驶汽车与测试阶段的自动驾驶汽车是完全不同的，两者配置的责任规则也理当不同。道路测试是自动驾驶汽车大规模商用前必经的阶段，这一阶段的自动驾驶汽车尚处于实验当中，车辆的安全性能未得到充分保障，汽车运行的风险很高，为此需要有专门的安全员全程履行监管义务。故此，对于测试期间发生的交通事故，可以继续按照现行道路交通安全法律法规认定当事人的责任。[①]而商用阶段的自动驾驶汽车，车辆的安全性能是得到充分检验的，汽车运行的风险理当大幅低于传统汽车，同时使用人也不需要承担驾驶任务，因而需要重新构建新的责任规则。

（三）区分立法论与解释论

关于自动驾驶汽车使用人一方如何承担责任，学界的观点大体可以分为解释论与立法论两种路径。这两种路径各有优劣，但都需要结合《民法典》确立的责任框架来展开构建，如此才能真正让自动驾驶汽车责任框架落地。一方面，无论是立法论，还是解释论，都应注意制度体系的协调和配套，避免简单的“拿来主义”。例如，许多学者都提到参照大陆法系的做法，引入无过错保有人责任，但《民法典》《道路交通安全法》等现

---

① 对于道路测试期间引发的交通事故，考虑到此时自动驾驶汽车安全性不足，有观点提出可以参照高度危险责任适用。请参见王竹主编：《〈民法典·侵权责任编〉编纂建议稿附立法理由书》，清华大学出版社2019年版，第299—301页。

行法律规范并没有保有人的概念，是否适合引入、如何引入值得细致讨论。另一方面，立法论与解释论也应当区分，不能混用两种路径。例如，有学者主张区分保有人和驾驶人，一边从立法论的角度引入无过错保有人责任，另一边又从解释论的视角分析如何继续适用现行机动车交通事故责任。[①]这就有模糊立法论和解释论边界之嫌。

第三节　自动驾驶汽车交通事故责任的立法论展开

一、立法论的存在空间

鉴于自动驾驶汽车对于现行以驾驶行为和驾驶过错为中心的机动车交通事故责任带来的根本性挑战，采用立法论的方式可以有机会从源头上构造一套最大程度地匹配新技术的责任规则，故必须考量立法论的可能。

第一，《民法典》与立法论并不冲突。《民法典》的颁布标志着民法学研究从立法论时代进入了解释论时代。但我们也应当看到，民法学是不断发展的开放体系，《民法典》也需要与时俱进，立法论永远都有存在的空间。古往今来，从来没有一次法典编纂可以完美地囊括它那个社会与时代所需要的全部民事法律规范。《民法典》的伟大不仅在于通过一次性立法实现针对社会生活的大规模集中式的法律"表白"，也在于面对复杂社会生活现实的勇敢"留白"和在适用过程中不断"补白"，如此方能实现民法体系针对生活发展变化的可持续发展。[②]正如习近平总书记指出："民

---

① 参见刘召成：《自动驾驶机动车致害的侵权责任构造》，载《北方法学》2020年第4期。

② 参见张力：《中国民法典编纂：目标、任务与路径》，载《中国经济报告》2016年第8期。

法典颁布实施，并不意味着一劳永逸解决了民事法治建设的所有问题，仍然有许多问题需要在实践中检验、探索，还需要不断配套、补充、细化。”[①]面对自动驾驶汽车带来的挑战，立法论是一种有效的应对方式。

第二，《民法典》预留了立法论的通道。根据《侵权责任法》第48条规定，机动车交通事故责任需要依照《道路交通安全法》的有关规定处理。在《民法典》编纂过程中，有学者提出，机动车交通事故是民法典侵权责任编调整的一类重要的特殊侵权行为，理当在侵权责任编中加以明确规定，采取引致《道路交通安全法》的做法会增加适用法律的难度，不符合《民法典》编纂的目标。[②]对此，立法者并未完全采纳这一观点，《民法典》第1208条规定“依照道路交通安全法律和本法的有关规定承担赔偿责任”，采取的是引致适用和直接适用并存的模式。这种模式意味着除《民法典》外，《道路交通安全法》仍然是处理机动车交通事故责任的基本依据，由此为立法论预留了空间。一旦自动驾驶汽车大规模商用，学界关于自动驾驶汽车交通事故责任的讨论有了成熟方案，我们可以通过修订《道路交通安全法》的方式来完成《民法典》的“补白”。事实上，公安部2021年发布的《道路交通安全法（修订建议稿）》公开征求意见中就涉及自动驾驶汽车的侵权责任问题。

二、立法论的方案设想

如上文所述，《道路交通安全法》第76条整体上确定了以使用人过错为中心的归责原则，自动驾驶取代手动驾驶后，现有责任规则难以继续适

---

① 习近平：《充分认识颁布实施民法典重大意义　依法更好保障人民合法权益》，载《求是》2020年第12期。

② 参见王竹主编：《〈民法典·侵权责任编〉编纂建议稿附立法理由书》，清华大学出版社2019年版，第214—215页。

用。故此，学界提出了不同的立法论方案。笔者认为，基于危险责任理论的一体化无过错保有人责任是比较合适的方案。

第一，自动驾驶汽车契合危险责任的属性。根据危险责任理论，确定行为人赔偿的依据在于其从事的活动或者保有的物件所具有的高度的、内在的以及特定的危险。[①]有学者主张，随着自动驾驶技术的日益提升，交通事故率大幅降低，将机动车视为风险物的社会基础不复存在。[②]笔者认为，尽管自动驾驶汽车的首要目的是减少交通事故的发生，但其仍然具有纳入危险责任的正当基础。其一，自动驾驶汽车的主要用途是交通运输，运行场景是不特定的公共道路，高强度的重型金属装置在速度的加持下产生巨大的能量场，这决定了其始终具有高度危险性。其二，自动驾驶汽车需要更加复杂的硬件软件集合系统，这意味着汽车零部件交互出错的可能性会增加。其三，自动驾驶汽车高度依赖网络技术，物联网技术的广泛应用，既让自动驾驶汽车高度智能，也使得其更加容易遭受网络攻击，同时很可能出现攻击一辆汽车就可以控制路上交互的大批汽车的局面，由此造成的损害后果不堪设想。即使自动驾驶汽车发生交通事故的概率可能在下降，但造成损害的规模和严重程度却在变相提高。其四，就危险属性而言，无论未来自动驾驶汽车是有条件自动驾驶、高度自动驾驶还是完全自动驾驶，考虑到其作为载人载物工具的社会角色，其危险程度总归远高于饲养动物。[③]既然我国《民法典》可以将饲养动物致害责任纳入危险责任

① 参见程啸：《侵权责任法》（第三版），法律出版社2021年版，第123页。

② 参见冯珏：《自动驾驶汽车致损的民事侵权责任》，载《中国法学》2018年第6期。

③ 许多学者都提到了自动驾驶汽车与动物之间的相似性，主张参照动物保有人责任来解决自动驾驶汽车使用人的责任问题。See Sophia H. Duffy & Jamie Patrick Hopkins, Sit, Stay, Drive: The Future of Autonomous Car Liability, Smu. Science & Technology Law Review 16, 2014, pp.116–117; Ignacio N. Cofone, Servers and Waiters: What Matters in the Law of AI, Stan. Tech. L. Rev. 21, 2018, p.190.

范畴，对于自动驾驶汽车保有人实行危险责任也无不妥。

第二，保有人具有承担危险责任的理论基础。通常认为，危险责任的归责依据包括危险开启、危险控制以及报偿理论。基于此，自动驾驶汽车保有人具有承担无过错责任的正当性。其一，从危险开启理论来看，保有人使用自动驾驶汽车的行为开启了危险源，给社会和不特定的人制造了原本不存在的危险。尽管自动驾驶汽车能够自主驾驶，但前提是保有人下达了“启动”指令，自动驾驶汽车本身并没有自主意识。其二，从危险控制理论来看，保有人持有自动驾驶汽车，接受了使用自动驾驶汽车的专业训练，对于自动驾驶汽车的性能具有优于一般人的专业理解，知道如何才能最安全地使用自动驾驶汽车。尽管自动驾驶汽车自主运行的技术特征看似减弱了保有人的控制能力，但本质上保有人仍然控制着自动驾驶汽车，汽车需按照保有人的指令运行，仅仅是控制方式有所不同，控制力仍然是非常直接强劲的，至少远高于饲养人对于动物的控制。与此同时，人工智能并非一种简单的“开箱即用”式机器，其行为在很大程度上取决于个体对其进行训练、对待或管理的方式。一旦“拆开包装”，相同型号的机器人在几天或者几周后就会出现完全不同的表现，这取决于人类扮演其看管人角色的方式。[①]这意味着随着保有人与自动驾驶汽车交互的深入，保有人对于自动驾驶汽车的支配将呈现更高的专属性和控制力。显然，保有人是最有能力控制和预防自动驾驶汽车危险发生的人，且无论自动驾驶汽车智能等级如何，皆是如此。其三，报偿理论强调“利益之所在，风险之所归”，保有人利用自动驾驶汽车获得了更为安全便利的驾乘服务，理当为自动驾驶汽车带来的风险承担责任。

第三，无过错保有人责任有助于促进我国交通事故责任制度的现代

---

① 参见［意］乌戈·帕加罗：《谁为机器人的行为负责？》，张卉林、王黎黎译，上海人民出版社2018年版，第129页、第131页。

化。其一，无过错保有人责任能够适应自动驾驶技术的发展趋势。相较于传统汽车，自动驾驶汽车最大的技术特点是系统取代人工，使用人的驾驶行为及驾驶过错存在空间日益消除。对此，我们将归责依据由驾驶行为转向保有行为，可以很好地克服这一困境。未来无论自动驾驶技术如何发达，哪怕汽车没有了油门、刹车和踏板，驾驶行为彻底不复存在，但自动驾驶汽车作为一种财产，一定存在保有人和保有行为，以此构建责任规则是切实可行的。其二，无过错保有人责任还可以简化我国交通事故责任的分担。我国现行机动车交通事故责任规则过于复杂，需要区分不同的交通事故类型。自动驾驶汽车将加剧这种复杂化性，起码增加自动驾驶汽车与自动驾驶汽车之间的交通事故、自动驾驶汽车与传统汽车之间的交通事故以及自动驾驶汽车与非机动车、行人之间的交通事故三种全新类型。此外，基于维护人类尊严的伦理原则，自动驾驶汽车在技术上必须设置可随时解除自动驾驶并予以人工接管的功能，[①]由此汽车运行包括自动驾驶与手动驾驶两种状态，这将再次加剧交通事故的复杂性。对此，采用统一的无过错保有人责任，可以大大简化机动车交通事故责任规则，无须再去区分自动驾驶汽车、辅助驾驶汽车还是传统汽车，也无须区分保有人接管与否，抑或交通事故的具体类型，可以便利对事故的处理和受害人的救济。

第四，我国也有引入无过错保有人责任的基础。其一，根据《道路交通安全法》以及《机动车交通事故责任强制保险条例》规定，机动车所有人或者管理人需要缴纳足够数额的交强险，机动车一方承担了实质意义上的无过错责任。[②]其二，从《道路交通安全法》第76条规定来看，对于机动车与非机动车、行人之间的交通事故，机动车一方没有过错仍然需要承

---

① 参见刘召成：《自动驾驶机动车致害的侵权责任构造》，载《北方法学》2020年第4期。

② 参见冯珏：《自动驾驶汽车致损的民事侵权责任》，载《中国法学》2018年第6期。

担不超过10%的赔偿责任，性质上也属于无过错责任。[①]据此，我国现有机动车原本就具有风险责任的属性。其三，尽管《民法典》以及《道路交通安全法》并无明确的机动车保有人责任，但最高人民法院的相关司法解释和指导意见都提到了机动车保有人的概念，还有具体的判断标准。[②]此外，在司法实践中，法官对于机动车交通事故责任的认定也常常围绕机动车保有人来展开。[③]

第五，无过错保有人责任也符合世界潮流。从比较法的视野来看，传统汽车通常被纳入危险责任的范畴，道路交通事故在大陆法系也被作为适宜严格责任的典型例子。[④]正是得益于此，德国、法国等国家在面对自动驾驶汽车交通事故责任挑战时更加从容，让自动驾驶汽车保有人承担无过错责任也逐渐成为一种共识。例如，欧盟《关于人工智能系统运行的责任立法倡议》针对自动驾驶汽车这种高风险的人工智能系统，提出了适用无过错责任的立法建议，第4条明确规定："高风险人工智能系统的部署者须对人工智能系统驱动的所有物理或虚拟活动、设备或运作过程造成的任何伤害或损坏承担严格责任。高风险人工智能系统的部署者不得以其行为已尽到勤勉义务或损害是由人工智能系统驱动的所有物理或虚拟活动、设

① 参见程啸：《侵权责任法》（第三版），法律出版社2021年版，第591页。

② 参见杜万华、贺小荣、李明义、姜强：《〈关于审理道路交通事故损害赔偿案件适用法律若干问题的解释〉的理解与适用》，载《法律适用》2013年第3期。

③ 参见周某某诉秦某等机动车交通事故责任纠纷案，咸阳市渭城区人民法院民事判决书（2017）陕0404民初537号；黎某某与罗某某机动车交通事故责任纠纷上诉案，广东省清远市中级人民法院民事判决书（2013）清中法民一终字第353号；许某某等诉浙江某建设有限公司等机动车交通事故责任纠纷案，浙江省湖州市中级人民法院民事判决书（2015）浙湖民终字第269号；中国人民财产保险股份有限公司三门峡市分公司与董某机动车交通事故责任纠纷案，河南省三门峡市中级人民法院民事判决书（2014）三民终字第333号，等等。

④ 参见欧洲侵权法小组：《欧洲侵权法原则：文本与评注》，于敏、谢鸿飞译，法律出版社2009年版，第153页。

备或运作过程所造成之原因主张自己免责。因不可抗力造成的伤害或损害，部署者不承担责任。”[①]

三、立法论的规则展开

在自动驾驶汽车商用呼唤立法时，我们可以适时启动《道路交通安全法》的修订工作，构建一套本土化的无过错保有人责任。

（一）确立本土化的无过错保有人责任

尽管从最高人民法院的相关司法解释和指导意见、司法实践以及学说理论来看，我国机动车交通事故责任中存在保有人的概念，但这种保有人责任整体上仍然是以使用人为核心的过错责任，并非本书所说的无过错保有人责任。相较于现有的保有人责任，本书所构建的机动车保有人责任具有如下特点：其一，一体适用于所有机动车，无论是自动驾驶汽车、辅助驾驶汽车还是传统汽车，也无论是有条件自动驾驶、高度自动驾驶还是完全自动驾驶，一律适用保有人无过错责任。其二，一体适用于所有的交通事故类型，无论交通事故是发生在机动车与机动车之间还是机动车与非机动车、行人之间，也无论机动车是传统汽车还是自动驾驶汽车，只要有交通事故，都一律适用无过错保有人责任。其三，无过错保有人责任是完整的无过错责任，而不是仅仅针对机动车与非机动车、行人之间交通事故限额10%以内的无过错责任，即使自动驾驶汽车保有人证明自己没有过错，也需要就整个交通事故承担全部的赔偿责任，而非具有补偿性质的部分赔偿责任。当然，如果受害人有故意或者重大过失的情形，可以依据过错程度免除或者减轻保有人的赔偿责任。

① European Parliament, Draft Report with Recommendations to the Commission on a Civil liability Regime for Artificial Intelligence, 2020, Article 4.

需要注意的是,《民法典》并没有使用“保有人”的概念，不仅机动车交通事故责任中没有“保有人”的概念，而且饲养动物致害责任、高度危险责任等其他侵权责任类型中也没有保有人的概念。与此同时,《道路交通安全法》也没有使用保有人的概念，第76条规定的机动车交通事故责任主体为“机动车一方”,《民法典》第1209条至第1217条也延续了这一称谓。此种背景下，为最大限度地减少对《民法典》等现行法律制度体系的影响，无过错保有人责任的引入应当进行本土化改造。具体来说，保有人责任的本质在于无过错责任，可以保留“机动车一方”这一责任主体的概念，构建一个实质层面的无过错保有人责任。基于此,《道路交通安全法》第76条可以修改为:“机动车发生交通事故造成人身伤亡、财产损失的，由保险公司在机动车第三者责任强制保险责任限额范围内予以赔偿；不足的部分，由造成交通事故的机动车一方承担赔偿责任。受害人对于交通事故的发生有重大过失或者故意的，可以减轻或者免除机动车一方的责任。”

（二）保有人的认定

在确定无过错保有人责任后，保有人或者说机动车一方的认定至关重要。从司法实践来看，采取的是大陆法系通行的“运行支配+运行利益”标准。[①]运行支配强调对于机动车的支配管理地位，并不限于直接的驾驶行为；运行利益不限于直接的驾驶利益和经济利益，本质是“为自己的计算而使用车辆”。[②]考虑到自动驾驶汽车的特殊性，在保有人认定方面需要具体分析。

第一，所有人的保有人认定。自动驾驶汽车的所有人原则上是保有人。

---

① 参见杜万华、贺小荣、李明义、姜强:《〈关于审理道路交通事故损害赔偿案件适用法律若干问题的解释〉的理解与适用》，载《法律适用》2013年第3期。

② 参见郑志峰:《租借机动车交通事故侵权责任的类型化分析——〈侵权责任法〉第49条的适用困境及其破解》，载《法学》2017年第7期。

一方面，就运行利益来说，所有人购买自动驾驶汽车并投入使用，直接享有汽车带来的运行利益，同时需要负担相关的保险费用和运行成本；另一方面，就运行支配来说，尽管自动驾驶汽车可以自主运行，但所有人仍然可以控制自动驾驶汽车的使用，如决定机动车的运行距离（长途还是短距）、运行的道路（高速公路还是乡间小路）、运行时段（白天还是夜晚）等，并未脱离支配的范畴。[①]日本有学者认为，考虑到使用人对汽车运行的指示、支配地位，认定其享有运行支配、运行利益并非不可思议。[②]基于此，所有人原则上被认定为自动驾驶汽车的保有人，就交通事故的损害承担无过错责任。

第二，所有人与使用人分离的情形。机动车的使用常常出现所有人与使用人分离的情形，此种情形下如何认定保有人是个难题。对此，《民法典》采取的是实际使用人规则。以租借机动车为例，《民法典》第1209条规定："……属于该机动车一方责任的，由机动车使用人承担赔偿责任；机动车所有人、管理人对损害的发生有过错的，承担相应的赔偿责任。"依据该条规定可知，使用人为机动车保有人，需要承担机动车交通事故责任，所有人并非机动车保有人，仅仅在有过错时承担一般侵权责任。

笔者认为，自动驾驶汽车的所有人是否为保有人仍需要依据"运行支配+运行利益"标准进行具体分析，不能一概否认。例如，对于传统汽车，大陆法系通常认为租借行为并不改变所有人的保有人地位。[③]考

---

① 参见冯珏：《自动驾驶汽车致损的民事侵权责任》，载《中国法学》2018年第6期。

② 参见［日］藤田友敬：《自动驾驶的运行供用者责任》，载《Jurist》2017年第1期。

③ 参见［德］埃尔温·多伊奇、汉斯-于尔根·阿伦斯：《德国侵权法》（第5版），中国人民大学出版社2016年版，第183页；［德］马克西米利安·福克斯：《侵权行为法》（第5版），齐晓琨译，法律出版社2006年版，第274页；于敏：《机动车损害赔偿责任与过失相抵——法律公平的本质及其实现过程》，法律出版社2004年版，第86—87页。

虑到远程操控、身份认证等技术的适用，所有人对于自动驾驶汽车的支配不再局限于物理的、直接的控制，而拓展为网络的、远程的间接控制。由此来看，租借行为并不一定意味着所有人就失去了保有人地位，需要具体分析。如果所有人对于租借的自动驾驶汽车仍然有强大的支配权，如限制驾驶模式、驾驶区域、驾驶偏好、驾驶时间等，那么所有人与使用人应被认定为“共同保有人”，就交通事故引发的损害承担无过错的连带责任。当然，如果是自动驾驶汽车长期租赁、融资租赁或者承租人擅自转租等情形，那么一般可以认为所有人丧失了保有人的地位，[①]由使用人作为保有人承担无过错责任，所有人仅在有过错时承担一般侵权责任。

第三，生产者、销售者的角色。有学者认为，生产者除承担产品责任外，还需与使用人作为共同驾驶人，一同承担交通事故侵权责任，即将生产者纳入机动车保有人范围。[②]对此，笔者认为，这种观点值得商榷：一方面，生产者不享有运行利益，他们仅仅是通过销售自动驾驶汽车获得收入，并不直接指向运行利益；另一方面，自动驾驶汽车本身具有强大的交互学习功能，随着自动驾驶汽车的不断使用，用户的支配力会越来越强。即使生产者通过网络连接、系统升级等方式可以影响自动驾驶系统的性能，但这也不意味着生产者直接参与了汽车的每一次运行，将生产者作为自动驾驶汽车保有人是不合适的。至于许多汽车厂家承诺，自动驾驶汽车一旦发生事故，将会承担赔偿责任，是基于产品责任的视角，而非保有人责任。当然，如果生产者本身就是汽车的所有人，如未来可能出现的自动

---

① 参见郑志峰：《租借机动车交通事故侵权责任的类型化分析——〈侵权责任法〉第49条的适用困境及其破解》，载《法学》2017年第7期。

② 参见冯珏：《自动驾驶汽车致损的民事侵权责任》，载《中国法学》2018年第6期；冯洁语：《人工智能技术与责任法的变迁——以自动驾驶技术为考察》，载《比较法研究》2018年第2期。

驾驶汽车共享出行模式，[①]那么将生产者认定为保有人承担无过错责任并无不妥。

第四节 自动驾驶汽车交通事故责任的解释论展开

一、解释论的必要性

尽管立法论对于解决自动驾驶汽车交通事故责任有其优势，但也存在诸多弊端。为此，依托《民法典》以及《道路交通安全法》确立的责任规则，从解释论的角度展开思考也是必要的。

第一，解释论有助于维护《民法典》权威。《民法典》的通过标志着大规模立法论的时代结束，解释论的时代正式来临。从法律制度实施本身来看，立法论强调对现有规则的重塑，是一种手术式的法律进化方式，其好处是疗效显著，但代价是制度成本巨大，对于现行法律规则有“牵一发而动全身”的影响。与此同时，《民法典》的生命在于实施，实施的关键在于解释，通过解释来捍卫《民法典》的权威是后法典时代的主旋律。换言之，在《民法典》实施过程中，能够通过解释论解决的问题，就不宜诉诸立法论，否则好不容易形成的大一统的法典效应会遭受破坏，直接减损《民法典》的权威。相对于立法和修法，法律解释成本更低、程序更灵活、效率更高，且更有助于维护法律的稳定性。[②]

第二，无过错保有人责任存在诸多弊端。无过错保有人责任并非完美

---

① 参见柴占祥、聂天心、[德] Jan Becker:《自动驾驶改变未来》，机械工业出版社2017年版，第275页。

② 参见王利明:《论全面贯彻实施民法典的现实路径》，载《浙江社会科学》2020年12期。

无缺，也存在诸多弊端。其一，无过错保有人责任彻底颠覆了现行的机动车交通事故责任规则。2007年《道路交通安全法》修正以来，我国机动车交通事故责任的实践一直奉行的是以过错责任原则为主、无过错责任为辅的归责原则，过错始终在机动车交通事故责任的认定中占据着核心位置。实践中，道路交通事故发生后，一项重要工作就是要分析事故成因，胪列各方行为对事故发生的作用力大小，认定各方的过错比例。[①]立法论倡导的无过错保有人责任彻底改变了这一模式，这意味着相关法律规则、实践做法将需重新洗牌，制度成本巨大。其二，无过错保有人责任有加重使用人一方责任之嫌。一个理性人是不会花更多钱去购买需要承担更多责任的自动驾驶汽车的。[②]纵使自动驾驶汽车更加安全，责任保险也能够大幅降低赔偿数额，但保险费用的成本仍然由用户承担。而考虑到通过产品责任向生产者主张赔偿的难度，受害人几乎会本能地选择起诉使用人。其三，2003年《道路交通安全法》曾经针对机动车与非机动车、行人之间交通事故采用了无过错责任，但遭到了广泛的批评，随后2007年才做了修改。[③]如果采用更加彻底的无过错保有人责任，可能招致更多的批评和阻碍。

二、解释论的方案设想

依托《民法典》和《道路交通安全法》现有的责任框架，我们可以做如下解释论方面的构想。

---

① 参见余凌云：《道路交通事故责任认定研究》，载《法学研究》2016年第6期。

② 参见韩旭至：《自动驾驶事故的侵权责任构造——兼论自动驾驶的三层保险结构》，载《上海大学学报（社会科学版）》2019年第2期。

③ 参见杨立新：《侵权责任法条文背后的故事与难题》，法律出版社2011年版，第177—178页。

（一）解释路径的选择

对于自动驾驶汽车引发的交通事故责任，使用人一方的责任究竟在何种具体责任类型中加以解释展开有不同声音。例如，有学者认为使用人一方不应再承担机动车交通事故责任，其角色接近于乘客，应适用一般侵权责任，[①]即依据《民法典》第1165条第1款的过错责任原则一般条款来承担责任。有学者则认为，对于高度自动驾驶引发的交通事故，使用人不负有接管义务，可以参照我国《民法典》第1236条高度危险责任条款进行处理。[②]

笔者认为，自动驾驶汽车交通事故责任应当在现行机动车交通事故责任框架内进行解释，不宜另起炉灶参照一般侵权责任或者其他特殊侵权责任类型展开。其一，自动驾驶汽车仍属于机动车的范畴，不应适用其他责任类型。一方面，从《侵权责任法》到《民法典》，我国从来没有将机动车纳入高度危险责任的调整范围，因为机动车本身与民用核设施、民用航空器、易燃易爆物等相去甚远。作为传统汽车的升级版本，自动驾驶汽车最大的技术特征就是安全，这也是自动驾驶汽车大规模商用的前提，将自动驾驶汽车纳入高度危险责任并不合适。另一方面，纵使自动驾驶汽车高度安全，但作为交通工具决定着其不能与普通物件等同视之，适用一般侵权责任也不合适。其二，解释论体系效应的考量。无论是参照高度危险责任，还是其他侵权责任类型进行解释，都会存在割裂自动驾驶汽车与传统汽车的缺陷，加剧侵权责任分担的复杂性。特别是在自动驾驶与手动驾驶随意切换的情形下，机动车时而适用机动车交通事故责任，时而适用高度危险责任或者一般侵权责任，显然不妥。相反，在机动车交通事故责任规则内解释，可以一体解决包括自动驾驶汽车在内的机动车引发的全部交通事故。

---

① 参见郑志峰：《自动驾驶汽车的交通事故侵权责任》，载《法学》2018年第4期。

② 参见宋宗宇、林传琳：《自动驾驶交通事故责任的民法教义学解释进路》，载《政治与法律》2020年第11期。

（二）解释路径的构想

现行机动车交通事故责任核心在于使用人过错的认定。自动驾驶汽车大规模商用后，使用人过错是否仍然存在解释空间不无疑问。笔者认为，通过引入“理性车”标准可以丰富过错的判断，由此克服自动驾驶技术带来的驾驶过错不复存在的困境。

第一，从“使用人”的过错到“机动车一方”的过错。自动驾驶技术消解了手动驾驶的必要性，使用人的角色发生了变化，使用人无须实施具体的驾驶行为。由此需要从判断“使用人”的过错转为判断“机动车一方”的过错。其一，《道路交通安全法》第76条并未明确规定机动车交通事故责任必须追究“使用人”的过错，而是使用了“机动车一方”的概念，这意味着过错判断针对的是“机动车一方”，而非“使用人”，这为过错的认定提供了解释空间。其二，纵使在现行机动车交通事故责任认定过程中，使用人的过错也不等于机动车一方的过错，过错的判断并不必然指向使用人的驾驶行为，更多的是将人车视为一体，从机动车一方整体的客观的行为进行判断，如机动车是否超速、闯红灯等。在自动驾驶汽车场景中，我们仍然可以从人车一体的角度对机动车一方的过错进行整体判断。

第二，从“理性人”标准到“理性车”标准。传统侵权法理论，对于行为人过错的判断主要依据理性人（reasonable person）标准，未尽到一个理性人标准的注意义务，就意味着存在过错。[①] 自动驾驶取代手动驾驶后，我们可以参照理性人概念引入理性车（reasonable car）标准，[②] 以此判

---

① 参见程啸：《侵权责任法》（第三版），法律出版社2021年版，第301页。

② See K.C. Webb, Products Liability and Autonomous Vehicles: Who's Driving Whom, Rich. J.L. & Tech.23, 2017, p.34; Nick Belay, Note, Robot Ethics and Self-Driving Cars: How Ethical Determinations in Software Will Require a New Legal Framework, J. Legal Prof.40, 2015, p.129.

断机动车一方是否存在过错，这也符合社会对于自动驾驶汽车的合理期待。从机动车作为交通工具参与社会生活之日起，人们对于机动车一方就施加了合理期待，这种合理期待具体体现为使用人的注意义务，因为汽车的运行全系于使用人的行为，对使用人施加注意义务可以降低机动车带来的风险。机动车的使用人必须符合理性人标准，具备法定的驾驶资格，拥有良好的驾驶能力，履行必要的注意义务，遵守道路交通法规，否则就会被认定存在过错。自动驾驶技术使得使用人对于汽车的控制逐渐让位于自动驾驶系统，但社会对于机动车的合理期待并没有降低，甚至因为自动驾驶技术而有所提升。考虑自动驾驶汽车的运行原理，这种合理期待从使用人的身上自然转移到了自动驾驶系统身上，自动驾驶系统对于汽车的操控必须符合一个"理性车"的标准，负担必要的注意义务。

第三，理性车标准符合过错认定客观化的趋势。对于过错的认定，现代侵权法理论越发注重客观行为，这在现行的机动车交通事故责任认定中也有体现。实践中，有法官就认为："根据监控视频显示，马某车辆距离最右侧台阶尚有一定距离，且顾某和梅某两辆电动自行车均在靠近非机动车道的机动车道内行驶，按一般理性人判断，马某停靠行为已影响非机动车在非机动车道内通行，存在过错。"[①]在自动驾驶汽车的场合，我们也可以以自动驾驶汽车本身的客观行为来判断机动车一方是否存在过错，只要自动驾驶汽车的客观行为违反"理性车"标准，就可以认定机动车一方存在过错。

第四，理性车标准的适用是完全可能的。理性车标准脱胎于理性人标准，可以借鉴理性人的判断要素。理性人标准本质上是一种技术性方法，其通过具体化理性人的知识结构和能力水平，塑造出一个生动的人格形

① 参见顾某、中国人民财产保险股份有限公司无锡市分公司与梅某、薛某等机动车交通事故责任纠纷二审民事判决书，江苏省无锡市中级人民法院民事判决书（2020）苏02民终3809号。

象，进而将该人格形象置身于重构的场景之中，来观察其所为与所思，并以此为参照解决个案争议问题。[①]在自动驾驶汽车场景中，自动驾驶系统也可以被拟制出一个具体的人格形象，其自身的安全性能则是其真实的能力水平。相较于真实生活中"人"主观能力的多样性和行为的不可预测性，自动驾驶系统更具可预测性，由此理性车标准甚至比理性人标准更为直接和客观。例如，我们设想一辆自动驾驶汽车以每小时40公里的速度行驶，一个小孩突然从路边跑到离车150米的前方，自动驾驶系统来不及刹车撞上了小孩。对此，如果市场上大多数相似规格型号的自动驾驶系统能够反应更快，在距离100米处就能完成刹车避撞，那么事故中的自动驾驶系统就不符合理性车标准，使用人一方存在过错。鉴于自动驾驶系统的反应时间和刹车性能都是客观的，因此，理性车标准的适用完全是可能的。[②]

三、解释论的规则展开

机动车一方的过错包括使用人的过错和自动驾驶系统的过错，需要分别适用理性人标准与理性车标准进行判断。[③]

（一）使用人的过错判断

对于使用人来说，自动驾驶汽车的适用并未免除其全部的注意义务，使用人仍然需要遵守"理性人"标准，否则将认定机动车一方存在过错。笔者认为，使用人的注意义务应注意如下事项。

第一，接管义务的否定。按照《智能网联汽车道路测试管理规范（试

---

① 参见叶金强：《私法中理性人标准之构建》，载《法学研究》2015年第1期。

② See Ryan Abbott, The Reasonable Computer: Disrupting the Paradigm of Tort Liability, The George Washington Law Review 1, 2018, pp.37–38.

③ 关于机动车一方的认定，立法论部分已经做了具体分析，本部分不再赘述。

行）》和《汽车驾驶自动化分级》规定，有条件自动驾驶阶段的使用人负有接管义务，[①]这与德国修订的《道路交通法》规定也是一致的。对此，有学者认为使用人接管义务包括三个部分：一般情况下合理的时间间隔观察的义务；高速运行和速度变换阶段，或者遇有车辆会车及特殊道路状况，不间断观察的义务；系统警示特殊情况下立即接管的义务。[②]笔者认为，接管义务直接违反了自动驾驶汽车解放人类的设计初衷，增加了事故发生的风险，还限制了使用人的群体范围。接管义务只应存在于自动驾驶汽车道路测试期间，商用阶段的自动驾驶汽车使用人只享有接管的权利，不应负担强制接管的义务，企业在设计量产自动驾驶汽车时应当考量这一点。[③]

第二，车辆注意义务。使用人需要确保自动驾驶汽车处于适于运行的状态，使用自动驾驶汽车之前需要检查汽车的性能状态，查看是否存在明显的不适于使用的情况。使用人需要熟悉自动驾驶汽车的操作，确保自动驾驶系统及时更新升级，在开启自动驾驶模式前需要判断天气、路况等是否适合开启。例如，面对浓雾天气、冰雪路面等恶劣环境时，自动驾驶模式并不适合开启，使用人若强行开启就可认定存在过错。[④]

第三，交往注意义务。机动车作为一种交通工具，使用人需要负担注意义务。其一，使用人在不使用自动驾驶汽车时应采取合理措施，避免无

---

① 需要说明的是，《深圳经济特区智能网联汽车管理条例》采取了不同的做法，第35条第2款规定："有条件自动驾驶和高度自动驾驶的智能网联汽车在自动驾驶模式下行驶时，驾驶人应当处于车辆驾驶座位上，监控车辆运行状态和周围环境，随时准备接管车辆；智能网联汽车发出接管请求或者处于不适合自动驾驶的状态时，驾驶人应当立即接管车辆。"这意味着有条件自动驾驶阶段和高度自动驾驶阶段的使用人都有接管义务。

② 参见刘召成：《自动驾驶机动车致害的侵权责任构造》，载《北方法学》2020年第4期。

③ 参见景荻：《自动驾驶汽车侵权责任研究》，西南政法大学2019年博士学位论文。

④ 参见郑志峰：《自动驾驶汽车的交通事故侵权责任》，载《法学》2018年第4期。

权利人使用自动驾驶汽车，带来不必要的社会风险。[①]其二，使用人将自动驾驶汽车交给第三人使用时，需要确保第三人熟悉自动驾驶汽车的操作，具有相应的驾驶资格和驾驶能力。当然，如果自动驾驶技术高度发达，法律对于使用人驾驶资格和驾驶能力的要求降低，那么使用人的这一注意义务也会降低。

第四，事故注意义务。如果发生交通事故，自动驾驶汽车本身并不能采取措施应对，这需要使用人负担注意义务，如救助受害人、保护现场、及时向有关部门报告等。如果使用人在发生交通事故后逃逸，或者有故意破坏、伪造现场、毁灭证据的行为，那么可以直接认定机动车一方有过错，承担全部的损害赔偿责任。

（二）自动驾驶系统过错的判断

考虑到自动驾驶汽车自主运行的技术特征，通过理性车标准判断自动驾驶系统的过错将成为重点。对此，我们需要把握以下几点。

第一，理性车标准独立于理性人标准。相较于传统汽车，自动驾驶汽车最为本质的区别在于内置算法的自动驾驶系统高度智能，能够独立于使用人自主决策和执行决策，驱动汽车的运行。为此，我们在对使用人进行理性人测试的同时，还需要针对内置算法的自动驾驶系统进行独立的理性车测试。尽管最终承担交通事故责任的主体依旧是使用人，但仍然有必要针对自动驾驶系统的行为或者算法的决定进行独立的“理性”审查。[②]

第二，理性车标准理当高于理性人标准。自动驾驶汽车作为传统汽车

---

① 参见周友军:《交往安全义务理论研究》，中国人民大学出版社2008年版，第124页。

② See Karni Chagal–Feferkorn, The Reasonable Algorithm, U. Ill. J.L. Tech. & Pol'y 1, 2018, p.115.

的升级版本，安全性是其大规模商用的前提。[①]基于此，自动驾驶系统遵守的理性车标准理当比人类驾驶员遵守的理性人标准更高，因为自动驾驶系统具有比人类驾驶员更强大的能力，它们不会疲惫、饮酒、分心，还能“眼观六路，耳听八方”，具有更强的规避交通事故的能力。如果自动驾驶系统的客观表现还不如一个合格的人类驾驶员的表现，那么就可以认定自动驾驶系统不符合理性车标准。例如，面对突然闯入路面的小孩，如果人类驾驶员囿于生理反应限制来不及立即刹车，那么其很可能是符合理性人标准的，不需要就损害承担赔偿责任。但在同样的情形下，如果自动驾驶系统不能避免事故的发生，则很可能不符合理性车标准，需要承担赔偿责任。因为自动驾驶系统具有全方位超越人类的能力，包括能够做出迅速决策的软件、超越人类感官的传感器和超出人类视野的摄像头。[②]但需要注意的是，自动驾驶汽车并非绝对安全，不能期待自动驾驶汽车是万能的，能够避免一切事故的发生。同时，理性车标准也是不断发展的标准，会随着自动驾驶技术的成熟而不断提升，[③]这确保了理性车标准能够不断适应技术的发展。

第三，自动驾驶系统应当遵守交通法规。《道路交通安全法》对机动车的行驶设置了诸多规则，人类驾驶员需遵守道路交通安全法规，按照操作规范安全驾驶、文明驾驶。同样，自动驾驶系统也应当遵守交通法规。如果自动驾驶系统在行驶过程中违反交通法规，如闯红灯、超速、逆行或者不按交通标志行驶，那么就可以认定自动驾驶系统不符合理性车标准，

① 关于自动驾驶汽车究竟要比人类驾驶员安全多少才能上路，这最终不是技术问题，而是政策问题。参见［美］雷恩·卡罗：《人工智能政策：入门与路线图》，郑志峰译，载《求是学刊》2019年第2期。

② See Ryan Abbott, The Reasonable Computer: Disrupting the Paradigm of Tort Liability, The George Washington Law Review 1, 2018, pp.36–37.

③ See K.C. Webb, Products Liability and Autonomous Vehicles: Who’s Driving Whom, Rich. J.L. & Tech. 23, 2017, p.35.

机动车一方存在过错。

（三）机动车一方过错认定

由于自动驾驶系统本身具有自主性，能够独立于使用人自主操控汽车，这使得使用人与自动驾驶系统的过错形态并不必然同步，分布具有多样性。[①]为此，机动车一方的过错需要区分四种情况具体判断。

第一，自动驾驶系统符合理性车标准，使用人符合理性人标准，两者都尽到了各自的注意义务，那么机动车一方就不存在过错。

第二，自动驾驶系统不符合理性车标准，使用人不符合理性人标准。例如，使用人明知自动驾驶汽车存在刹车失灵故障，仍然强行开启自动驾驶模式，而自动驾驶系统本身也出现故障，未能识别出交通信号灯，闯红灯撞伤行人。此种情形，考虑到使用人和自动驾驶系统两者都存在过错，可以直接认定机动车一方存在过错。

第三，自动驾驶系统符合理性车标准，使用人不符合理性人。自动驾驶系统和使用人各自需要负担注意义务，使用人违反注意义务并不必然影响自动驾驶系统的行为。例如，使用人明知大雾天气仍然强行开启自动驾驶模式，自动驾驶系统在运行中并未有失水准，但汽车还是因为能见度太低撞到行人。此时，尽管自动驾驶系统符合理性车标准，但使用人的过错与交通事故具有因果关系，应当认定为机动车一方存在过错。

第四，自动驾驶系统不符合理性车标准，使用人符合理性人标准。例如，使用人在开启自动驾驶模式和使用自动驾驶汽车的过程中都尽到了注意义务，但自动驾驶系统本身存在故障，没有遵守交通法规，超速将行人撞伤。此时，尽管使用人没有过错，但自动驾驶系统不符合理性车的标

① See Bryant Walker Smith & Andrey Neznamov, It's Not the Robot's Fault! Russian and American Perspectives on Responsibility for Robot Harms, Duke J. Comp. & Int'l L.30, 2019, p.156.

准，违反了交通法规，可以认定机动车一方存在过错。

（四）责任承担

从解释论路径出发，我们需要按照《道路交通安全法》第76条规定，区分以下两种交通事故类型。

第一，机动车之间的交通事故。对于自动驾驶汽车参与的机动车之间的交通事故，可以进一步分为两种：第一种是自动驾驶汽车与传统汽车之间的交通事故，对于传统汽车继续适用理性人标准，判断驾驶员是否存在过错，以此来认定机动车一方的过错；而对于自动驾驶汽车一方，则需要引入理性车标准来综合判断，当自动驾驶系统不符合理性车标准或者使用人不符合理性人标准时，可认定自动驾驶汽车一方存在过错，按照过错程度承担相应的责任。第二种是自动驾驶汽车与自动驾驶汽车之间的交通事故，此时，双方都需要适用理性车标准来判定过错，确定各自的责任份额。

第二，机动车与非机动车、行人之间的交通事故。依照《道路交通安全法》第76条第1款第2项的规定，机动车与非机动车、行人之间的交通事故适用过错推定责任，由自动驾驶汽车一方证明自己符合理性车标准，否则推定其存在过错，以降低受害人举证难度。具体可以区分五种情形：[①]其一，如果非机动车、行人一方没有过错，自动驾驶汽车一方不符合理性车标准存在过错，那么由自动驾驶汽车一方承担100%赔偿责任。其二，即使自动驾驶汽车一方不符合理性车标准存在过错，但如果有证据证明非机动车、行人一方也存在过错，那么应当根据其过错程度减轻自动驾驶汽车一方的赔偿责任，具体减轻范围应当为10%至100%。其三，如果自动驾驶汽车一方不存在过错，非机动车、行人一方没有过错，则由自动驾驶

---

① 参见姚宝华、王竹：《道路交通安全法第七十六条第一款第（二）项的解读与适用——以分号用法与句式结构为视角》，载《人民司法》2008年第15期。

汽车一方承担10%的赔偿责任。其四，如果自动驾驶汽车一方不存在过错，非机动车、行人一方存在过错，那么可以在10%至0之间适当减轻自动驾驶汽车一方的赔偿责任。其五，如果交通事故是因为非机动车、行人一方故意碰撞发生的，那么自动驾驶汽车一方不承担赔偿责任。

第五节　小　结

自动驾驶是汽车未来发展的必然趋势。随着传统汽车向自动驾驶汽车演进，人与车之间的关系将被重新定义。一方面，汽车越来越智能，汽车运行日益脱离人的手动驾驶行为，人对于汽车的控制似乎越来越薄弱；另一方面，无论自动驾驶汽车如何智能，其都需在人的指令下运行，仍然是人控制的交通工具，与传统汽车并无实质区别。这种人机关系认识上的两面性，使得我国可以从立法论和解释论两种不同路径去对待自动驾驶汽车。如果从自动驾驶汽车的智能属性出发，传统的手动驾驶行为就需要让渡给保有行为，无过错保有人责任是更为合适的选择；如果从自动驾驶汽车工具属性来看，人对于汽车的控制始终没有变化，仅仅是“驾驶行为”的方式有所不同而已，如此依据现有的规则追究人的驾驶过错存在可能。但无论是解释论还是立法论，也无论是过错责任还是无过错责任，都是在技术与规则之间寻求一种平衡，需要兼顾技术创新与受害人救济，需要在归责、赔偿数额、责任保险等各方面进行相应配套，也都需要在《民法典》确定的框架内进行调整。考虑到自动驾驶汽车的商业化落地仍然需要一段时间，我们可以先在既有规则内采取解释论路径，待自动驾驶汽车普及后再行立法论，通过修订《道路交通安全法》解决自动驾驶汽车引发的交通事故责任。

第五章

自动驾驶汽车的产品责任

责任问题是制约自动驾驶汽车产业发展的一个重要因素。从责任主体层面来看，自动驾驶汽车的侵权责任大体上可以分为两类：一是使用人一方的责任，解决的是自动驾驶汽车上路后使用人等相关主体的责任，通常表现为机动车交通事故责任；二是生产者一方的责任，关注的是自动驾驶汽车上路前生产者一方的责任问题，一般体现为产品责任。机动车交通事故责任解决的是人的责任问题，而产品责任解决的是物的责任问题，两者基本涵盖了自动驾驶汽车侵权责任的各方主体。相较于使用人一方的责任，产品责任是当前解决自动驾驶汽车事故责任最为重要也更具共识的一种方式。对此，不少车企宣称，一旦生产的自动驾驶汽车发生交通事故，企业将承担赔偿责任。

然而，与传统汽车相比，自动驾驶汽车的产品责任呈现出诸多新特征，产品责任能否适用以及如何适用于自动驾驶汽车都将成为难题。其中的挑战起码包括：高度智能化的自动驾驶汽车是否属于产品？自动驾驶汽车尤其是自动驾驶系统的产品缺陷如何认定？自动驾驶汽车产品缺陷与损害之间的因果关系又该如何判断？自动驾驶汽车产品责任的主体包括哪些？如何对自动驾驶汽车适用产品发展风险抗辩？……其中，如何认定自动驾驶汽车的产品缺陷是重中之重。为此，本章将重点针对自动驾驶汽车产品缺陷的认定进行集中探讨，以便为自动驾驶汽车产品责任的完善和适用提供助益，为自动驾驶汽车产业发展扫清责任障碍。

第一节　自动驾驶汽车产品责任的重要性

一、自动驾驶汽车产品属性的界定

（一）自动驾驶汽车产品属性的争议

自动驾驶汽车是否属于产品范畴是适用产品责任的前提问题。不同于传统汽车产品，自动驾驶汽车内置了高度智能的自动驾驶系统，能否归入传统产品范畴不无疑问。

一方面，传统产品多指有体物，能否将承载算法和数据的软件归入产品的范围存在争议。①从比较法上看，各国产品责任法中的“产品”原则上仅面向各类有形动产；而计算机软件虽然是自动驾驶汽车的重要构成部分，但其并非经过加工的有形产品，故而缺陷理论能否适用于算法软件或者算法错误存在争议。②有观点认为，软件能否适用产品不能一概而论，需要区分普通软件和专门软件，前者是以标准件在市场上销售的软件，应当归入产品的范畴，而后者是专门设计的软件，对生产者适用过失责任更好。③有观点则认为，软件产品经过加工、制作并用于销售，理当适用产品责任规则。④自动驾驶汽车内置的算法和数据模块究竟是否属于产品，值得推敲。

---

① 参见高完成、宁卓名：《人工智能产品致害风险及其侵权责任规制》，载《河南社会科学》2021年第4期。

② 参见王乐兵：《自动驾驶汽车的缺陷及其产品责任》，载《清华法学》2020年第2期。

③ 参见赵相林、曹俊：《国际产品责任法》，中国政法大学出版社2000年版，第72页。

④ 参见程啸：《侵权责任法》（第三版），法律出版社2021年版，第560页；冉克平：《产品责任理论与判例研究》，北京大学出版社2014年版，第65页。

另一方面，传统产品具有稳定性的特征，属于纯粹的工具范畴，产品一旦出厂不会出现性能上的实质变化。然而，自动驾驶汽车却具有超强的自主性与学习能力，在投入市场后产品性能存在不可预期的特点，这与传统产品相去甚远。有观点就认为，自动驾驶汽车与传统产品存在本质区别，传统的产品出厂时性能在长时间内是可以有稳定预期的，产品必须在使用人的操控下工作，而人工智能具有自主性和学习能力，销售后不再受生产者控制，让生产者一方承担产品责任不合适，不仅违反了自动驾驶汽车更为安全的设计初衷，也无法督促企业生产更为安全的产品，还可能使得各责任主体之间的责任分担复杂化。①

（二）自动驾驶汽车产品属性的证成

学界普遍认为，自动驾驶汽车无论如何复杂和智能，仍属于产品的范畴，生产者一方理当承担产品责任。

第一，我国《产品质量法》第2条关于产品的定义是非常广泛的，只要是“经过加工、制作，用于销售的”都可以纳入产品范畴。人工智能当然也符合这一定义，属于《产品质量法》所界定的产品。

第二，软件作为产品在我国并不存在争议。即使独立的软件作为产品存在争议，但自动驾驶汽车是软件与硬件的结合，如此一来，仍然可以视为产品。如果自动驾驶汽车内置的算法和数据模块存在缺陷，那么仍然可以追究自动驾驶汽车生产者的责任。②

第三，软件缺陷已经成为汽车产品缺陷的重要类型。数字时代，数字产业化和产业数字化正在革新各行各业，传统产品都在日益与人工智能、

---

① 参见许中缘：《智能汽车侵权责任立法——以工具性人格为中心》，载《法学》2019年第4期。

② 参见彭诚信主编，［日］弥永真生、宍户常寿编：《人工智能与法律的对话》，郭美蓉等译，郑超、郭美蓉校，上海人民出版社2021年版，第150页。

大数据等数字技术深度融合，产品越来越数字化，软件缺陷成为产品缺陷的重要类型。2019年，一份国内缺陷车辆召回数据显示，除气囊原因外，软件缺陷越发频繁逐渐成为汽车召回的"重灾区"。[①]从消费者角度而言，将软件视为产品并对其缺陷适用严格责任，将鼓励生产者进行充分的检测以便在该软件投入市场之前阻止可能存在的缺陷，而不是寄希望于消费者在使用过程中发现其存在的漏洞并向其报告。[②]考虑到自动驾驶汽车对于人类驾驶员的替代，事故发生的原因更多地来自算法与数据模块的缺陷，生产者一方必须承担产品责任，如此才能迫使他们持续革新产品。

二、自动驾驶汽车产品责任的重要位置

对于自动驾驶汽车引发的事故责任，相较于追究使用人一方的机动车交通事故责任，产品责任的适用更为重要。

第一，产品责任适用情形更为广泛。从理论上看，自动驾驶汽车的责任类型可以分为机动车交通事故责任与产品责任，分别用以解决使用人一方的责任与生产者一方的责任，但两种责任并不总是同时存在的。对于自动驾驶汽车造成第三人损害的情形，受害人寻求赔偿的对象自然可以包括使用人一方与生产者一方，两种责任类型都可以作为救济受害人的渠道。但如果自动驾驶汽车造成损害的正是使用人一方，如自动驾驶汽车失控撞到路边障碍物导致车内使用人受伤，那么此时不存在适用机动车交通事故责任的空间，只能适用产品责任。考虑到这类事故的广泛存在，产品责任的重要性不言而喻。

---

① 参见钟琳：《软件缺陷渐成汽车故障"重灾区"！》，载微信公众号"数字化企业"，2019年12月8日。

② 参见王乐兵：《自动驾驶汽车的缺陷及其产品责任》，载《清华法学》2020年第2期。

第二，产品责任具有更普遍的共识。尽管有观点质疑自动驾驶汽车适用产品责任的正当性，或者主张自动驾驶汽车超出传统产品范畴，失去适用产品责任的基本前提，或者认为让生产者一方承担产品责任违反基本原理，[①]但总体上生产者一方承担产品责任仍然是学界与产业界的普遍共识。[②]从历史上看，产品责任已经被充分证明对于新技术具有强大的适应能力，对于自动驾驶汽车亦是如此。[③]事实上，在侵权法的眼中，自动驾驶汽车的组件不过是传统产品的新花样，产品责任将继续证明它有能力处理这种自动化技术带来的复杂问题。[④]与此相对的是，使用人一方承担何种责任则存在各种不同观点，如机动车交通事故责任说、一般侵权责任说、无过错保有人责任说、高度危险责任说等，短时期内针对使用人一方的责任出台一套各方满意的方案十分困难。[⑤]此种背景下，细化产品责任的适用则是一种更为务实的做法。

第三，产品责任更加契合自动驾驶汽车的技术特征。对于传统汽车而言，人车关系中以人为主导，使用人操控汽车的一举一动，汽车不过是使用人行动的物理工具，加速、变道、刹车都是使用人行为的直接结果，体现的是使用人的自由意志。故此，当汽车发生交通事故时，首先要追究的是人的责任，机动车交通事故责任自然频繁适用，产品责任退居其次。然而，当自动驾驶汽车到来后，人车关系发生根本倒置，自动

---

① 参见许中缘：《智能汽车侵权责任立法——以工具性人格为中心》，载《法学》2019年第4期。

② 参见冯珏：《自动驾驶汽车致损的民事侵权责任》，载《中国法学》2018年第6期。

③ See John Villasenor, Products Liability and Driverless Cars: Issues and Guiding Principles for Legislation, Brooking, 2014, p.15.

④ See Ryan J. Duplechin, The Emerging Intersection of Products Liability, Cybersecurity, and Autonomous Vehicles, 85 TENN. L. REV. 803, 2018, p.846.

⑤ 参见郑志峰：《自动驾驶汽车交通事故责任的立法论与解释论——以民法典相关内容为视角》，载《东方法学》2021年第3期。

驾驶汽车的运行全程由系统操控，使用人对于汽车的影响极大地减弱，事故发生的原因更多来自汽车本身，产品责任的适用比重日益凸显，如何适用产品责任成为关键。可以预见的是，随着自动驾驶技术的普及，几乎所有的涉及自动驾驶汽车的事故，受害人都可能针对生产者一方提起产品责任诉讼。[①]事实上，一些车企已经看到这一点，并愿意为自动驾驶汽车引发的事故承担责任。早在2015年，沃尔沃就宣布对其生产的自动驾驶汽车引发的事故负责。[②]

第四，产品责任能够更好地实现侵权责任的目标。责任规则对于自动驾驶汽车产业具有重要影响。面对自动驾驶汽车引发的事故风险，如何妥当地分配责任至关重要，需要平衡各方利益。正如2020年欧盟《关于人工智能系统运行的责任立法倡议》指出："任何责任框架都必须能够在有效保护潜在遭受伤害或损害之受害者的同时，提供足够的余地使新技术、产品或服务的开发成为可能，并在二者之间达成平衡。"[③]相较于使用人一方的责任，产品责任能够更好地实现这一目标。其一，救济受害人。产品责任的主体为生产者一方，具有更强的责任承担能力，可以更为充分地救济受害人，同时可以通过提高产品售价、购买保险等方式来分散风险。[④]其二，预防损害发生。相较于机动车交通事故责任，产品责任直接对准生产者一方，可以直接督促生产者一方提高自动驾驶汽车的安全性能，生产更为安全的产品，预防损害事故的发生。事实上，自动驾驶取代手动驾驶

---

① See Gary Marchant & Rida Bazzi, Autonomous Vehicles and Liability: What Will Juries Do, 26 B.U. J. Sci. & TECH. L. 67, 2020, p.114.

② 参见［德］马里奥·赫格尔：《未来驾驶》，屈丽、王化娟译，电子工业出版社2020年版，第138页。

③ See Draft Report with recommendations to the Commission on a Civil liability regime for artificial intelligence, 2020, paragraph A.

④ See Carrie Schroll, Splitting the Bill: Creating a National Car Insurance Fund to Pay for Accidents in Autonomous Vehicles, 109 Nw. U. L. Rev. 803, 2015, pp.818–819.

后，发生交通事故的原因也大多是由于产品缺陷引发的，由生产者一方承担产品责任合乎情理，也有利于激励他们持续提升和更新算法，增强自动驾驶汽车安全性能。①

第五，产品责任可以类推适用于所有的人工智能产品。人工智能属于赋能性科技，可以广泛适用于交通、医疗、教育、金融、安防等各种领域，如此产生各种具体场景下的人工智能产品。对于不同场景中的人工智能，使用人一方的责任规则并不相同，如自动驾驶汽车使用人一方需要承担机动车交通事故责任，而医疗人工智能使用人责任则承担的是医疗损害责任。与此相对的是，产品责任具有更广泛的适用性，可以适用于所有具体应用场景下的人工智能产品。欧盟《机器人技术民事法律规则》就指出："根据产品责任的现行法律框架——产品生产者对故障负有责任——侵害行为的责任规则——产品使用者对其致害的行为负有责任——这些规则适用于机器人或人工智能造成的损害。"②从这个角度来看，自动驾驶汽车作

---

① 参见司晓、曹建峰：《论人工智能的民事责任：以自动驾驶汽车和智能机器人为切入点》，载《法律科学（西北政法大学学报）》2017年第5期；杨立新：《自动驾驶机动车交通事故责任的规则设计》，载《福建师范大学学报（哲学社会科学版）》2019年第3期；冯珏：《自动驾驶汽车致损的民事侵权责任》，载《中国法学》2018年第6期；殷秋实：《智能汽车的侵权法问题与应对》，载《法律科学（西北政法大学学报）》2018年第5期；王乐兵：《自动驾驶汽车的缺陷及其产品责任》，载《清华法学》2020年第2期；张力、李倩：《高度自动驾驶汽车交通事故侵权责任构造分析》，载《浙江社会科学》2018年第8期；冯洁语：《人工智能技术与责任法的变迁——以自动驾驶技术为考察》，载《比较法研究》2018年第2期；郑志峰：《自动驾驶汽车的交通事故侵权责任》，载《法学》2018年第4期；刘召成：《自动驾驶机动车致害的侵权责任构造》，载《北方法学》2020年第4期；张继红、肖剑兰：《自动驾驶汽车侵权责任问题研究》，载《上海大学学报（社会科学版）》2019年第1期；季若望：《智能汽车侵权的类型化研究——以分级比例责任为路径》，载《南京大学学报（哲学·人文科学·社会科学）》2020年第2期。

② Civil Law Rules on Robotics—European Parliament resolution of 16 February 2017 with recommendations to the Commission on Civil Law Rules on Robotics（2015/2103（INL））, European Parliament, 2017, paragraph AE.

为人工智能最典型的应用场景，解决其引发的产品责任具有更广泛的参考价值，可以为其他人工智能应用的产品责任提供指导。

第六，产品责任能够更好地保护消费者。由于技术的限制，自动驾驶汽车短时间内很难像人类驾驶员那样可以在任何时间、地点、环境下承担驾驶任务，设计运行范围的限制是客观存在的。这意味着消费者在使用自动驾驶汽车时，必须确保开启自动驾驶功能是符合使用条件的。如果错误地开启自动驾驶功能，致使自动驾驶汽车超出设计运行范围使用，那么由此造成的损害理当由消费者自己承担。可以预见的是，车企很可能为了限制自己的责任，对不应当开启自动驾驶功能的情况进行事无巨细的列举，这些冗长复杂的条款以及晦涩难懂的专业术语，将为消费者制造各种陷阱和难题。例如，条款里面显示自动驾驶功能不应在大雨时开启，这意味着消费者需要判断当天下雨的情况究竟是小雨、中雨还是大雨。可以预见的是，车企很可能通过这种方式来转移责任，而期待消费者在使用自动驾驶功能前仔细阅读这些条款是不现实的。对此，强调产品责任的优先级，也是在变相解放作为消费者的使用人一方，增强消费者购买自动驾驶汽车的信心，让消费者能够毫无顾虑地购买使用自动驾驶汽车，最终推动自动驾驶汽车产业的发展与繁荣。[①]

第二节　自动驾驶汽车产品责任的承担难题

通常来说，产品缺陷包括制造缺陷、设计缺陷、警示缺陷以及跟踪观察缺陷。对于自动驾驶汽车来说，设计缺陷的判断可能更为重要。[②]但如

---

① 参见郑志峰:《自动驾驶汽车的交通事故侵权责任》，载《法学》2018年第4期。

② See William J. Tronsor, The Omnipotent Programmer: An Ethical and Legal Analysis of Autonomous Cars, 15 RUTGERs L.J. 213, 2018, p.257.

何认定自动驾驶汽车存在设计缺陷并不容易。[①]对于受害人的举证问题，学者们纷纷提出举证责任倒置、推定、缓和等观点，由生产者一方承担或者分担举证责任，降低受害人救济的门槛。[②]对此，我们需要了解自动驾驶汽车产品缺陷认定究竟存在哪些挑战。

一、产品缺陷认定的关键地位

如上所述，产品责任对于解决自动驾驶汽车引发的责任问题非常重要，而产品责任适用的重点和难题又在于缺陷的认定。

第一，缺陷要件是产品责任的核心。从规范层面看，产品责任适用的前提是产品存在缺陷，唯有缺陷产品造成他人损害，生产者才承担产品责任。[③]我国《民法典》第1202条至第1217条确立了产品责任的基本规则，其构成要件包括产品存在缺陷、损害以及因果关系。其中，证明产品存在缺陷是重中之重。[④]产品缺陷是承担产品责任的核心与第一步，此后的因果关系要件也需建立在产品缺陷的基础上。与此同时，产品缺陷也是生产者承担产品责任的正当基础。现代社会，每一件投入使用的产品，都存在

---

① 参见冯珏：《自动驾驶汽车致损的民事侵权责任》，载《中国法学》2018年第6期；殷秋实：《智能汽车的侵权法问题与应对》，载《法律科学（西北政法大学学报）》2018年第5期；韩旭至：《自动驾驶事故的侵权责任构造——兼论自动驾驶的三层保险结构》，载《上海大学学报（社会科学版）》2019年第2期。

② 参见冯洁语：《人工智能技术与责任法的变迁——以自动驾驶技术为考察》，载《比较法研究》2018年第2期；高完成：《自动驾驶汽车致损事故的产品责任适用困境及对策研究》，载《大连理工大学学报（社会科学版）》2020年第6期；郑志峰：《自动驾驶汽车的交通事故侵权责任》，载《法学》2018年第4期；刘召成：《自动驾驶机动车致害的侵权责任构造》，载《北方法学》2020年第4期。

③ 参见程啸：《侵权责任法》（第三版），法律出版社2021年版，第561页。

④ 参见杨立新：《侵权法论》（第五版）（下），人民法院出版社2013年版，第715页。

某种程度的危险。只有产品存在过度之风险，生产者才需承担产品责任。[①]正是产品缺陷蕴含的不合理危险才是生产者承担严格责任的基础。同样，对于自动驾驶汽车来说，产品缺陷的认定也具有规范和产业层面的双重意义，既是救济受害人的重要要件，也是划定生产者责任范围的关键依据。

第二，产品缺陷是自动驾驶汽车事故发生的主要原因。对于传统汽车引发的交通事故，有调查显示，95%与人类驾驶者的驾驶失误有关，2.5%归结于糟糕的路况和天气，2.5%为技术故障。[②]自动驾驶取代人类驾驶后，交通事故发生的原因将会彻底转变，因为使用人的原因导致交通事故的比重将会极大降低，这也是自动驾驶汽车安全价值的体现。然而，自动驾驶汽车并非绝对安全的产品，在减少使用人因为驾驶失误引发交通事故的同时，会带来新的产品缺陷风险，即由于自动驾驶汽车本身产品故障引发的事故比例将会相对提高。这也是汽车信息化、智能化发展必然面临的趋势。可以预见的是，自动驾驶汽车到来后，产品缺陷特别是自动驾驶系统软件缺陷将是引发事故发生的主要原因，而非使用人一方存在过错。[③]对此，如何判别产品故障究竟是否构成缺陷就显得至关重要。

第三，产品缺陷也决定了各方主体的责任分担。自动驾驶汽车的责任分担涉及诸多主体。从外部层面来看，起码包括生产者一方与使用人一方，前者为机动车交通事故责任，后者为产品责任。根据《最高人民法院关于审理道路交通事故损害赔偿案件适用法律若干问题的解释》（以下简称《道路交通事故损害赔偿司法解释》）第9条的规定，有产品缺陷的机动车导致交通事故

---

① 参见［美］戴维·G.欧文:《产品责任法》，董春华译，中国政法大学出版社2012年版，第125页。

② See Sven A. Beiker, Legal Aspects of Autonomous Driving, 52 Santa Clara L. Rev. 1145, 2012, p.1149.

③ See Gary E. Marchant, The Coming Collision Between Autonomous Vehicles and the Liability System, 52 Santa Clara Law Review 1321, 2012, pp.1327–1328.

造成损害的，除使用人一方承担责任外，受害人还可以请求生产者一方承担产品责任。无论生产者一方与使用人一方对受害人承担何种责任，两方内部责任分担的关键在于产品缺陷。如果自动驾驶汽车存在缺陷，纵使使用人一方对外承担了机动车交通事故责任，对内仍然可以据此向生产者一方追偿。而从内部层面来看，产品责任的主体通常包括生产者、销售者，自动驾驶汽车的专业性还将增加许多新的责任主体，如自动驾驶系统算法的设计者、高精地图的提供者等，各责任主体之间的责任分担也需要依据产品缺陷来进行。

第四，产品缺陷的认定也是产品责任的难题。产品责任的适用关键是产品缺陷的认定，而产品缺陷的认定是十分困难的，成为自动驾驶汽车产品责任适用的难题。[①]其一，旧法不敷适用。《民法典》并无关于产品缺陷认定的规定，需要根据《产品质量法》进行判断。然而，《产品质量法》是以传统工业产品为样本构建的法律，很难解决人工智能时代的产品缺陷的认定问题。其二，新法持续空缺。当前，各国针对使用人一方的责任规则有不少法律法规出台。例如，德国先后通过了《道路交通安全法第八修正案》《自动驾驶法案》，明确了自动驾驶汽车使用人一方的职责。欧盟层面也专门针对人工智能系统的使用人一方责任出台了《关于人工智能系统运行的责任立法倡议》。相比较而言，有关自动驾驶汽车产品责任还缺乏明确规定。2021年3月，公安部发布《道路交通安全法（修订建议稿）》，第155条笼统地提到“依法确定驾驶人、自动驾驶系统开发单位的责任”，但如何认定产品缺陷、追究开发单位的产品责任仍然是个难题。同样，《深圳经济特区智能网联汽车管理条例》第54条也仅仅明确自动驾驶汽车的驾驶人或者所有人、管理人承担责任后，可以依法向生产者、销售者请求赔偿，并明确产品责任的具体适用问题。

---

① 参见王乐兵：《自动驾驶汽车的缺陷及其产品责任》，载《清华法学》2020年第2期。

二、产品缺陷认定的技术困境

自动驾驶汽车产品缺陷的认定非常困难，首要原因在于产品本身的技术特点。

第一，汽车产品的专业性。汽车是工业革命时代的产物，是现代科技文明的集大成者。与普通日常生活中的产品不同，汽车产品本身就和人体一样高度复杂，一辆汽车会有30000到35000个零部件，包括发动机、底盘、车身以及电子电气设备等部分，每个部分又有成百上千的零部件。这些零部件组成了高度精细化的现代汽车产品，其内部构造与运行机制远非普通人能够理解。对于身为门外汉的受害人来说，根本不可能洞悉其中的原理，更遑论举证证明产品存在缺陷。

第二，人工智能产品的复杂性。如果说传统汽车是前三次工业革命时代产品的杰出代表，那么人工智能产品则是第四次工业革命的新宠儿。与传统产品相比，人工智能产品具有自主、自我学习能力、算法黑箱等新特征，这使得产品缺陷的证明变得更加困难。特别是如果买卖的是开放来源的软件，可以容许买受人添加自己的需求，或者甚至人工智能本身就是开放的，那么追究责任更是难上加难。[①]欧盟《机器人技术民事法律规则》就坦言，即使产品责任可以适用，“但是新一代机器人具备适应和学习能力，将使它们的行动必然存在一定程度的不可预测性，目前的法律框架无法充分涵盖它们所造成的损害，主要是由于这些机器人可以自主地从他们的个体特殊的经历中学习并且以一种唯一且不可预见的方式与他们的环境进行交互”[②]。

---

① 参见刘静怡主编：《人工智慧相关法律议题刍议》，元照出版集团2018年版，第102页。

② See Civil Law Rules on Robotics—European Parliament resolution of 16 February 2017 with recommendations to the Commission on Civil Law Rules on Robotics（2015/2103（INL）), European Parliament, 2017, paragraph AI.

第三，自动驾驶汽车产品的复杂性。其一，自动驾驶汽车的构成。自动驾驶汽车作为传统汽车的升级版本，在已有物理零件上增加了算法与数据模块，内部运行机制相较于传统汽车又有几何级别的提升，要求受害人举证自动驾驶汽车存在缺陷谈何容易。其二，自动驾驶汽车的技术等级。与传统汽车相比，自动驾驶汽车存在智能等级的划分。根据2021年8月发布的《汽车驾驶自动化分级》，自动驾驶汽车包括有条件自动驾驶、高度自动驾驶、完全自动驾驶三个级别，不同级别下系统的运行条件、执行最小风险策略不同，这使得不同级别下自动驾驶汽车产品缺陷的认定并不一样。例如，对于有条件的自动驾驶汽车，面对突如其来的暴雨天气，系统认为超出其设计运行条件提醒驾驶人接管，驾驶人没有接管而导致事故发生，此种情况很可能不属于产品缺陷。但对于完全自动驾驶汽车来说，系统理当可以应对任何行驶条件，系统不能因为自身驾驶功能不足来转移驾驶任务，必须能够自动执行最小风险策略，否则就认定存在产品缺陷。其三，自动驾驶汽车的发展路线。自动驾驶汽车的发展路线一直存在车路协同与单车智能的争议，这使得自动驾驶汽车的产品设计呈现诸多不确定性。如果是单车智能路线，这意味着自动驾驶汽车并不需要与外界进行过多的交互，自动驾驶汽车依靠自身的感知、规划和行动能力就能完成汽车的自主运行。反之，如果自动驾驶汽车走的是车路协同路线，那意味着自动驾驶汽车需要与道路上的其他人、车、路进行交互，如此一来，自动驾驶汽车的构造将更多地考虑与外界进行信息与数据的交互，产品缺陷究竟是如何引起的也更加复杂。其四，自动驾驶汽车的安全场景。自动驾驶汽车的安全场景可以从两个维度区分为四种，分别是已知安全、未知安全、已知危险与未知危险。相较于传统汽车而言，自动驾驶汽车的已知危险区域因为算法、传感器等各种软件、硬件的引入会变得更加复杂，各部件产品缺陷的风险会相应增加，同时由于自主性、算法黑箱等原因导致未知危险区域会日益高发，这些都增加了自动驾驶汽车产品缺陷认定的难度。

三、产品缺陷认定的法律困境

根据《产品质量法》的规定，缺陷的判断标准包括不合理危险与技术标准两类，其中不合理危险是根本标准。这意味着受害人要想证明自动驾驶汽车存在缺陷，必须证明产品存在不合理危险或者不符合国家标准、行业标准。然而，无论是国家标准、行业标准，还是不合理危险的判断，都很难得出明确的结论。

（一）国家标准、行业标准的适用困境

早在2018年12月，工业和信息化部就印发《车联网（智能网联汽车）产业发展行动计划》，提出充分发挥标准体系在车联网产业生态中的基础、引导和规范作用，加快推进实施《国家车联网产业标准体系建设指南》。2021年4月，工业和信息化部编制了《智能网联汽车生产企业及产品准入管理指南（试行）》（征求意见稿），向社会公开征求意见，其中提到自动驾驶汽车产品安全要求。2021年7月，工业和信息化部出台《关于加强智能网联汽车生产企业及产品准入管理的意见》，针对自动驾驶功能产品安全管理提出四点指导要求，但并不构成指导自动驾驶汽车产品安全的国家标准、行业标准。整体而言，我国自动驾驶汽车相关标准尚处于建设初期，标准体系与核心产品标准并不健全，难以满足自动驾驶汽车快速发展的需求。①

与此同时，国家标准、行业标准之所以能够作为判断产品缺陷的重要方法，内在逻辑是借助稳定的技术标准来判别产品是否脱离安全范围，但对于自动驾驶汽车而言存在诸多问题。首先，国家标准、行业标准仅仅是判断产品缺陷的基本标准，产品是否存在缺陷最终需要依据不合理危险标

---

① 参见戴一凡：《自动驾驶，离我们还有多远》，载《科学中国人》2021年第32期。

准进行判断。其次，国家标准、行业标准制定成本高、过程烦琐，同时具有天然的滞后性。从理论上看，人工智能技术安全标准融合了消费者期待和产品风险效用，可以为产品质量设定安全基准，可以成为产品缺陷认定的重要依据。①然而，自动驾驶汽车等人工智能产品的发展日新月异，更新迭代常常只在朝夕，想要借助技术标准来认定人工智能产品的缺陷并不容易。最后，与传统汽车不同，自动驾驶汽车属于新一代汽车，以传统汽车为样本的技术标准思维难以照搬适用。2011年，国际标准化组织（International Organization for Standardization, ISO）道路车辆技术委员会发布国际标准《道路车辆功能安全》（ISO 26262），主要解决的是汽车电气化的功能安全问题。然而，自动驾驶汽车以算法与数据为中心，是信息化和智能化的新一代汽车产品，除了自动驾驶系统的功能安全之外，还需特别关注预期功能安全（Safety Of The Intended Functionality）与网络安全。对此，ISO于2018年正式启动全球首个自动驾驶安全国际标准《道路车辆预期功能安全》（ISO/PAS 21448）的制定工作，旨在解决自动驾驶汽车因为预期功能或其实现的不充分性导致的危害而引发的不合理风险，如设备性能局限导致的危险、算法缺陷导致的危险、人员误用导致的危险等。此外，自动驾驶汽车也让网络安全问题前所未有地凸显，如何确保自动驾驶汽车的数据安全、网络安全成为难题。这些都给自动驾驶汽车技术标准的制定带来了挑战。

（二）不合理危险标准的适用难题

国家标准、行业标准仅仅是判断自动驾驶汽车产品缺陷的第一步，还需经过不合理危险标准的检验，但何为不合理危险并不明确。对此，学界

① 参见张欣：《我国人工智能技术标准的治理效能、路径反思与因应之道》，载《中国法律评论》2021年第5期。

存在消费者期待与风险效用两种测试办法，但都各自存在适用难题。

第一，消费者期待标准的困境。消费者期待标准，指的是产品不合理的危险程度超过了购买该产品的普通消费者的合理预期。美国《侵权法第二次重述：产品责任》第402A节采纳了这一标准。有观点指出，消费者期待标准适用更为简单，既不需要披露过多的算法数据，也更有利于救济受害人，适合用于判断自动驾驶汽车产品缺陷问题。[①]然而，消费者期待标准的适用并不容易。

一方面，消费者的界定难题。消费者期待标准的适用首先需要寻找合格的消费者，一般为购买使用产品的消费者。消费者期待标准预设的基本场景是，购买产品的消费者通常是使用产品的受害人。然而，自动驾驶汽车并非消费者私人场景中单独使用的产品，而是在公共道路频繁使用的通勤工具，这使得自动驾驶汽车的风险天然具有开放性，不安全危及的对象十分广泛，包括使用人和道路交通的其他参与者。当自动驾驶汽车发生事故造成使用人损害时，姑且可以将使用人作为消费者来适用这一标准。但当自动驾驶汽车损害的是行人等其他交通事故参与者时，谁是合格的消费者就存在争议。此时，将使用人作为消费者，以其合理期待来判断自动驾驶汽车是否存在产品缺陷并不合适，对于受害人和生产者来说并不公平，并且受害人又并非自动驾驶汽车产品的实际消费者。

另一方面，合理期待的界定非常模糊。何为合理期待是非常模糊的，这也是该标准饱受诟病的原因。无论是美国法还是欧盟的合理期待标准，都存在一个共同的属性，那就是在复杂案件中都是含糊不清的。正如欧洲

---

① 不少学者主张适用消费者期待标准。参见冯珏：《自动驾驶汽车致损的民事侵权责任》，载《中国法学》2018年第6期；殷秋实：《智能汽车的侵权法问题与应对》，载《法律科学（西北政法大学学报）》2018年第5期；韩旭至：《自动驾驶事故的侵权责任构造——兼论自动驾驶的三层保险结构》，载《上海大学学报（社会科学版）》2019年第2期。

报告恰当地描述的那样，消费者期待要求“填写一个空白的公式”就是一个空罐子，标准的适用极其模糊。[①]特别是在考虑复杂产品（如汽车、药品或者其他化学制品）设计的充分性时，消费者并不知道这些产品在不同情况下到底该如何设计才安全。当汽车以10公里、20公里甚至40公里每小时的速度撞上树时，普通消费者怎么能知道被期待保护的程度？[②]消费者期待标准的基本原则是消费者需要“对产品的设计有足够的了解或熟悉，才能对其安全或性能有合理的期望”[③]。在适用传统汽车时就饱受批评，适用于更为复杂的自动驾驶汽车就更难服众。特别是在科幻作品的影响下，自动驾驶汽车常常以一种超现实的形象出现在大众视野，法官要想借助充满主观色彩的合理期待标准来认定自动驾驶汽车产品缺陷可能面临两难质疑，即如果合理期待标准过低，会不符合现实中大众对于自动驾驶汽车产品的合理期待；如果合理期待标准过高，则会挫败生产者的积极性。消费者期待标准是一把双刃剑，这种合理期待是由行业决定的，但行业标准不一定能够界定可强制执行的消费者期待的外部界限。[④]此外，消费者期待标准无法处理明显危险的情形，这意味着自动驾驶汽车的生产者一方可能通过过度的危险警告来逃避责任。[⑤]

第二，风险效用标准的质疑。风险效用标准关注产品是否存在更加安

① 参见杨立新主编：《世界侵权法学会报告（1）：产品责任》，人民法院出版社2015年版，第68页。

② 参见［美］戴维·G.欧文：《产品责任法》，董春华译，中国政法大学出版社2012年版，第108—109页。

③ Kevin Funkhouser, Note, Paving the Road Ahead: Autonomous Vehicles, Products Liability, and the Need for a New Approach, 2013 Utah L. Rev. 437, 2013, p.456.

④ 参见［美］大卫·C.弗拉德克：《负责人缺失的机器：责任规则与人工智能》，侯贺亮、余守涛译，载赵万一、侯东德主编：《法律的人工智能时代》，法律出版社2020年版，第72页。

⑤ See K.C. Webb, Products Liability and Autonomous Vehicles: Who’s Driving Whom, 23 Rich. J.L. & Tech. 1, 2017, pp.29–30.

全的合理替代设计，如果存在合理替代设计却没有采用即存在缺陷。美国《侵权法第三次重述：产品责任》第2B节采纳了风险效用标准。相较于消费者期待标准，风险效用标准更加客观，关注的是产品设计的成本、安全以及效益的平衡。实践中，法院常常会考虑一系列因素，包括产品的有用性和合意性、产品的安全性、替代产品的可行性、特殊危险消除的成本、使用者是否可以通过谨慎使用避免风险、危险是否明显、保险或者价格分配损失的可能性。①

然而，对于自动驾驶汽车适用风险效用标准困难重重。其一，风险效用标准要求受害人举证存在一种更为安全的设计，这使得受害人举证成本更高，往往需要借助专业人士才能完成，让索赔成为一件代价高昂的事情。②在自动驾驶汽车产业发展初期，是否真的存在这样的专业人士令人存疑，即使存在这样的专业人士，要想举证更加安全的设计又谈何容易，生产者并不会主动披露算法和数据，替代设计方案无从下手。就此而言，要求受害人提出合理的替代设计以具体说明系统究竟是如何或者为什么表现不佳，以及是否本可以表现得更好，可能是对原告强加了技术和经济上的负担。③其二，风险效用标准强调成本与效益的分析，这种侧重于经济层面的分析方法，不一定适合自动驾驶汽车。自动驾驶汽车的安全问题直接危及的是广大交通参与者的生命健康，很难用单纯的成本效应来分析，系统设计的成本很难与一条条鲜活的生命进行直接对比，且成本常常可以通过产品定价转移，生产者以此抗辩缺乏合理性。

---

① 参见［美］戴维·G.欧文：《产品责任法》，董春华译，中国政法大学出版社2012年版，第165页。

② See Mythili Srinivasamurthy, Autonomous Vehicles and Complexities in Allocation of Liability, 1 Jus Corpus L.J. 360, 2021, p.365.

③ 参见冯珏：《自动驾驶汽车致损的民事侵权责任》，载《中国法学》2018年第6期。

第三节　自动驾驶汽车产品缺陷的认定可能

如上文所述，无论是国家标准、行业标准，还是不合理危险的两种测试方法，都存在各自的问题，难以很好地救济受害人。笔者认为，在自动驾驶汽车设计缺陷的认定上，可以将设计缺陷要件背后的过失元素充分挖掘，将设计缺陷要件内容由是否存在设计缺陷转向是否违反注意义务，通过判断自动驾驶系统本身是否违反特定的注意义务来认定其是否存在设计缺陷。对于注意义务的违反，具体可以通过“理性算法”标准来完成，即发生事故的自动驾驶汽车产品是否符合一个理性算法的注意义务标准，如果没有达到一个理性算法的注意义务，那么自动驾驶汽车存在产品缺陷，进而由生产者一方承担产品责任，以破除缺陷认定的障碍。理性算法标准充分考虑自动驾驶汽车的技术特征，以现有产品责任为理论基础，具有正当性和可行性。

第一，理性算法标准契合产品责任的过失属性。理性算法标准来源于理性人标准，用以判断行为人是否存在过失的问题，通常适用于过错责任当中。尽管产品责任属于无过错责任，无须对生产者的过错进行判断，但缺陷要件本身饱含过失元素，特别是设计缺陷要件。从美国司法实践来看，多年来，许多法院虽然声称已经将严格责任适用于设计缺陷案件，但实际上适用的是类似过失的责任原则。[①]在欧洲，《产品责任指令》对于设计缺陷的判断沦为风险与效用的比较，但这种比较是否真正区别于一般侵权法中的适用的对“过错”的探究也遭到了质疑。特别是对于设计缺陷，发展风险抗辩的存在很大程度上削减了其责任的严格程度，具有了更

---

① 参见冉克平：《产品责任理论与判例研究》，北京大学出版社2014年版，第88—89页。

多的过失属性。[①]设计缺陷之所以采取过错责任归责，原因在于设计阶段充满未知性，属于产品研发阶段，要求生产者承担无过错责任过于严格，只需要生产者尽到合理谨慎的态度，即满足公众对于设计安全的一般期待，这与制造缺陷中生产者脱离设计图纸存在本质的区别。故此，设计缺陷实际上暗含过失元素，即违反某种程度的注意义务。而理性算法标准将设计缺陷的判断内容由是否存在缺陷转化为是否违反特定的注意义务，如此抓住了设计缺陷问题的本质，也契合缺陷要件过失属性的特征。理性算法标准并不会改变产品责任无过错责任的性质，受害人一方仍然不需要去证明生产者一方在产品缺陷上存在过失，只是将设计缺陷背后的过失属性凸显。

第二，理性算法标准适应自动驾驶汽车的产品属性。按照《产品质量法》的规定，设计缺陷是一种非常严重的产品缺陷，意味着产品在投入流通之前就存在致命危险，同时设计缺陷的判断受到发展风险抗辩的限制，即设计缺陷的判断常常以投入流通为时间点，投入流通后存在的缺陷不属于缺陷。这一规则预设的前提是产品具有稳定性，投入流通前属于生产者控制的范畴，投入流通后属于使用人控制的范畴。然而，与传统产品不同，自动驾驶汽车等人工智能产品具有自主性和自我学习的能力，这意味着产品投入流通后究竟表现如何充满了不可预测性，同时自动驾驶汽车在投入使用后还能通过交互不断学习、升级和进化。对于自动驾驶汽车等人工智能产品算法充满的不可预测性，生产者一方需要负担特定的注意义务，这种注意义务应当是伴随产品终身的，而不应当仅仅止步于投入流通之时。再者，人工智能产品的核心是算法系统，这使得软件越来越成为设计缺陷判断的重点。而现行对于软件的使用常常

---

① 参见［英］肯·奥立芬特：《产品责任：欧洲视角的比较法评论》，王竹、王毅纯译，载《北方法学》2014年第4期。

受到拆封合同的限制，即没有任何软件是百分百完美的，只要用户拆封使用该软件时正常运行即可，服务商并不为软件崩溃或死机造成的损失负责，因为前者无法预料到缺陷带来的风险。①对此，理性算法标准具有强大的适应能力和针对性：首先，理性算法标准直击自动驾驶汽车最为核心的算法模块，重点针对算法系统本身的安全进行判断，让不合理危险的认定更为聚焦。同时对于算法系统的锁定，意味着生产者必须对产品提供持续的服务，而不仅仅止于投入流通之时，用户有权接受持续的更新和补丁服务。其次，理性算法标准强调根据具体产品、具体场景、具体行为、具体时间来具体判断，以适应自动驾驶汽车不断学习进化以及不可预测的特征。例如，汽车在出厂时自动驾驶系统为1.0版本，投入使用两年后系统升级为2.5版本，按照理性算法标准，这意味着对于这辆自动驾驶汽车产品缺陷的判断需要不断提高理性算法的注意义务标准，以便适应它不断升级的能力。最后，理性算法标准充分尊重自动驾驶系统自主性特征，将自动驾驶系统独立于生产者一方与使用人一方单独对待，看到了直接规制自动驾驶系统的必要性和可能性，符合算法日益“拟人化”的发展趋势。②

第三，理性算法标准能够有助于克服缺陷认定的困境。一方面，理性算法标准优于消费者期待标准。消费者期待标准强调以消费者对于产品的合理期待来判断产品是否存在设计缺陷，本质上属于偏主观色彩的标准，充满了不确定性和模糊性。而理性算法标准将视角对准自动驾驶汽车本身，是更为客观的标准，强调自动驾驶汽车产品在具体场景下的行为是否符合一个理性算法的注意义务标准，比较的对象是一个客观存在的理性算法形象，这比消费者不切实际的期待更为确定和客观。另一

① 参见胡凌：《人工智能的法律想象》，载《文化纵横》2017年第2期。

② See Karni Chagal–Feferkorn, The Reasonable Algorithm, 2018 U. Ill. J.L. Tech. & Pol’y 111, 2018, p.146.

方面，理性算法标准优于风险效用标准。风险效用标准强调将风险与效用相比较，受害人需要举证一种替代设计的实施会减少或者避免可预见的伤害的风险。这一标准相较于消费者期待标准更为客观，但给消费者带来了巨大的举证负担。对此，理性算法标准简化了风险效用标准，不再强求消费者举证一种更好的替代设计方案，只需要证明发生事故的自动驾驶汽车没有达到一个理性算法的注意义务即可，这种理性算法的技术水平是客观存在的，且是完全可以获取的参考样本。从这个角度来看，理性算法标准本身吸收了消费者期待标准与风险效用标准的优点，同时克服了两者存在的不足。具体来说，理性算法标准以市场上客观存在的同类型算法形象作为判断产品缺陷的参考标准，既蕴含风险效用标准中合理替代设计的要求，又不拘泥于高成本的风险效用标准，同时直接将注意义务施加给自动驾驶系统，也符合消费者合理期待的本质精神，并且更为直接高效。

第四，理性算法标准增加了受害人救济的可能。任何机械或者系统都有极限，不能百分百保证安全，一旦发生事故就认定具有结构上的缺陷或功能上的障碍是不现实的，归根结底确保何种程度的安全性才是问题所在。① 以自动驾驶汽车为例，我们不能期望自动驾驶汽车绝对不发生任何事故，这是不合理的期待。自动驾驶汽车的质量状态是非常多样的，可能存在缺陷，也可能完全没有缺陷，而更多的是处于有缺陷与没有缺陷中间，即可能存在算法瑕疵或者算法错误的情况。按照产品责任的逻辑，受害人必须证明自动驾驶汽车存在缺陷，这无疑提高了受害人求偿的门槛，也忽视了现实世界中大量存在的中间状态，即虽然存在某种程度的不合理危险，但可能并未达到异常严重的程度。对此，理性算法标准充分关注这

---

① 参见彭诚信主编，[日]弥永真生、宍户常寿编：《人工智能与法律的对话》，郭美蓉等译，郑超、郭美蓉校，上海人民出版社2021年版，第149页。

些产品缺陷的中间状态，只要自动驾驶汽车的行为不符合理性算法标准，就认定其存在不合理危险，进而需要承担责任。这样就可以把算法错误的情形纳入进来，增加受害人救济的可能性。此外，相较于消费者期待标准与风险效用标准，理性算法标准更为简易和确定，也降低了受害人求偿的难度。

第五，理性算法标准能够克服缺陷要件的负面影响。产品缺陷常常被认为是一件十分严重的事情，任何产品一旦被打上缺陷的标签，那么产品就会自动被划入不合格一栏。与此同时，考虑到设计对于产品具有规模化的影响，一旦某件产品存在设计缺陷，往往意味着一批产品都存在这样的问题。与制造缺陷诉讼仅仅涉及一件产品不同，设计缺陷诉讼质疑的是整条产品生产线上的完整性，因此其穿透了生产商规划的整个核心。[①]为此，企业常常会花费巨大时间和精力成本，聘请最好的律师和专家来阻止原告的设计缺陷主张，以避免缺陷对企业声誉带来负面影响。理性算法标准可以从两个方面破解这一困境：一是打破缺陷必定危害十分严重的固有印象，将算法瑕疵或者算法错误纳入不合理危险当中，稀释缺陷的严重程度，让公众对不合理危险有一个重新认识。二是避免缺陷必定导致一批产品下架的结果，主张针对单个的人工智能产品进行具体认定。每辆自动驾驶汽车出厂设置可能一样，但流入市场后随着使用的深入，每辆自动驾驶汽车算法性能和“性格”可能不一。一辆自动驾驶汽车在这一场景下发生事故，并不意味着同批次的其他自动驾驶汽车都会发生事故。这意味着需要区分算法缺陷与算法错误，[②]没有算法缺陷的自动驾驶汽车产品也可能出现算法错误，出现算法错误的自动

---

① 参见［美］戴维·G.欧文：《产品责任法》，董春华译，中国政法大学出版社2012年版，第159页。

② 参见胡凌：《人工智能的法律想象》，载《文化纵横》2017年第2期。

驾驶汽车产品不一定就是算法缺陷，但无论是算法缺陷还是算法错误，如果危及人身财产安全，都应当被认定为不合理危险，纳入产品责任的调整范围。

第六，理性算法标准适用具有切实可行性。理性算法标准以过失责任中的理性人为蓝本，是切实可行的。对于传统汽车来说，驾驶人操控汽车的运行，汽车是驾驶人的工具，法律以理性人标准对驾驶人提出了注意义务的要求，以确保汽车的安全运行。而对于自动驾驶汽车来说，算法系统取代了驾驶人，驾驶人的角色让位于算法系统，那么传统针对驾驶人的理性人标准就需要让位于针对算法系统的理性算法标准。与此同时，理性算法标准相较于理性人标准更为客观和直接。例如，一辆自动驾驶汽车在距离障碍物150米远时来不及刹车发生事故。对此，如果市场上大多数同类型的自动驾驶系统在同样的速度、道路环境下都能在100米远就完成刹车避撞，那么发生事故的自动驾驶系统的表现就不符合理性算法标准。而自动驾驶系统的反应时间和刹车性能都是客观的，理性算法标准的运用完全是可能的。[①]此外，这种理性算法标准是客观存在的，且易于获得。特别是当自动驾驶汽车相当普及的情况下，就会存在一个合理的自动驾驶汽车水平。此时，低于这一水平的自动驾驶汽车则会被认定存在缺陷。[②]需要注意的是，理性算法标准不同于强制性标准，国家标准、行业标准常常具有滞后性、一般性的特点，而理性算法标准并不是一成不变的，具有相当的灵活性。

---

① See Ryan Abbott, The Reasonable Computer: Disrupting the Paradigm of Tort Liability, The George Washington Law Review 1, 2018, pp.37–38.

② 参见彭诚信主编，[日]弥永真生、宍户常寿编：《人工智能与法律的对话》，郭美蓉等译，郑超、郭美蓉校，上海人民出版社2021年版，第149页。

第四节　自动驾驶汽车产品缺陷的具体认定

一、理性算法标准的适用

理性算法标准的具体适用需要考虑具体场景，强调在具体场景中去判断自动驾驶汽车是否存在不合理危险。

（一）理性算法标准的适用范围

第一，理性算法标准仅适用于设计缺陷的判断，并不适用于制造缺陷与警示缺陷。一方面，制造缺陷指的是产品本身背离了设计图纸，从而使得产品存在不合理危险，生产者一方需要对此负担无过错责任，无须适用理性算法标准。另一方面，警示缺陷指的是生产者一方没有以适当方式向消费者说明产品的使用方法以及危险防止方面应注意的事项，从而导致产生不合理危险，这种责任也有过失的性质，但针对的是生产者一方，适用理性人标准即可，无须适用理性算法标准。

第二，理性算法标准在设计缺陷判断中的位置。理性算法标准并非设计缺陷判断的唯一标准，技术标准仍然是基本标准，理性算法标准只是判断不合理危险的一种方法。第一步，确定造成事故的自动驾驶汽车是否符合国家标准、行业标准，如果不符合即存在不合理危险；第二步，如果符合国家标准、行业标准，或者没有国家标准、行业标准，那么就需要检验造成事故的自动驾驶汽车是否达到了一个理性算法所应达到的注意义务，违反理性算法标准即存在产品缺陷。

（二）理性算法标准的参考标准

无论是消费者期待标准，还是风险效应标准，都是在为产品安全提供合理的参考对象。理性算法标准的适用同样需要确定一个参考标准。

第一，理性算法形象的勾勒。理性人并非一个理想或者完美的人，而是一个共同体的普通成员。①同样，对于自动驾驶汽车来说，理性算法标准提出的参考对象是市场上同类自动驾驶汽车的技术水平，这种技术水平不要求是行业内最顶尖的技术水平，但一定是行业内平均可以达到的技术水平。对于自动驾驶汽车，由于没有使用人实际参与汽车的运行，法院审查的重点是汽车是否表现得如同它的程序应该呈现的那样，法院可能询问事故中肇事的汽车是否达到了大多数其他自动驾驶汽车所能达到的标准。②如果其他厂商生产的汽车在类似情形下做出了同样的应对措施，则产品不存在缺陷，如此可以减少产品缺陷认定标准难以把握的风险。③

第二，理性人标准的补白。理性算法标准脱胎于理性人标准，但并不等同于理性人标准。一辆自动驾驶汽车是否存在不合理危险，不能将其与使用人的水平进行简单比较，两者不存在直接可比性，以使用人的水平来要求自动驾驶汽车的安全程度违反了自动驾驶技术的初衷。但使用人的水平可以作为判断理性算法标准的一个参考因素，原因在于人工智能本身模拟的就是人类的智能。如果一辆自动驾驶汽车在天气、路况等都没有任何问题的情况下，失控撞上一个棵树，造成了一个理性的使用人都不会发生的事故损害，那么可以直接认定自动驾驶汽车不符合理性算法标准。换言之，自动驾驶系统的表现要比一般人类驾驶员更加安全才更加合理，理性

---

① 参见叶金强：《侵权过失判断之中的理性人标准的建构》，载《中德法学论坛》2010年第8期。

② 参见［美］大卫·C.弗拉德克：《负责人缺失的机器：责任规则与人工智能》，侯贺亮、余守涛译，载赵万一、侯东德主编：《法律的人工智能时代》，法律出版社2020年版，第68页。

③ 参见孙建伟、袁曾、袁苇鸣：《人工智能法学简论》，知识产权出版社2019年版，第87页。

算法标准通常应当高于理性人标准。[①]当然，理性算法标准并不要求自动驾驶汽车的所有表现都全面超越人类驾驶员，在驾驶的舒适度、网络安全以及应对突发事件等方面，自动驾驶汽车很可能不如人类驾驶员。

（三）理性算法标准的具体适用

第一，车辆类型。理性算法标准强调将发生事故的自动驾驶汽车与相同或者类似功能的自动驾驶汽车进行比较，如此才能得出合理的结论。这一点与消费者期待标准和风险效用标准本质上是相同的。一方面，不同智能等级的自动驾驶汽车安全水平不同，参照的算法形象也不一样。对于有条件自动驾驶汽车，理当对比其他有条件驾驶汽车的安全水平，而对于高度自动驾驶汽车、完全自动驾驶汽车对比的是同等级的自动驾驶汽车。有观点就指出，相较于有条件自动驾驶，由于高度自动驾驶与完全自动驾驶阶段，用户需要完全信任自动驾驶系统，故此需要适用极其谨慎的标准。[②]另一方面，不同用途的自动驾驶汽车安全水平要求也不相同，需要构建的算法形象也要相应调整。在*Bittner v. Am. Honda Motor Co.*案中，被告本田公司试图通过与雪地摩托车、普通摩托车等休闲类汽车的比较分析来捍卫自己公司的全地形车的安全性，但这种比较被法院排除在外。因此，正如大型轿车的生产者不能通过与紧凑型小汽车的比较分析来捍卫车辆的安全性能一样，自动驾驶汽车的生产者也不能通过与传统汽车或者不同用途的自动驾驶汽车进行比较来抗辩车辆的安全性。[③]

---

① See Karni Chagal-Feferkorn, The Reasonable Algorithm, 2018 U. Ill. J.L. Tech. & Pol’y 111, 2018, p.145.

② See Ryan J. Duplechin, The Emerging Intersection of Products Liability, Cybersecurity, and Autonomous Vehicles, 85 TENN. L. REV. 803, 2018, p.845.

③ See Gary Marchant & Rida Bazzi, Autonomous Vehicles and Liability: What Will Juries Do, 26 B.U. J. Sci. & TECH. L. 67, 2020, p.97.

第二，危险类型。从危险类型来看，自动驾驶汽车的危险包括已知危险与未知危险。对于已知危险而言，由于危险在自动驾驶汽车上路前已经充分暴露过，那么自动驾驶汽车应当有足够的应对能力，理性算法标准相应地也应当更加严格。而对于未知危险，由于危险类型不可预见，自动驾驶汽车上路前无法完成全部验证，要求自动驾驶汽车对这类危险具备良好的应对能力可能并不现实，理性算法标准也应当相应地调低。此时，如果自动驾驶汽车符合理性算法标准依然发生事故造成损害，则需要法律和政策的支持，如事故责任保险的救济。

二、缺陷认定的辅助规则

（一）国家标准、行业标准的完善

对于汽车行业来说，汽车的信息化、智能化是一种趋势，相关国家标准、行业标准需要尽快完善。以机械化、电气化为基础的传统汽车，更加强调功能安全，而对于自动驾驶汽车来说，还需要注意预期功能安全与网络安全。《智能网联汽车生产企业及产品准入管理指南（试行）》（征求意见稿）以及《关于加强智能网联汽车生产企业及产品准入管理的意见》都明确要求自动驾驶汽车产品满足功能安全、预期功能安全、网络安全等过程保障要求。

第一，功能安全标准，主要解决自动驾驶系统的功能异常引发的不合理危险，在自动驾驶系统出现故障时，能够迅速启动保护或者采取纠正措施，防止发生危险事件。对于自动驾驶汽车来说，算法和数据模块的加载使得汽车高度软件化，同时各种传感器、控制器、执行器的加载也加大了保障硬件安全的难度，如何确保系统软件硬件的功能安全变得越来越重要，需要更新与之匹配的国家标准、行业标准。

第二，预期功能安全标准，主要解决因为自动驾驶汽车系统预期功能或者实现不足产生的不合理危险。由于传感系统和复杂算法的引入，自动驾驶汽车很可能出现没有系统故障却无法实现预期功能的情况，即预期功能安全问题，其主要来源为“系统性能局限及人为误操作”，如异常天气导致感知系统无法发挥预期功能、异常的道路环境超出算法识别能力、人机交互操作中人为误触引发系统混乱等。在《道路车辆预期功能安全》的影响下，我国也正在推动智能网联汽车预期功能安全标准的制定。

第三，网络安全标准，主要确保自动驾驶汽车电子电气系统、组件和功能处于安全状态。自动驾驶汽车的信息化使得数据传输变得高频，系统必须与外界进行信息交互，这既为自动驾驶汽车的高度智能提供了助力，也产生了网络攻击的危险。2019年6月，联合国世界车辆法规协调论坛通过的《自动驾驶汽车框架文件》明确提出，“基于已建立的网络车辆物理系统最佳实践方案，自动驾驶汽车应当免受网络攻击”。2021年7月，《汽车数据安全管理若干规定（试行）》针对汽车数据安全做了规定，其中第5条明确，“利用互联网等信息网络开展汽车数据处理活动，应当落实网络安全等级保护等制度，加强汽车数据保护，依法履行数据安全义务”。

（二）警示义务的重视

警示缺陷主要是指生产者未就产品风险进行警示，从而让产品的使用产生了不合理危险。设计缺陷对于提升自动驾驶汽车产品安全固然重要，但充分的警示在某些情况下可以降低产品使用者受伤的可能性。[①]当前，不少生产者对于汽车的自动驾驶功能并未尽到全面真实的警示，导致使用人在使用时产生了不合理危险。如果企业生产的是辅助功能的汽车却宣称

---

① 参见［美］小詹姆斯·A.亨德森、理查德·N.皮尔森、道格拉斯·A.凯萨、约翰·A.西里西艾诺：《美国侵权法：实体与程序》（第七版），王竹、丁海俊、董春华、周玉辉译，北京大学出版社2014年版，第491页。

是自动驾驶汽车，或者生产的是有条件自动驾驶汽车却宣传是高度自动驾驶汽车，那么这种警示义务的违反将会增加产品使用的不合理危险，导致原本可以避免的事故频繁发生。[①]特别是对于自动驾驶汽车来说，汽车的已知危险与未知危险都相较传统汽车更多，生产者的警示义务显得非常重要。《关于加强智能网联汽车生产企业及产品准入管理的意见》就要求生产者履行警示义务，包括明确告知车辆功能及性能限制、驾驶员职责、人机交互设备指示信息、功能激活及退出方法和条件等信息。

（三）跟踪观察义务的补充

根据《民法典》第1206条的规定，生产者负有跟踪观察义务，对于产品投入流通后发现存在缺陷的，应当采取停止销售、警示、召回等补救措施。对于自动驾驶汽车来说，生产者的跟踪观察义务更为重要，因为自动驾驶汽车本身就具有自主性与自我学习能力，能够持续升级迭代。为此，我们需要特别强调生产者的跟踪观察义务。对于自动驾驶汽车而言，跟踪观察义务需要予以更新：其一，义务类型。跟踪观察义务分为积极的跟踪观察义务和消极的跟踪观察义务。[②]对于自动驾驶汽车来说，积极的跟踪观察义务主要通过提供持续的系统服务与分析汽车数据记录系统来实现，而消极的跟踪观察义务则主要包括事故以及负面评价事件。其二，补救措施。对于自动驾驶汽车来说，需要根据产品缺陷的严重程度采取相应的措施。从理性算法标准出发，产品缺陷可能是整批汽车都存在非常严重的算法缺陷，也可能是单一汽车偶发式的算法错误或者算法瑕疵。前者意味着自动驾驶系统存在功能安全问题，需要采取召回措施；后者很可能是

① 参见郑志峰：《车企要避免夸大宣传辅助驾驶功能》，载《法治日报》2021年8月25日，第5版。

② 参见冉克平：《产品责任理论与判例研究》，北京大学出版社2014年版，第160页。

发生了偶发性的预期功能安全事件，并不需要大规模召回，采取在线升级等打补丁的方式则更为经济。

第五节　小　结

相较于机动车交通事故责任，产品责任在解决自动驾驶汽车事故责任方面更具共识和优势，能够从产品前端直接督促生产者改进技术提升自动驾驶汽车的安全性能，同时生产者也具有更强的赔偿能力和风险分散能力。但产品责任的适用并不容易，产品缺陷的认定存在法律和技术层面的诸多障碍。为此，本章提出理性算法标准，试图解决自动驾驶汽车设计缺陷的认定难题。在产品缺陷判断上，我国《产品质量法》确立的技术标准和不合理危险的二元标准对于高度技术合成和高度智能化的自动驾驶汽车具有明显的不适应性。[①]对此，可以通过理性算法标准来缓解自动驾驶汽车算法系统带来的挑战。同时，理性算法标准对于其他人工智能应用场景也有重要意义。为更好地应对人工智能产品缺陷的认定，未来宜通过修订《产品质量法》或者通过司法实践来总结并更新理性算法的具体认定规则。

当然，产品责任并不能解决自动驾驶汽车引发的全部损害问题，存在产品无缺陷却引发事故的情形。同时产品责任具有成本高、时间长等不足，为此需要机动车交通事故责任予以补充。对于产品责任与机动车交通事故责任如何协调的问题，笔者认为，从充分救济受害人的角度出发，应当灵活理解《道路交通事故损害赔偿司法解释》第9条，由两者承担不真正连带责任，在自动驾驶汽车发生交通事故后，受害人既可以向使用人

---

① 参见王乐兵：《自动驾驶汽车的缺陷及其产品责任》，载《清华法学》2020年第2期。

一方主张机动车交通事故责任，也可以向生产者主张产品责任。从鼓励产业发展以及保护消费者的角度出发，使用人一方承担机动车交通事故责任后，理当可以向生产者一方追偿，除非使用人一方存在过错。

总而言之，无论何种责任规则，都应当平衡各方利益，在充分救济受害人的同时，充分考虑技术革新的动力，保护消费者的合法权益，唯有如此才能促进自动驾驶汽车产业的发展，造福整个社会。从这一角度出发，机动车交通事故责任与产品责任各有优劣，两者配合在一定程度上可以缓解受害人的救济问题，但仍然存在侵权责任固有的局限，对受害人救济不及时不充分，对生产者一方和使用人一方激励不足。对此，为自动驾驶汽车配套相应的责任保险制度是一条不错的折中路径。

第六章 自动驾驶汽车的责任保险

新技术的发展往往伴随着新风险，保险正是分散风险行之有效的一种方式。尽管自动驾驶汽车可以大幅减少交通事故的发生，但并不意味着绝对的安全。特别是考虑到自动驾驶汽车的网联特征，一旦网络安全遭受入侵，造成的损害后果不堪设想。[①]面对自动驾驶汽车引发的事故责任问题，机动车交通事故责任与产品责任无疑具有重要的作用，但这种侵权法路径也存在诸多不足，需要配合保险制度来发挥最大的效果。事实上，各国对于自动驾驶汽车事故责任的解决方案，都可以看到责任保险的身影。例如，英国专门出台《自动化与电动化汽车法案》，为自动驾驶汽车事故责任的承担打造升级版的保险规则。德国《自动驾驶法案》修订了原有的《强制保险法》，要求自动驾驶汽车的保有人购买保险。韩国也修订了《机动车事故赔偿保证法》，明确保险公司、生产者、车主各方的责任，并专门配套了事故委员会制度。显然，责任保险对于解决自动驾驶汽车引发的侵权责任问题具有重要意义。

我国学者也普遍认为，责任保险对于自动驾驶汽车行业发展至关重要。责任保险旨在分散损失，并直接保障受害者获得一定的赔偿，有助于提高自动驾驶系统在社会中的接受程度，也为生产者减轻一定的负担，从而为技术创新创造更多的空间。[②]与此同时，许多学者也提到自动驾驶汽

① 参见景荻：《自动驾驶汽车侵权责任研究》，西南政法大学2019年博士学位论文。

② 参见许中缘：《智能汽车侵权责任立法——以工具性人格为中心》，载《法学》2019年第4期；张力、李倩：《高度自动驾驶汽车交通事故侵权责任构造分析》，载《浙江社会科学》2018年第8期；冯洁语：《人工智能技术与责任法的变迁——以自动驾驶技术为考察》，载《比较法研究》2018年第2期。

车对于当前汽车保险行业提出了不少挑战，如何基于当前我国汽车保险框架构建适合自动驾驶汽车的保险责任体系也是学界关注的重点。[①]为此，本章将分析自动驾驶汽车对于现行汽车保险制度带来的挑战，考察各国为适应自动驾驶汽车所做的保险革新，在此基础上，构建一套本土化的责任保险之策。

第一节　责任保险对于自动驾驶汽车的意义

一、自动驾驶汽车责任保险的必要性

（一）促进行业的发展

从历史上看，航空、核能、疫苗、汽车等新兴行业的发展都显示了责任保险配套的重要性。例如，疫苗行业的健康发展就离不开责任保险机制的创新。20世纪下半叶，美国曾经出现了两次疫苗事故侵权的诉讼浪潮，一次是50年代的小儿麻痹疫苗（Polio Vaccine）事故，一次是70年代的白喉、百日咳、破伤风疫苗（Diphtheria Pertussis Tetanus, DPT）事故。[②]迫于诉讼带来的巨大压力，许多全国性的疫苗制造商纷纷撤出疫苗市场，最后导致疫苗价格翻倍，疫苗行业萎靡不振，公众健康受损。随后，美国政府1986年通过《国家儿童疫苗损害赔偿法》，构建了一套适应疫苗行业特

① 参见于海纯、吴秀：《自动驾驶汽车交通事故责任强制保险制度研究——一元投保主体下之二元赔付体系》，载《保险研究》2020年第8期；韩旭至：《自动驾驶事故的侵权责任构造——兼论自动驾驶的三层保险结构》，载《上海大学学报（社会科学版）》2019年第2期。

② 参见郑志峰：《自动驾驶汽车的交通事故侵权责任》，载《法学》2018年第4期。

点的责任保险机制，才有了后续疫苗行业的长足发展。[①]又如，传统汽车的崛起与普及也离不开责任保险的支持。在所有的工业化国家，交通事故都是一种严重危害社会安定和公众生命安全、身体健康的社会性灾难，是造成他人人身和财产损害的主要原因。[②]为此，各国都建立了较为完备的机动车责任保险制度，这才有了今日繁荣的汽车社会。

同样，以自动驾驶汽车为代表的人工智能技术，是典型的高风险与高收益并存的行业，亟需责任保险制度的保驾护航。欧盟2017年《机器人技术民事法律规则》就指出，对日益自主智能的机器人进行法律责任分配是一个复杂的问题，一个可能的解决方案便是建立适用于智能机器人的强制保险制度。[③]对于自动驾驶汽车行业来说，责任保险尤其不可或缺。一方面，过去的经验表明，机动车每年都会引发严重的交通事故，没有责任保险的配套，传统汽车行业不可能发展得如此繁荣。另一方面，近年来自动驾驶汽车接连不断地发生事故，让整个行业都受到质疑，特别是Uber公司自动驾驶汽车在公共道路上撞击行人致死事件，更是让整个自动驾驶汽车行业冲上风口浪尖。[④]考虑到自动驾驶汽车的高度风险属性，直接与人们的生命财产安全息息相关，更加需要责任保险的保驾护航。

---

① See Caitlin Brock, Where We're Going, We Don't Need Drivers: The Legal Issues and Liability Implications of Autonomous Vehicle Technology, 83 Umkc Law Rev. 769, 2014, pp.782–787.

② 参见黄本莲：《事故损害分担研究——侵权法的危机与未来》，法律出版社2014年版，第256—257页。

③ See Civil Law Rules on Robotics—European Parliament resolution of 16 February 2017 with recommendations to the Commission on Civil Law Rules on Robotics (2015/2103 (INL)), European Parliament, 2017, paragraph 57.

④ 参见曹建峰：《全球首例自动驾驶汽车撞人致死案法律分析及启示》，载《信息安全与通信保密》2018年第6期。

（二）增强公众的信心

产业的发展离不开公众的支持。对于自动驾驶汽车行业来说，经历了近百年的探索，当下正处于大规模商业化落地的关键阶段，如何增强公众的信任感是至关重要的，而关键就在于自动驾驶汽车的风险是否可控。相较于其他人工智能应用，自动驾驶汽车特别需要责任保险机制来分散风险，向公众传递安全信号。一方面，自动驾驶汽车保留了传统汽车固有的物理风险，即以一台庞大的钢铁车身在公开的道路上高速移动，这种高质量、高速度的物体带来的动能本身就蕴含巨大的风险，这一点在自动驾驶汽车身上不会有本质改变。另一方面，自动驾驶汽车又兼具人工智能的技术属性，这意味着车辆日益数据化、算法化、网络化、智能化，受到网络和数据攻击的可能性随之陡增。①只要我们看看周围常见的电子产品就知道，软件漏洞以及故障几乎是不可避免的。与此同时，人类驾驶员的退出让自动驾驶汽车看上去更加不受控制，如何说服消费者购买使用自动驾驶汽车，以及其他公众能否接受自动驾驶汽车上路运行，是一道难题。

责任保险可以支持消费者对自动驾驶汽车的信心，对司机、乘客和其他人员至关重要。②对此，欧盟2020年《关于人工智能系统运行的责任立法倡议》就指出："责任风险是界定新技术、产品和服务成功与否的关键因素之一，对于确保公众相信新技术是必不可少的，并要求对于自动驾驶汽车这种高风险人工智能系统应当强制覆盖责任保险。"③对于自动驾驶汽车来说，配套的责任保险会给公众释放一个强烈的信号：一是保险行业对

---

① 参见柴占祥、聂天心、[德] Jan Becker编著:《自动驾驶改变未来》，机械工业出版社2017年版，第122—123页。

② 参见邢海宝:《智能汽车对保险的影响：挑战与回应》，载《法律科学（西北政法大学学报）》2019年第6期。

③ European Parliament, Draft Report with Recommendations to the Commission on a Civil liability Regime for Artificial Intelligence, 2020, paragraph 18.

于自动驾驶汽车行业充满信心，愿意为自动驾驶汽车这一新产品承保，间接地向公众传递一个信号，即自动驾驶汽车的风险是可控的；二是责任保险的存在弥补了人类驾驶员的缺失，让无人驾驶的自动驾驶汽车看上去更具责任感，即使自动驾驶汽车失控造成损害，也会有责任保险来兜底买单，打消消费者和其他交通参与者的后顾之忧。此外，责任保险的存在，至少从公共政策的角度来看，也使得损害的发生更好地被公众接受。①

（三）更好救济受害人

相较于侵权责任路径，责任保险在救济受害人方面扮演着更为重要的角色。有观点就指出，“从被保险人的角度看，责任保险是一种保护装置。但从受害人的角度看，责任保险是一种重要的确保受到他人侵权伤害的人获得补偿的方式。认为侵权法是确保事故受害人获得赔偿的主要工具是一种误解，把保险作为支付赔偿的主要手段，把侵权法视为这一过程的次要部分则更为准确”②。特别是对于交通事故来说，责任保险制度占据着较大比重。对此，我们从传统汽车身上就可以看到这一点。例如，我国《道路交通安全法》第76条第1款规定：“机动车发生交通事故造成人身伤亡、财产损失的，由保险公司在机动车第三者责任强制保险责任限额范围内予以赔偿；不足的部分，按照下列规定承担赔偿责任……”《民法典》第1213条进一步规定：“机动车发生交通事故造成损害，属于该机动车一方责任的，先由承保机动车强制保险的保险人在强制保险责任限额范围内予以赔偿；不足部分，由承保机动车商业保险的保险人按

---

① 参见［德］马库斯·毛雷尔、［美］J.克里斯琴·格迪斯、［德］芭芭拉·伦茨、［德］赫尔曼·温纳主编：《自动驾驶：技术、法规与社会》，白杰、黄李波、白静华译，机械工业出版社2021年版，第453页。

② ［英］彼得·凯恩：《阿蒂亚论事故、赔偿及法律》，王仰光、朱呈义、陈龙业、吕杰译，中国人民大学出版社2008年版，239页。

照保险合同的约定予以赔偿；仍然不足或者没有投保机动车商业保险的，由侵权人赔偿。”从这两个条文就可以看出，责任保险在解决传统汽车交通事故责任分担方面充当着排头兵的角色，为绝大部分事故责任的赔偿提供了解决渠道。

具体到自动驾驶汽车身上，责任保险对于受害人救济的意义更大。一方面，责任保险救济门槛更低。无论是依据交通事故责任，还是产品责任，受害人想要寻求赔偿都需要负担举证责任，或证明使用人具有驾驶过错，或举证产品存在缺陷以及因果关系，这对于受害人来说都是十分困难的。与此同时，自动驾驶汽车引发的交通事故很大一部分可能都是小事故，通过侵权责任寻求赔偿可谓费力不讨好。[①]相比较之下，责任保险的触发具有低门槛的优势，可以更好地救济受害人。另一方面，责任保险具有高效率的特征，能够在交通事故发生后的第一时间，为受害人提供基础的保障。考虑到自动驾驶汽车责任分担的复杂性，无论受害人是提起交通事故责任之诉，还是产品责任之诉，一定是十分漫长和困难的过程。对于情况紧急的受害人来说，时间就是生命，侵权责任效率低下的劣势暴露无遗。相反，责任保险可以第一时间为受害人雪中送炭，解决受害人最需要的医疗费、护理费等赔偿需求，在受害人救济方面具有独到的优势。

（四）减轻企业的压力

自动驾驶汽车的责任问题不仅对于受害人来说至关重要，对于生产销售自动驾驶汽车的企业也有特殊的意义。欧盟《关于人工智能系统运行的责任立法倡议》就指出，“责任问题对于企业来说是一种财务风险，将对中小型企业以及初创企业在基于新技术的项目提供保险和融资方面的能力

---

① 参见郑志峰：《自动驾驶汽车的交通事故侵权责任》，载《法学》2018年第4期。

和选择产生重大影响。因此，法律责任的目的不单只是为了保障个人在法律上的重要权利。这种责任也是决定企业，特别是中小型企业和初创企业是否有能力筹集资金、创新和最终提供新产品和服务"[①]。自动驾驶汽车作为一种新技术"物种"，其成熟需要一个漫长的过程，在此期间必定会存在产品安全不足引发事故的风险。面对事故责任的发生，企业也背负着巨大的压力，这种压力包括法律、舆论、财务等各个方面，大量的持续的诉讼给企业带来负面的影响，直接影响企业的融资能力、经营能力。相对于法律责任，许多时候风评的恶化会给企业的存亡带来更大的影响，[②]甚至会成为压垮企业的最后一根稻草。

对于自动驾驶汽车行业来说，要特别警惕事故责任给企业带来的负面影响。例如，2018年Uber公司自动驾驶汽车致人死亡事件发生后，Uber公司直接关闭了亚利桑那州自动驾驶测试中心，裁掉300名员工。随后，Uber公司又关停了无人驾驶卡车研发业务。2020年年底，Uber公司更是将自动驾驶部门出售给了竞争对手，正式宣布放弃自动驾驶技术的研发工作。[③]这一系列连锁反应充分体现了自动驾驶汽车行业的高风险特征，长时间高昂成本的投入，缓慢的商业落地进度，安全风险无处不在，让企业不得不畏手畏脚。对此，一方面，我们要通过法律责任来约束企业，激励其革新技术，提升自动驾驶汽车的产品性能。另一方面，我们需要为企业适当减负，防止过重的责任负担，阻碍企业的成长与发展，最终导致全社会无法受益。责任保险就是非常好的风险分散工具，可以为企业减轻责任

---

① European Parliament, Draft Report with Recommendations to the Commission on a Civil liability Regime for Artificial Intelligence, 2020, paragraph 18.

② 参见［日］福田雅树、林秀弥、成原慧主编:《AI联结的社会：人工智能网络化时代的伦理与法律》，宋爱译，社会科学文献出版社2020年版，第265页。

③ See Patrick McGee & Dave Lee, Uber abandons effort to develop own self-driving vehicle, Financial Times, December 8, 2020.

压力，免于面对给其经济利益造成危险的诉讼。[①]如此一来，企业便可以更加专注于自动驾驶汽车的技术革新。

二、自动驾驶汽车责任保险的可行性

（一）传统汽车责任保险的经验

追求速度是人类古老的愿望。汽车的发明，让人们尝到了甜头，但速度带来的财产损失和人身意外也让他们忧心忡忡——汽车保险有了市场的需求。[②]虽然自动驾驶汽车属于新技术"物种"，但责任保险并非新鲜事物，而汽车保险更是有近百年的历史。早在1896年，英国法律事故保险公司就首先开办了汽车保险，成为国际汽车保险的第一人。1906年，英国成立了汽车保险有限公司，具备了现代汽车保险的基本框架。随后，各国大力发展汽车产业，汽车成为人们日常生活和工作的普通消费品，成千上万辆汽车走上公共道路。与此同时，汽车也带来了大量的交通事故，汽车保险逐渐成为共识。

当前，我国汽车保险行业已经非常发达，相关的法律法规也很完备，已经出台了《道路交通安全法》《保险法》《机动车交通事故责任强制保险条例》等法律法规，建立了较为完善的机动车责任保险框架。虽然自动驾驶汽车不同于传统汽车，但现有的责任保险体系仍然可以提供很好的经验。第一，自动驾驶汽车与传统汽车具有延续性，两者并非非此即彼的两个事物，事实上未来的自动驾驶汽车很可能同时存在自动驾驶与手动驾驶

---

① 参见［奥］伯恩哈德·A.科赫、赫尔穆特·考茨欧主编：《比较法视野下的人身伤害赔偿》，陈永强等译，中国法制出版社2012年版，第489页。

② 参见王薇：《汽车保险早期发展脉络（一）》，载《中国保险报》2012年2月7日，第5版。

两种功能，这意味着自动驾驶汽车同时具有传统汽车的属性，现有的汽车保险框架仍然有适用余地。第二，虽然自动驾驶汽车不同于传统汽车，汽车不再由人类驾驶员驾驶，但自动驾驶汽车仍然属于机动车的范畴，现行机动车责任保险的基础并未消失。第三，现行机动车责任保险框架是非常灵活的，包括交强险和机动车商业险，特别是机动车商业险具有强大的适应能力，能够及时顺应自动驾驶汽车的发展，提供针对性的保障。

（二）自动驾驶汽车保险责任的尝试

除了现行汽车保险制度提供的经验外，围绕自动驾驶汽车进行的责任保险尝试也在持续进行中。早在2011年，内华达州允许谷歌公司自动驾驶车队上路测试时，就要求谷歌公司必须为测试车辆购买足额的保险。随后，各国对于自动驾驶汽车的道路测试，都无一例外地要求测试主体必须购买保险。我国2018年《智能网联汽车道路测试管理规范（试行）》第9条同样要求测试主体提供交通事故责任强制险凭证，以及每车不低于500万元人民币的交通事故责任保险凭证或不少于500万元人民币的自动驾驶道路测试事故赔偿保函。随后2021年《智能网联汽车道路测试与示范应用管理规范（试行）》也延续了这一规定。

与此同时，各国也在针对自动驾驶汽车商业化阶段的责任保险进行探索。例如，2016年6月，英国阿德里安·夫勒克斯（Adrian flux）公司就率先推出针对自动驾驶汽车的保险业务，成为全球保险行业针对自动驾驶汽车的首次尝试。[①]随后，英国专门出台《自动化与电动化汽车法案》，为自动驾驶汽车交通事故打造升级版的保险规则。此外，美国、日本、韩国、德国都在积极推进适应自动驾驶汽车技术特征的保险制度。

---

① 参见柴占祥、聂天心、［德］Jan Becker编著：《自动驾驶改变未来》，机械工业出版社2017年版，第149页。

第二节 自动驾驶汽车的责任保险挑战

一、自动驾驶汽车是否会终结汽车保险行业

（一）自动驾驶汽车对于汽车保险行业的冲击

汽车保险是保险业的支柱之一。根据摩根士丹利和波士顿咨询公司的研究，汽车保险每年为全球各大保险公司带来了约2600亿美元的保费收入、170亿美元的利润。他们估计，汽车保险业的市场价值高达约2000亿美元。同样，汽车保险市场也是我国财产保险公司市场份额的最主要部分，过去10年的占比均超过整体非寿险市场的70%。[①]虽然自动驾驶汽车行业的发展离不开保险行业的支持，但需要追问的是，如果自动驾驶汽车足够安全，为汽车购买保险是否仍有必要？汽车保险行业是否会因此消亡？对此，业界似乎并不乐观。

早在2016年，股神沃伦·巴菲特（Warren Buffett）接受采访，当被问及自动驾驶技术是否会成为汽车保险行业的一个麻烦时，他回答道："答案是肯定的。我认为这会是一个漫长的过程，但是结果是毫无疑问的。能够让汽车更安全的东西对社会是有益的，但是对汽车保险业来说却是个坏消息。"[②]毕马威事务所的报告指出："由于自动驾驶汽车更为安全，美国汽车保险行业将在25年内缩水60%。"[③]而著名的保险公司辛辛那提金融

① 参见许闲：《自动驾驶汽车与汽车保险：市场挑战、重构与应对》，载《湖南社会科学》2019年第5期。

② 柴占祥、聂天心、［德］Jan Becker编著：《自动驾驶改变未来》，机械工业出版社2017年版，第148页。

③ Rosalie L. Donlon, Autonomous Vehicles Could Shrink U.S. Personal Auto Insurance Sector by 60%, Property Casualty, Oct 22, 2015.

（Cincinnati Financial）在一份报告中也说道："自动驾驶汽车等新技术的出现，可能大幅减少消费者对于汽车保险产品的需求。"[①]此外，通用公司退休的执行官劳伦斯·伯恩斯（Lawrence Burns）教授也表示："自动驾驶汽车不再像传统汽车那样频繁发生事故，事故也不会那么严重，汽车保险行业的好日子到头了。"[②]

保险行业对于自动驾驶汽车的担忧并非毫无道理。保险经营的本质在于可以对风险进行转移，汽车安全性能的提高将降低风险，进而缩小市场需求和规模。[③]可以预见的是，随着汽车越来越安全，人们缴纳保费的意愿将会逐渐降低，保险公司将会逐渐发现汽车保险不再是以往那样的摇钱树，甚至可能关闭他们的汽车保险部门，这并非不可想象。

（二）自动驾驶汽车不会终结汽车保险行业

笔者认为，自动驾驶汽车不会终结保险行业，相反更加需要责任保险的保驾护航。

第一，完全自动驾驶汽车短期内难以实现，即使是高度自动驾驶汽车也有很长的路要走。从汽车发展史来看，一项新安全技术的采用与普及并不是一件容易的事。例如，自适应巡航控制、并线辅助系统等都是早已成熟的汽车安全技术，但目前市场上只有少部分汽车配备了上述技术。对此，美国高速公路安全保险学会的发言人拉斯·雷德（Russ Rader）先生说道："一项新安全技术想要在汽车行业普及开来需要非常长的时间。即

---

① Willie D. Jones, Will Self-Driving Cars Crash the Insurance Industry?, IEEE, Mar.12, 2015.

② Jeff McMahon, Driverless Cars Could Drive Car Insurance Companies Out of Business, Forbes, Feb.19, 2016.

③ 参见许闲：《自动驾驶汽车与汽车保险：市场挑战、重构与应对》，载《湖南社会科学》2019年第5期。

使是一项政府强制安装的新技术，也需要30年的时间才能普及到95%以上的车辆。”[①]这意味着，即便自动驾驶汽车投入市场，离真正的零交通事故愿景仍然有很长一段距离。

第二，自动驾驶汽车在减少交通事故的同时，也带来了新的安全风险。日常生活中，电脑和应用程序崩溃的情形随处可见，甚至是以稳定安全著称的股票交易系统也常常出现“闪电崩盘”。[②]与这些程序相比，自动驾驶系统的算法程序更为庞大复杂，其崩盘可能性更大。而鉴于算法程序的知识产权属性，它们很可能不会公开接受检查和修正。[③]与此同时，自动驾驶汽车普遍采用车与车（V2V）、车与道路基础设施（V2I）等网联技术，一个小的系统问题可能都会导致自动驾驶汽车的集体崩溃。在黑客如此猖獗的今天，自动驾驶系统将面临被攻击的风险。[④]除了黑客攻击之外，智能道路基础设施故障也会产生新的安全风险，不排除在极端天气或者糟糕路况情况下自动驾驶汽车无法对相关信息进行准确的收集和分析，增加道路驾驶的危险系数，这种风险也是前所未有的。[⑤]

第三，汽车产品故障风险是客观存在的。即使自动驾驶汽车的算法程序没有漏洞，但其也必须配备品质优良的硬件设施，而这就存在发生事故的可能。退一步说，纵使硬件和软件设施都十分完美，从物理学上看，自动驾驶汽车发生事故的概率仍然是客观存在的。基于此，认为自动驾驶汽

---

① Willie D. Jones, Will Self-Driving Cars Crash the Insurance Industry?, IEEE, Mar.12, 2015.

② See Nick Wells & Eric Chemi, A Short History of Stock Market Crashes, CNBC, Aug. 24, 2016.

③ See Patrick Lin, No, Self-Driving Cars Won’t Kill the Insurance Industry, Forbes, Apr.25, 2016.

④ See Sophie Jamieson, Will Driverless Cars Be the Death of the Insurance Industry?, The Telegraph, Aug.7, 2015.

⑤ 参见许闲：《自动驾驶汽车与汽车保险：市场挑战、重构与应对》，载《湖南社会科学》2019年第5期。

车到来后，保险行业就会消亡的报道显然被过分夸大了。[①]事实上，许多保险公司在积极进军自动驾驶汽车行业。2016年6月，英国阿德里安·夫勒克斯公司就率先推出针对自动驾驶汽车的保险业务，成为全球保险行业针对自动驾驶汽车的首次尝试。[②]2017年4月起，日本东京海上日动火灾保险公司就开发了针对自动驾驶汽车的保险产品，将自动驾驶期间发生的交通事故纳入汽车保险的赔付范围内，成为日本第一家为自动驾驶汽车承保的保险公司。[③]

二、自动驾驶汽车对于现有保险制度的挑战

（一）现有机动车责任保险体系

我国现行机动车责任保险体系主要由交强险和机动车商业险构成。具体介绍如下。

1. 交强险

所谓的交强险，全称为机动车交通事故责任强制保险，是指由保险公司对被保险机动车发生道路交通事故造成本车人员、被保险人以外的受害人的人身伤亡、财产损失，在责任限额内予以赔偿的强制性责任保险。交强险具有如下几项特征。

第一，强制性，主要体现在保险合同订立上的强制性、最低投保金额的强制性、合同条款的强制性、保险费率的强制性以及保险合同撤销、解

---

① See Patrick Lin, No, Self-Driving Cars Won't Kill the Insurance Industry, Forbes, Apr.25, 2016.

② 参见柴占祥、聂天心、［德］Jan Becker编著：《自动驾驶改变未来》，机械工业出版社2017年版，第122—149页。

③ 参见［日］池田裕輔：《自動運転技術等の現況》，载《ジュリスト》2017年第1期。

除上的强制性。根据我国《道路交通安全法》第17条的规定，国家实行机动车第三者责任强制保险制度。《机动车交通事故责任强制保险条例》第2条第1款进一步明确规定："在中华人民共和国境内道路上行驶的机动车的所有人或者管理人，应当依照《道路交通安全法》的规定投保机动车交通事故责任强制保险。"如果投保人不按照规定投保，需要承担相应的赔偿责任。对此，《道路交通事故损害赔偿司法解释》第16条明确规定："未依法投保交强险的机动车发生交通事故造成损害，当事人请求投保义务人在交强险责任限额范围内予以赔偿的，人民法院应予支持。投保义务人和侵权人不是同一人，当事人请求投保义务人和侵权人在交强险责任限额范围内承担相应责任的，人民法院应予支持。"

第二，公益性。交强险是为了保障第三人在遭受损害后能够及时获得救济，具有很强的公益性。本来投保人是否购买相应的责任保险应奉行私法自治原则，但鉴于交通事故的不可避免性与严重的社会危害性，立法者逐渐赋予了汽车责任保险越来越多的"保护受害第三人"之公共政策目的。[①]《机动车交通事故责任强制保险条例》第1条就明确了交强险的目的，是保障机动车道路交通事故受害人依法得到赔偿，促进道路交通安全。与此同时，交强险的强制属性也决定了它的公益性质，法律不能通过强制的方式帮助保险公司追求利润。[②]

第三，为第三人利益性。一方面，交强险的保障对象主要是车外因为交通事故受到损害的第三人，不包括被保险人和本车人员。对此，《机动车交通事故责任强制保险条例》第3条做了明确的规定。另一方面，为了保障第三人的利益，受害人享有针对保险公司的保险金给付请求权。对此，《道路交通事故损害赔偿司法解释》第22条第1款规定："人民法院审

---

① 参见张力毅：《比较、定位与出路：论我国交强险的立法模式——写在〈交强险条例〉出台15周年之际》，载《保险研究》2021年第1期。

② 参见程啸：《侵权责任法》（第三版），法律出版社2021年版，第622页。

理道路交通事故损害赔偿案件，应当将承保交强险的保险公司列为共同被告。但该保险公司已经在交强险责任限额范围内予以赔偿且当事人无异议的除外。”

第四，基础性。交强险仅仅是一项基础责任保险，对于受害人的保障力度十分有限。而分项限额制度，更是让我国交强险存在巨大的不足。根据《机动车交通事故责任强制保险条例》第23条的规定，交强险的赔偿内容采取了分项限额制度，分为死亡伤残赔偿限额、医疗费用赔偿限额、财产损失赔偿限额以及被保险人在道路交通事故中无责任的赔偿限额四种。根据2020年银保监会发布的《关于印发实施车险综合改革指导意见的通知》的规定，我国当前交强险责任限额具体数额为：（1）死亡伤残赔偿限额18万元；（2）医疗费用赔偿限额1.8万元；（3）财产损失赔偿限额2000元；（4）无过错赔偿限额，分别是死亡伤残赔偿限额1.8万元、医疗费用赔偿限额1800元以及财产损失赔偿限额100元。这种做法对于充分救济受害人是十分不利的。[①]

2.机动车商业险

交强险是一种基础责任保险，对于分散风险和救济受害人作用有限，为此，我国非常鼓励机动车投保商业险。根据《中国保险行业协会机动车商业保险示范条款（2020版）》可知，机动车商业险包括基本险和附加险两种类型，基本险包括机动车损失险、商业第三者责任险、车上人员责任险共三个独立的险种，附加险包括附加绝对免赔率特约条款、附加车轮单独损失险、附加新增加设备损失险、附加车身划痕损失险、附加修理期间费用补偿险等11种。相较于交强险，商业险是投保人自愿投保的险种，内容上十分灵活，可以满足投保人不同的需求。下面，我们介绍基本险的内容。

---

① 参见张龙：《自动驾驶背景下“交强险”制度的应世变革》，载《河北法学》2018年第10期。

第一，商业第三者责任险，是指保险期间内，被保险人或其允许的驾驶人在使用被保险机动车过程中发生意外事故，致使第三者遭受人身伤亡或财产直接损毁，依法应当对第三者承担的损害赔偿责任，且不属于免除保险人责任的范围，保险人依照本保险合同的约定，对于超过机动车交通事故责任强制保险各分项赔偿限额的部分负责赔偿。商业第三者责任险与交强险的目的是一样的，都是对交通事故中的受害人进行及时赔偿，其保障对象同样不包括被保险人和车内人员。根据《民法典》第1213条的规定，机动车发生交通事故造成损害，属于该机动车一方责任的，首先适用交强险予以赔偿，不足部分适用商业第三者责任险，再有不足者由侵权人承担赔偿责任。

第二，车上人员责任险，是指保险期间内，被保险人或其允许的驾驶人在使用被保险机动车过程中发生意外事故，致使车上人员遭受人身伤亡，且不属于免除保险人责任的范围，依法应当对车上人员承担的损害赔偿责任，保险人依照本保险合同的约定负责赔偿。车上人员险与交强险、商业第三者责任险最大的不同，在于保障的对象是车内人员，具体包括驾驶人和车内乘客，驾驶人每次事故责任限额和乘客每次事故每人责任限额由投保人和保险公司在投保时协商确定。

第三，机动车损失险，是指在保险期间内，被保险人或被保险机动车驾驶人在使用被保险机动车过程中，因自然灾害、意外事故造成被保险机动车直接损失，且不属于免除保险人责任的范围，保险人依照本保险合同的约定负责赔偿。与交强险、商业第三者责任险以及车内人员险都不一样，机动车损失险主要承保的是机动车本身的财产损失，而不是人身损害。

（二）自动驾驶汽车带来的挑战

无论是交强险还是商业险，都是以传统汽车、驾驶人、驾驶行为、驾驶过错、机动车交通事故责任为中心展开的，机器驾驶取代手动驾驶后，现行机动车保险体系将受到全方位的冲击。

第一，责任性质的冲击。根据《机动车交通事故责任强制保险条例》第23条的规定，交强险需要区分机动车一方在道路交通事故中有责任和无责两种情形。[①]《民法典》第1213条进一步明确，机动车发生交通事故造成损害，属于该机动车一方责任的，先后适用交强险与机动车商业险。这意味着我国交强险与机动车商业险都属于有责赔偿的范畴，即保险责任与侵权责任是挂钩的，没有侵权责任就没有保险责任。而根据《道路交通安全法》第76条的规定，确定机动车一方是否有责任的关键在于过错。据此，现行交强险与机动车商业险遵循的是过错赔偿的底层逻辑。如果机动车一方有过错有责任，那么交强险和机动车商业险均可以完全适用；反之，商业险则大打折扣，交强险只能在无责赔偿限额内适用。鉴于交强险无责赔偿限额远低于有责赔偿限额，故而保险人在赔付时首先会对加害人有无过错进行确认。[②]然而，自动驾驶汽车到来后，用户不再需要手动驾驶汽车，没有驾驶行为，何来驾驶过错，机动车一方的责任难以确定，现行交强险和商业险也就无法顺利适用。

第二，投保主体的变化。对于传统机动车来说，无论是交强险还是机动车商业险，投保的主体皆为机动车所有人或者管理人，即所谓的车主。这背后的理论依据在于“危险控制理论”及“保险利益原则”。[③]具言之，机动车所有人或者管理人通常都是机动车的使用人，能够通过施加注意义务来控制事故风险的发生，同时对于机动车引发的交通事故负有责任，需

① 参见程啸：《侵权责任法》（第三版），法律出版社2021年版，第621—622页。

② 参见张力毅：《比较、定位与出路：论我国交强险的立法模式——写在〈交强险条例〉出台15周年之际》，载《保险研究》2021年第1期。

③ 参见于海纯、吴秀：《自动驾驶汽车交通事故责任强制保险制度研究——一元投保主体下之二元赔付体系》，载《保险研究》2020年第8期。

要赔偿受害人的损害，投保对于他们来说是有动力的，可以分散他们的赔偿风险。然而，随着自动驾驶汽车的到来，事故责任逐渐从使用人一端转移到生产者一端，仍然要求机动车所有人或者管理人投保是否合适不无疑问。尤其是在自动驾驶汽车中，事故常常无关于所有人或者使用人的操作，而是与汽车算法设计息息相关。若与其他汽车一样，让所有人或者管理人购买保险，有让消费者为生产者过错付费之嫌疑。①而对于生产者一方来说，由于自动驾驶汽车的事故责任越来越归咎于产品本身的缺陷，他们对于责任保险的需求会更加强烈，如何将他们纳入投保范围成为一项新挑战。

第三，保险对象的影响。在现行机动车责任保险体系中，交强险和商业第三者责任险占据重要位置，但两者的保险对象都不包括被保险人和本车人员。《机动车交通事故责任强制保险条例》第3条以及第21条明确规定，交强险保障的是本车人员、被保险人以外的受害人。如果机动车所有人或者管理人想要给车内人员投保，就需要购买单独的车内人员险。这种设计的主要原因有：其一，对于机动车引发的交通事故，只要造成损害的机动车一方购买了交强险和商业第三者责任险，受害人就可以获得赔偿。其二，驾驶人对汽车享有控制权，通常是交通事故的危险来源，如果将其纳入承保对象，可能引发道德风险。其三，车内乘客基于其与驾驶人的信任关系，对可能发生的风险有一定认知，也属于自甘风险。②其四，交强险的目的是保护道路交通中的弱势群体，驾驶人和车内乘客与机动车被视为一个整体，实质上处于强势群体地位，应当排除在外。③随着自动驾驶

① 参见韩旭至：《人工智能的法律回应：从权利法理到致害责任》，法律出版社2021年版，第157页。

② 参见张新宝、陈飞：《机动车交通事故责任强制保险条例理解与适用》，法律出版社2006年版，第152页。

③ 参见于海纯、吴秀：《自动驾驶汽车交通事故责任强制保险制度研究——一元投保主体下之二元赔付体系》，载《保险研究》2020年第8期。

汽车到来，自动驾驶系统取代传统人类驾驶员，车内人员的角色发生了改变，他们与车外人员一样无法控制汽车的运行，两者处境逐渐同质化，将他们排除在交强险的救济之外值得商榷。

第四，保险内容的挑战。现行机动车责任保险的内容主要是第三人的人身财产损失、车内人员的人身损害以及机动车财产损失三大板块，同时还有各种附加险，包括附加绝对免赔率特约条款、附加车轮单独损失险、附加新增加设备损失险、附加车身划痕损失险、附加修理期间费用补偿险、附加发动机进水损坏除外特约条款、附加车上货物责任险、附加精神损害抚慰金责任险、附加法定节假日限额翻倍险、附加医保外医疗费用责任险、附加机动车增值服务特约条款等。随着自动驾驶汽车的到来，驾驶模式的变化将导致部分车险产品需求量下降甚至消失，为自动驾驶汽车定制的新型险种将会诞生。例如，汽车实现自动驾驶以后，基于互联网、物联网应用的自动驾驶汽车将可以随时随地监控和召唤，大大降低了汽车被盗、被抢等事故发生的概率，盗抢险的需求可能逐渐式微。与此同时，自动驾驶汽车专属的技术特征也会带来新的业务增长点。例如，自动驾驶汽车的网络安全、数据安全、软件升级等方面的保险需求将会增加。

第五，责任分担的难题。无论是交强险还是机动车商业险，保险公司承担责任后，都需要向对事故发生负有责任的主体追偿。对此，《道路交通事故损害赔偿司法解释》第15条规定："有下列情形之一导致第三人人身损害，当事人请求保险公司在交强险责任限额范围内予以赔偿，人民法院应予支持：（一）驾驶人未取得驾驶资格或者未取得相应驾驶资格的；（二）醉酒、服用国家管制的精神药品或者麻醉药品后驾驶机动车发生交通事故的；（三）驾驶人故意制造交通事故的。保险公司在赔偿范围内向侵权人主张追偿权的，人民法院应予支持。追偿权的诉讼时效期间自保险公司实际赔偿之日起计算。"据此，如果因为驾驶人未取得驾驶资格、醉酒、故意制造交通事故的，保险公司在承担交强险后，可以向驾驶人追偿。随着自动驾驶汽车的普及，用户不再扮演驾驶人的角色，因为驾驶人的过错造成自动驾驶汽车交通事故的概率将大大减少，而生产者、黑客等第三方原因导致交通事故发生的情形将会增加，这使得保险责任的后续分担将会变得异常复杂。

第三节　自动驾驶汽车责任保险革新的域外观察

一、美国

当前，美国所有允许自动驾驶汽车开展道路测试的州，都要求测试主体购买足额保险。对于自动驾驶汽车商业化阶段究竟如何投保，美国许多公司正在积极探索。随着自动驾驶汽车替代传统汽车，保险公司开始寻求基于生产者的保险模式，而不再是个体车主的保险模式。例如，Waymo公司已经与一家保险公司合作，为Waymo自动驾驶网约车服务提供保险。他们的保险模式是基于制造商的保险模式，保险公司直接向Waymo公司出售保险，由Waymo公司直接支付保费。该保单可以涵盖乘客的医疗费用、财产损失和行程中断的损失。由于保险费用已经包含在车费当中，因此乘客搭乘Waymo公司的自动驾驶汽车无须单独购买保险。[①]与此同时，Uber、沃尔沃等公司也纷纷推出汽车订阅模式，消费者从拥有汽车到使用汽车，就像订阅互联网服务那样订阅自动驾驶汽车出行服务。而订阅费用中就包含道路救援、工厂定期维护、零部件磨损更换以及车辆保险。

---

① See Adam Bishopon, Will driverless cars wipe out accident claims?, Riskheads, January 15, 2018.

二、欧盟

欧盟对于自动驾驶汽车等人工智能的法律责任问题高度关注，也看到了责任保险对于解决责任分担的重要作用。

第一，强调责任保险机制的重要性。欧盟《机器人技术民事法律规则》充分认识到了责任保险机制的意义，指出对日益自主智能的机器人进行法律责任的分配是一个复杂的问题，一个可能的解决方案便是建立适用于智能机器人的强制保险制度，类似于机动车上的强制保险。[①]随后，欧盟《关于人工智能系统运行的责任立法倡议》进一步强调，责任风险是界定新技术、产品和服务成功与否的关键因素之一，并主张高风险人工智能系统的所有部署者都应覆盖责任保险。[②]

第二，主张保险机制与赔偿基金相互补充。欧盟《机器人技术民事法律规则》认为与机动车保险的情况一样，可以考虑建立赔偿基金，作为强制保险制度的一个补充，赔偿基金可以确保未被保险覆盖的损害可以得到弥补。如果机器人制造商、程序开发者、所有者或使用者向这个赔偿基金捐款，并且在机器人造成损害的情况下共同拿出保险提供赔偿，则允许他们受益于有限责任。与此同时，要确保机器人与其补偿基金之间的联系是公开的，能够通过一个特定的欧盟登记簿上的个人登记号码查到，从而令任何与机器人发生互动的人都能获悉该基金的性质、在财产遭受损失的情况下其责任的限制、捐赠人的姓名、职能以及其他一切相关细节。[③]

---

① 参见《欧洲机器人技术民事法律规则》，席斌译，载上海市法学会编：《上海法学研究》第5卷，上海人民出版社2021年版，第11页。

② 参见《欧洲议会和理事会关于人工智能系统运行责任条例（立法动议、提案及解释性陈述），席斌译，载梁慧星主编：《民商法论丛》第72卷，社会科学文献出版社2021年版，第363页。

③ 参见《欧洲机器人技术民事法律规则》，席斌译，载上海市法学会编：《上海法学研究》第5卷，上海人民出版社2021年版，第12页。

第三，提出了具体的法律条文。欧盟《关于人工智能系统运行的责任立法倡议》针对高风险人工智能系统的法律责任提出了具体的法律条文。

第4条 高风险人工智能系统的严格责任[①]

1. 高风险人工智能系统的部署者须对人工智能系统驱动的所有物理或虚拟活动、设备或运作过程造成的任何伤害或损坏承担严格责任。

2. 高风险人工智能系统类型及其关键部门应列入本条例附件。委员会有权根据第13条之规定通过授权法案，以下述方式修订附件中的详尽清单：（A）包括新类型的高风险人工智能系统及其部署的关键部门；（B）删除不再被认为构成高风险的人工智能系统类型；及/或（C）改变既有高风险人工智能系统的关键部门。

任何修改附件的授权法案应在其通过6个月后生效。在决定以授权法案的方式将新的关键部门和/或高风险人工智能系统插入附件当中时，委员会应充分考虑本条例中列出的标准，特别是第3条C项中列出的标准。

3. 高风险人工智能系统的部署者不得以其行为已尽到勤勉义务或损害是由人工智能系统驱动的所有物理或虚拟活动、设备或运作过程所造成之原因主张自己免责。因不可抗力造成的伤害或损害，部署者不承担责任。

4. 高风险人工智能系统的部署者应确保其责任保险范围与第5条、第6条规定的赔偿金额和范围相适应。如果按照联盟或成员方的其他法律已生效的强制保险制度被认为已经覆盖了人工智能系统的运作，则根据本条例，为人工智能系统投保的义务应被视为已履行，只要相关的现有强制保险覆盖了本条例第5条和第6条规定之赔偿。

5. 在人工智能系统的严格责任类型发生冲突的情况下，本条例应优先

① 参见《欧洲议会和理事会关于人工智能系统运行责任条例（立法动议、提案及解释性陈述）》，席斌译，载梁慧星主编：《民商法论丛》第72卷，社会科学文献出版社2021年版，第372—373页。

于成员方既有的责任制度。

第12条 追 偿[①]

1.除非根据本条例有权获得赔偿的受影响者已全额获得赔偿，否则部署者无权采取追偿行动。

2.如果部署者与其他部署者对受影响者承担连带责任，并已按照第4条第1款或第8条第1款之规定向受影响者全额赔偿，则部署者可以按照其责任比例向其他部署者追偿部分赔偿。除另有规定外，负有连带责任的部署者应以同等比例相互承担责任。不能从共同承担责任的部署者处取得的，不足部分由其他部署者承担。连带责任情况下，在部署者赔偿受影响者并要求其他承担责任部署者调整垫付的范围内，受影响者对其他部署者的赔偿请求应由赔偿的部署者代位提出。代位求偿权的主张不得有损于原请求。

3.如果有缺陷的人工智能系统的部署者根据第4条第1款或第8条第1款完全赔偿了受影响者的伤害或损害，其可以根据85/374/EEC号指令和有关缺陷产品责任的成员方之规定，对有缺陷的人工智能系统的生产者采取措施以补救自身损失。

4.如果部署者的保险人按照第4条第1款或第8条第1款之规定赔偿了受影响者的伤害或损害，则受影响者就同一损害向另一人提出的任何民事责任之请求应代位给部署者的保险人，数额为部署者的保险人向受影响者赔付之数额。

三、英国

英国高度重视自动驾驶汽车的发展，在责任保险方面创新不断。早在

① 如下条文翻译，参见《欧洲议会和理事会关于人工智能系统运行责任条例(立法动议、提案及解释性陈述)》，席斌译，载梁慧星主编：《民商法论丛》第72卷，社会科学文献出版社2021年版，第376页。

2016年6月，英国阿德里安·夫勒克斯公司率先推出了针对自动驾驶汽车的保险业务，其中就包含许多专属于自动驾驶汽车技术特征的保险条款。随后，英国通过了《自动化与电动化汽车法案》，针对自动驾驶汽车的责任保险制度做了全面的规定。下面，我们针对《自动化与电动化汽车法案》做一个全面的介绍。

第一，法案第1条要求国务卿列出识别自动驾驶汽车的方法，以便允许制造商、车辆所有人和保险人了解本法的范围是否适用于他们的车辆。

第1条　国务卿列出自动驾驶汽车的清单

（1）国务卿必须准备并及时更新一份满足下列条件的所有机动车辆的清单——

（a）在国务卿看来，设计或改装的汽车至少在某些情况或场景下能够安全地自动驾驶，以及

（b）至少在某些情况或者场景下，汽车自动驾驶能够在英国的道路或其他公共场所被合法地使用。

（2）该清单能够识别车辆——

（a）按照类型，

（b）参考依据1994年《车辆管制及登记法》（the Vehicle Excise and Registration Act 1994）第22条所确定的规则发出的登记文件内所记录的资料，或者

（c）其他方式。

（3）国务卿必须在首次编制名单时公布名单，并在每次修订名单时公布。

（4）本部分的“自动驾驶汽车”是指本条列出的车辆。

根据这条规定，法案适用的对象为自动驾驶汽车，不包括驾驶辅助功

能，这意味着SAE分级指南中的L0级至L2级自动驾驶汽车并不适用。与此同时，该法案是否涵盖L3级自动驾驶汽车存在争议。有观点指出，虽然L3级自动驾驶汽车能够执行整个动态驾驶任务，但是在车辆需要的情况下，则要求驾驶员进行干预。因此，在车辆需要的情况下要求驾驶员干预是否构成“控制”或“监控”，这一点是值得商榷的。上述不确定性也在上议院就该法案进行辩论的时候被提出，有议员提出，该法案不适用于L3级自动驾驶汽车，而只适用于高度自动驾驶汽车和完全自动驾驶汽车。[①]但从英国随后发布的《自动驾驶汽车：联合报告》来看，自动驾驶汽车包括L3级自动驾驶汽车。报告指出，我们得出的结论是，只有在不需要人类监控驾驶环境、车辆或其驾驶方式的情况下，才能认为是自动驾驶汽车。正如我们在下面解释的那样，用户可能需要响应明确且及时的过渡需求。但是，在没有转换需求的情况下，不能依赖用户来响应事件。[②]这意味着L3级自动驾驶汽车是涵盖在法案调整范围内的。

第二，明确保险人等主体的事故责任。法案第2条为自动驾驶汽车造成事故时保险人等主体的责任。与英国1988年《道路交通法》第145条规定的常规车辆强制保险相比，保险人的责任范围扩大到包括自动驾驶汽车自动驾驶时对车内驾驶人造成的损害。

第2条 自动驾驶汽车发生事故时保险人等主体的责任

（1）当——

（a）事故是由自动驾驶汽车在英国的道路或其他公共场所自动驾驶时引起的，

（b）车辆在事故发生时已投保，并且

---

① 参见曹建峰、张嫣红：《〈英国自动与电动汽车法案〉评述：自动驾驶汽车保险和责任规则的革新》，载《信息安全与通信保密》2018年第10期。

② See The Law Commission, Automated Vehicles: joint report, 2022, p.38.

（c）被保险人或者其他任何人因事故而遭受损害，

那么，保险人对该损害承担赔偿责任。

（2）当——

（a）事故是由自动驾驶汽车在英国的道路或其他公共场所自动驾驶时引起的，

（b）车辆在事故发生时没有投保，

（c）1988年《道路交通法》（the Road Traffic Act 1988）第143条（机动车辆的使用者应投保或为第三方风险提供担保）不适用于当时的车辆：

（i）由于该法第144条第2款（公共机构等主体的豁免），或

（ii）因为车辆在皇家的公共服务中，以及

（d）一个人因事故而遭受损害，

那么，车辆所有人应对该损害承担赔偿责任。

（3）本条中的“损害”是指死亡或人身伤害，以及除以下情况以外的任何财产损害：

（a）自动驾驶汽车，

（b）在该车辆的车上或车内，或者在由该车辆牵引的任何拖车（无论是否耦合）的车上或车内，为了出租或者报酬而运输的货物，或者

（c）受下列人员监管，或者控制的财产——

（i）被保险人（适用第1款），或者

（ii）事故发生时自动驾驶汽车的控制者（适用第2款）。

（4）对于由任何一起涉及自动驾驶汽车的事故造成或由其引起的财产损失，保险人或车辆所有人根据本条承担的责任金额限于1988年《道路交通法》第145条第4款b项（财产损失强制保险的限制）中规定的金额。

（5）本条的效力受第3条的约束。

（6）除第4条另有规定外，本条下的责任不得通过保单条款或任何其

他方式予以限制或排除。

（7）本条对保险人或者车辆所有人施加的责任不影响任何其他人对事故的责任。

第三，与有过失条款。法案第3条明确与有过失规则可以适用于自动驾驶汽车造成的事故责任中。

第3条 与有过失等

（1）当——

（a）根据第2条，保险人或车辆所有人就事故对某人（受害人）承担责任，并且

（b）该事故，或者由此造成的损害，在某种程度上是由受害人造成的，

那么，根据1945年《法律改革（与有过失）法》[the Law Reform (Contributory Negligence) Act 1945]，受害人根据该事故针对保险人或者车辆所有人主张的赔偿数额应当在相应程度内减少。

（2）如果事故的发生完全是由于车辆控制者的过失，在不合适的情况下允许自动驾驶汽车自动驾驶，保险人和车辆所有人无须承担第2条规定的赔偿责任。

第四，因未经授权的软件更改或者未能更新软件而导致的事故。法案第4条主要是确保在车辆软件或操作系统被更改或未及时更新的情况下，保险人不必对被保险人承担责任。

第4条 未经授权的软件更改或者未能更新软件而导致的事故

（1）自动驾驶汽车的保单可以排除或者限制保险人根据第2条第1款

就事故造成的损失向被保险人承担的赔偿责任，如果事故是因如下原因直接引起的——

（a）被保险人或在被保险人知情下，进行了保单禁止的软件更改，或者

（b）未能安装被保险人知道或应该知道的安全攸关的软件更新。

（2）但就非保单持有人的被保险人所遭受的损害赔偿责任而言，本条第1款a项只适用于事故发生时，该被保险人知道软件更改是保单禁止的。

（3）本条第4款适用于保险人根据第2条第1款就事故造成的损害支付的金额，该损害是由被保险人以外的人造成的。

（4）如果事故是直接由于以下原因发生的：

（a）被保险人或在被保险人知情下，进行了保单禁止的软件更改，或者

（b）未能安装被保险人知道或应该知道的安全攸关的软件更新，

那么，保险人支付的金额可在保单规定的范围内向该人追偿。

（5）但就向非保单持有人的被保险人追偿而言，本条第4款a项只适用于在意外发生时，该人知道软件更改是保单禁止的。

（6）就本条而言——

（a）与自动驾驶汽车有关的“软件更改”和“软件更新”分别指对车辆软件的更改和更新；

（b）如果在没有安装更新的情况下使用车辆是不安全的，那么该软件更新是“安全攸关”的。

第五，保险人等向事故责任人追偿的权利。如果法案第3条规定自动驾驶汽车的保险人或车辆所有人就事故承担第一顺位的责任，那么第5条则是规定，对事故发生负有责任的人对保险人或车辆所有人需要承担同样的责任，这意味着保险人或者车辆所有人有权向对事故发生负有责任的人追偿。

第5条 保险人等向事故责任人追偿的权利

（1）当——

（a）第2条规定保险人或车辆所有人对因事故而遭受损害的人（受害人）承担责任，以及

（b）保险人或车辆所有人就该事故对受害人的责任金额（包括第2条未规定的任何责任）已经确定，

那么，就该事故对受害人负有责任的任何其他人对保险人或车辆所有人需要承担同样的责任。

（2）就本条而言，保险人或车辆所有人的责任金额在下列情况下已经确定——

（a）通过法院判决或裁定，

（b）通过仲裁裁决或裁定，或者

（c）通过强制执行协议。

（3）如果保险人或车辆所有人根据本条追偿的金额超过该人已同意或被命令支付给受害人的金额（无论多少都视为利息），保险人或车辆所有人应就差额部分向受害人承担责任。

（4）本条中的任何规定均不允许保险人或车辆所有人与受害人彼此之间，向任何人的追偿超过该人对受害人的责任金额。

（5）出于如下目的——

（a）1980年《诉讼时效法》（the Limitation Act 1980）第10A条（保险人等对自动驾驶汽车提起诉讼的特殊时限），或

（b）1973年《取得时效与诉讼时效法（苏格兰）》[the Prescription and Limitation (Scotland) Act 1973] 第18ZC条（根据本条提起的诉讼）。

保险人或车辆所有人所享有的诉权，自本条第1款b项规定的数额确定时即告产生。

第六，适用问题。法案第6条的目的是在措施中保留各种形式的责任，确保本法所创建的新责任制度与已有的责任制度兼容。

第6条　法规的适用

（1）任何人根据第2条承担责任的任何损害被视为是由以下原因造成的：

（a）就1976年《致命事故法》（the Fatal Accidents Act 1976）而言，该人的不法行为、疏忽或过失；

（b）就2011年《损害赔偿（苏格兰）法》[the Damages (Scotland) Act 2011]（死者亲属的权利）第3条至第6条而言，该人的作为或不作为；

（c）就1982年《司法行政法》（the Administration of Justice Act 1982）第2部分（人身伤害等损害赔偿）而言，由于该人有责任支付损害赔偿的作为或不作为。

（2）1976年《先天残疾（民事责任）法》[the Congenital Disabilities (Civil Liability) Act 1976]（“1976年法案”）第1条对本法第2条有效——

（a）犹如该人在自动驾驶汽车自动驾驶时发生的事故中对儿童负责，如果该人——

（i）根据第2条就事故对儿童的父母的任何影响承担或已经承担责任，或者

（ii）如果事故导致儿童的父母受到损害，将承担责任；

（b）犹如本部分关于第2条责任的规定根据上文a项适用于1976年法案第1条有关责任的规定；

（c）犹如适用1976年法案第1条第6款（责任免除）被免除责任。

（3）就1945年《法律改革（共同过失）法》[the Law Reform (Contributory Negligence) Act 1945]第3条第1款和1976年《致命事故法》[the Fatal Accidents Act 1976 (contributory negligence)]第5条（共同过失）而言，其效力如同自动驾驶汽车的行为是由根据本法第2条对损害承担责任的人。

（4）第2条下的责任被视为侵权责任，或者在苏格兰，就任何赋予法院对任何事项的管辖权的法规而言，被视为违法责任。

（5）根据1978年《民事责任（与有过失）法》[the Civil Liability (Contribution) Act 1978] 或1940年《法律改革（杂项规定）（苏格兰）法》[the Law Reform (Miscellaneous Provisions) (Scotland) Act 1940] 第3条，有权根据本法第5条对某人提起诉讼的保险人或车辆所有人无权向该人追偿。

第七，国务大臣的报告义务。

第7条　国务大臣关于本部分适用情况的报告

（1）国务大臣需要准备一份报告，以评估——

（a）第1条的影响和效力，

（b）本部分的规定在多大程度上确保对能够自主安全驾驶的车辆作出适当的保险或其他安排。

（2）该报告应当最迟于第1条规定的名单首次公布后两年内提交议会。

第八，名词解释。第8条对于本部分条文中使用的一些名词作了具体的解释。

第8条　解释

（1）就本部分而言——

（a）如果车辆以不受个人控制且不需要监控的模式运行，那么车辆属于“自动驾驶”；

（b）如果在英国的道路或其他公共场所使用车辆时，有符合1988年《道路交通法》第145条条件的保单，那么该车辆属于“投保”。

（2）在这一部分中——

“自动驾驶汽车”具有第1条第1款所赋予的含义；

“损害”具有第2条第3款所赋予的含义；

就投保车辆而言，“被保险人”指保单涵盖的使用车辆的任何人；

就投保车辆而言，“保险人”是指保单下的保险人；

“道路”的含义与1988年《道路交通法》相同（见该法第192条第1款）。

（3）在这一部分中——

（a）事故包括两个或多个原因引发的事故，

（b）自动驾驶汽车引起的事故包括部分由自动驾驶汽车引起的事故。

四、德国

2021年7月，德国政府通过了《“道路交通法”与“强制保险法”》修正案，也被称为《自动驾驶法案》。法案主要分为两个部分：一是道路交通法的修订，在此前《道路交通法第八修正案》的基础上新增了第1d条至第11条；二是强制保险法的修订，即在强制保险法第1条中增加一款，规定具有自动驾驶功能的机动车辆的保有人有义务为技术监督员购买和维持责任保险。据此，德国对于自动驾驶汽车责任保险作了强制规定：第一，投保人为自动驾驶汽车的保有人，即通常所说的车主。第二，投保对象为技术监督员，这意味着适用对象主要是针对L4级自动驾驶汽车。将技术监督员纳入被保险人范围的原因在于，如果自动驾驶汽车在运行期间出现紧急状况，虽然技术监督员可以要求相关位置乘客接管车辆来避免事故，但也可能存在技术监督员不履行或不能履行职责而造成事故损害并面临索赔的情形。[①]

① 参见张韬略、钱榕：《迈入无人驾驶时代的德国道路交通法——德国〈自动驾驶法〉的探索与启示》，载《德国研究》2022年第1期。

五、韩国

2020年10月，韩国《机动车事故赔偿保证法》修正案正式生效。根据修正案规定，对于自动驾驶汽车引发的事故，先由保险公司赔偿受害人，然后根据自动驾驶汽车是否存在产品缺陷来分担责任。为查清交通事故原因，法案还专门配套了事故委员会制度，即《自动驾驶车辆事故调查委员会（“委员会”）的组织和运作条例》。据此，委员会可要求车辆制造商提供事故记录系统中记录的信息，以及保险公司提交在事故现场拍摄的任何相关照片以及因事故引起或与之相关的文件和材料。此外，委员会在其认为必要或适当的情况下，可以就事故提出具体问题或要求车主和车辆制造商提交事故报告等。

六、小结

通过上述考察可知，自动驾驶汽车的事故责任问题已经成为各国关注的焦点，而责任保险制度成为解决这一难题的最佳选择。一方面，侵权责任规则的改革存在诸多争议，特别是机动车一方究竟承担何种责任并不容易确定；另一方面，责任保险制度可以主动助推整个自动驾驶汽车行业的发展，而不仅仅是事后被动地分担损失。基于此，各国都在积极探索适应自动驾驶汽车技术特征的责任保险规则。对此，我们可以得出如下启示。

第一，实质大于形式。各国责任保险革新的形式多种多样，美国主要借助于市场的力量，鼓励自动驾驶汽车企业与保险公司合作，推出适合消费者购买的一站式的保险项目，主要瞄准的是自动驾驶汽车共享出行市场。英国则选择出台一部专门的法案，为自动驾驶汽车配备全新的责任保险制度，走的是一条比较激进的规制方式。德国和韩国则是修订了原有的责任保险立法，试图通过温和的修法方式来满足自动驾驶汽车发展的需求。但无论形式如何，关键在于内容的变革，即充分认识到自动驾驶汽车与传统汽车的区别、驾驶员角色的前后变化以及生产者一方责任承担的新趋势，以此来构建一套满足行业发展和公众期待的责任保险制度。

第二，充分尊重本土国情。各国责任保险革新路径之所以不同，根本原因在于国情的不同。美国的机动车交通事故责任以及责任保险主要由各州自主决定，联邦层面很难制定一个统一的规则。与此同时，美国的保险市场非常强大，完全有能力通过市场的力量来完成责任保险制度的更新。英国则从运输行业的整体视角出发，原本计划通过的是《汽车技术和航空法案》，试图一体解决公路运输和航空运输系统的责任保险问题，但该法案最终夭折。随后，英国出台了《自动化与电动化汽车法案》，只集中解决自动驾驶汽车与电动汽车的责任保险问题。同样，德国、韩国都沿用了已有的责任保险制度基础，并没有盲目抛弃原有的立法去制定全新的法案。

第三，我国责任保险革新模式的选择。当前，我国汽车保险行业已经非常发达，已经出台了《道路交通安全法》《保险法》《机动车交通事故责任强制保险条例》等法律法规，形成了以交强险与机动车商业险为主体的保险框架。虽然自动驾驶汽车不同于传统汽车，但现行保险框架依然具有很强的适应性：一方面，虽然自动驾驶汽车不同于传统汽车，汽车不再由人类驾驶员驾驶，但自动驾驶汽车仍然属于机动车的范畴，现行机动车责任保险的基础并未消失；另一方面，现有责任保险框架非常灵活，特别是商业险具有强大的适应能力，能够及时顺应自动驾驶汽车的发展，提供更具有针对性的保障。基于此，笔者认为，面对来势汹汹的自动驾驶汽车浪潮，我国可以延续以交强险与机动车商业险为主体的现行保险框架，重在从内容上进行制度革新，同时引入产品责任险解决生产者一方的责任承担问题。

第四节　自动驾驶汽车责任保险的本土构建

我国现行汽车责任保险框架以交强险为基础，同时大力发展机动车商业险，形成了交强险与机动车商业险并存的主体架构。面对来势汹汹的自动驾驶汽车浪潮，在延续更新现有保险框架的同时，可以引入产品责任险以解决生产者一方的责任承担问题。

一、交强险制度的改造

如上所述，现行交强险制度无法很好地适应自动驾驶汽车的技术特征，有必要予以更新。

（一）责任性质

现行交强险呈现出明显的有责赔偿属性，无责赔偿只占据很小的部分。自动驾驶汽车到来后，交强险需要回归无责赔偿，与机动车一方的侵权责任进行脱钩。

第一，契合自动驾驶汽车的技术特征。现行交强险被切割为机动车一方有责任和无责任两个部分，其中，机动车一方无责赔偿数额十分有限，而事故责任的施加又是以驾驶过错为基础。这意味着现行交强险若要发挥救济作用，受害人首先需要证明机动车一方负有责任，即存在过错。这种设定的逻辑基础是无侵权责任即无保险责任，保险责任是为了减轻机动车一方的赔偿责任而存在的。然而，在自动驾驶汽车到来后，人类驾驶员的角色逐渐消失，用户不再手动驾驶汽车，受害人要想证明其存在过错是十分困难的。对此，交强险应当从有责赔偿转向无责赔偿，如此才能契合自动驾驶汽车的技术特征。[①]

第二，回归交强险的制度初衷。与侵权责任不同，交强险的立法初衷是救济受害人，并非出于对单纯的具体的个人之间利益的平衡补偿，而是从整个社会的角度，对机动车与行人及非机动车两个群体之间利益的平衡补偿。[②]因此，交强险具有强烈的社会属性，是典型的政策性保险。《机动车交通事故责任强制保险条例》第1条就明确指出交强险的立法宗旨是"保障机动车道路交通事故受害人依法得到赔偿，促进道路交通安全"。而要想实现这一立法初衷，交强险必须与侵权责任进行完全分离。[③]无论机动车一方有无过错和责任，都应当适用交强险，如此才能真正发挥交强险基本保障的功能。事实上，《道路交通安全法》第76条就采取了这一思路，规定只要机动车发生交通事故造成损害，保险公司就需要在交强险责任限额范围内赔偿，不足部分才存在侵权责任的分担问题。面对自动驾驶汽车的到来，机动车一方究竟承担何种性质的责任尚不明确。[④]此种背景下，让交强险回归无责赔偿的属性，能够更好地顺应自动驾驶技术的发展，保障事故受害人。

（二）投保主体

根据《机动车交通事故责任强制保险条例》第2条的规定，现行交强险的投保主体为机动车所有人或者管理人。有观点指出，在自动驾驶技术

① 参见邢海宝：《智能汽车对保险的影响：挑战与回应》，载《法律科学（西北政法大学学报）》2019年第6期。

② 参见石慧荣、马东：《车险赔付法律问题研究》，载《法治研究》2010年第12期。

③ 参见张龙：《自动驾驶背景下"交强险"制度的应世变革》，载《河北法学》2018年第10期。

④ 参见郑志峰：《自动驾驶汽车交通事故责任的立法论与解释论——以民法典相关内容为视角》，载《东方法学》2021年第3期。

参与道路交通时，可以考虑增加汽车生产者或销售者为投保主体，要求其必须为售出之每一台自动驾驶汽车投保“交强险”，以此提高受害人求偿效率和效果。[①]对此，笔者认为，不宜要求生产者一方购买交强险。

第一，所有人或者管理人投保符合交强险的目的。首先，交强险的目的是救济受害人，而非纯粹地代替机动车一方承担赔偿责任。对于交强险而言，应当回归无责赔偿的属性，这意味着投保人有没有过错并不重要，即使是自动驾驶汽车所有人或者管理人也具备投保交强险的基础。其次，自动驾驶系统取代人类驾驶员后，虽然所有人或者管理人无须手动驾驶汽车，但并非不承担任何职责，仍然需要承担诸如定期维护车辆、遵守交通法规中非驾驶指令、及时升级自动驾驶系统等职责。基于此，让所有人或者管理人投保有助于督促其合理使用自动驾驶汽车。再次，所有人或者管理人享受了自动驾驶汽车带来的便利，让其投保也符合利益风险一致原则。最后，自动驾驶汽车不排除手动驾驶的可能，这使得自动驾驶汽车兼具传统汽车的属性，让所有人或者管理人继续投保有其正当性。

第二，生产者一方投保交强险并不合适。虽然生产者一方需要对自动驾驶汽车的产品质量承担责任，但并不直接控制自动驾驶汽车的使用。自动驾驶汽车一旦售出，具体如何使用完全取决于所有人或者管理人。生产者一方并不知道所有人或管理人如何管理、是否上路、使用年限等关键信息。若规定由生产者一方购买交强险，那么其根本无法预估自动驾驶汽车是否需要上路，也无法预估上路的自动驾驶汽车需要如何购买交强险。[②]与此同时，由生产者一方投保交强险，反而可能促使所有人或者管理人违规或者过度使用自动驾驶汽车，不利于预防损害的发生。需要注意的是，

---

① 参见张龙：《自动驾驶背景下“交强险”制度的应世变革》，载《河北法学》2018年第10期。

② 参见韩旭至：《自动驾驶事故的侵权责任构造——兼论自动驾驶的三层保险结构》，载《上海大学学报（社会科学版）》2019年第2期。

如果生产者一方将自己生产的汽车直接用于运营，如百度公司生产并自行运营自动驾驶出租车，那么此时生产者一方的身份已经兼具所有人或者管理人的角色，其投保交强险的身份是所有人或者管理人，而非以生产者的身份投保。

第三，延续现有的规定。现行交强险已经实行多年，坚持将机动车所有人或者管理人认定为投保主体，能够实现交强险给受害人最低程度保障的目的，既能降低修法成本，又可增强法律的周延性、包容性，还能维持法律制度的稳定性。[①]相反，将生产者一方纳入投保主体，反而徒增制度成本，现有《道路交通安全法》以及《机动车交通事故责任强制保险条例》都需要彻底重构。此外，将生产者一方纳入交强险，也会使得保险精算面临一些新的挑战，尤其需要开始权衡全新的因素，如汽车的构造、样式、操作限制、损失历史、某些软件的可靠性以及汽车受到黑客攻击的频率等。同时，这一方案涉及交通事故责任法律和产品责任法律的变革，制度成本过大。[②]

（三）保险对象

现行交强险保障的对象并不包括车内人员，不符合自动驾驶汽车的技术特征，应当将车内人员一并纳入救济范围。

第一，车内人员需要交强险的保护。自动驾驶技术的应用增大了人类驾驶者和同乘人员成为受害人的可能，[③]亟需交强险的保护。其一，机

---

① 参见于海纯、吴秀：《自动驾驶汽车交通事故责任强制保险制度研究——一元投保主体下之二元赔付体系》，载《保险研究》2020年第8期。

② 参见邢海宝：《智能汽车对保险的影响：挑战与回应》，载《法律科学（西北政法大学学报）》2019年第6期。

③ 参见张龙：《自动驾驶背景下“交强险”制度的应世变革》，载《河北法学》2018年第10期。

器驾驶取代手动驾驶后，人类的角色已由“驾驶员”转变为“用户”“乘客”，由“危险控制者”转变为“危险承受者”，这一变化最终导致车内人员与车外受害人同质化。[①]与车外第三人相比，车内人员的处境没有实质上的优势，他们同样处于被动安排的局面，损害发生与否不由自己控制。其二，随着自动驾驶汽车共享市场的兴起，未来将有更多的个体需要搭乘没有司机的自动驾驶汽车，他们需要交强险予以保护。[②]其三，虽然存在一个开启自动驾驶功能的用户，但该用户与车内其他乘客一样，均无法控制汽车的具体运行，也就无法控制事故的发生。如此一来，防范车内人员故意制造事故的道德风险不复存在。此外，自动驾驶汽车可以通过各种监控设备，防范车内人员故意引发事故的道德风险。

第二，车内人员寻求其他救济并不容易。其一，虽然在车（甲车）与车（乙车）相碰的情况下，甲方自动驾驶汽车的交强险可以为乙方车内人员提供保障，乙方自动驾驶汽车的交强险可以为甲方车内人员提供保障，但仍然存在没有碰撞车辆或者碰撞车辆没有投保交强险的情形。其二，如果交强险不对车内人员进行救济，那么车内人员要么通过商业险中的车内人员险寻求救济，要么通过主张产品责任向生产者一方追偿。就车内人员险而言，其属于商业险的一种，是由自动驾驶汽车的所有人或者管理人自愿选择购买的，他们可能购买，也可能不购买。对于所有人或者管理人来说，如果因为没有购买车内人员险而无法获得赔偿，尚且可以理解为自担风险，但对于车内其他乘客而言，则是他们无法控制的事情。与此同时，车内人员想要通过产品责任向生产者一方主张赔偿更是难上加难，必须要举证自动驾驶汽车存在产品缺陷以及因果关系，这对于车内人员来说几乎

① 参见于海纯、吴秀：《自动驾驶汽车交通事故责任强制保险制度研究——一元投保主体下之二元赔付体系》，载《保险研究》2020年第8期。

② 参见马宁：《因应自动驾驶汽车致损风险的保险机制》，载《华东政法大学学报》2022年第1期。

是不可能完成的任务。[①]

（四）责任规则

对于自动驾驶汽车来说，交强险的适用应当遵循如下规则。

第一，赔偿顺序。在自动驾驶汽车发生事故后，无论机动车一方是否有责任，首先都应适用交强险，保险公司在交强险责任限额内予以无责赔偿。

第二，赔偿项目。我国交强险存在分项限额制度，具体分为死亡伤残赔偿限额、医疗费用赔偿限额、财产损失赔偿限额以及无责任的赔偿限额四种。其中，无责任的赔偿限额又分为无责任死亡伤残赔偿限额、无责任医疗费用赔偿限额以及无责任财产损失赔偿限额。同时，我国交强险采取的是事故分项限额模式，即一次事故不管有多少受害人，都在一个责任限额内赔付，保险公司赔付的最高限额不因人数的增加而相应增加。这种做法大大减弱了交强险基础保障的作用。[②]随着将车内人员纳入救济范围，原本不多的交强险赔偿限额可能面临进一步被稀释的问题。

对此，笔者认为，可以进行如下更新：其一，在恢复交强险无责赔偿的属性后，应当将无责赔偿限额的部分摊入其他三项赔偿项目中。其二，相较于财产损失，人身损害的赔偿更加紧急，通过交强险填补受害人的财产损失将在极大程度上挤占本就不高的人身损害保障份额，也直接影响投保人的保费负担和投保率，因而可以考虑取消财产损害的赔付，由当事人通过商业险来解决财产损失的问题。[③]其三，有观点认为，车内人员的赔偿

---

① 参见冯珏：《自动驾驶汽车致损的民事侵权责任》，载《中国法学》2018年第6期。

② 参见韩长印：《我国交强险立法定位问题研究》，载《中国法学》2012年第5期。

③ 参见马宁：《因应自动驾驶汽车致损风险的保险机制》，载《华东政法大学学报》2022年第1期。

损失范围限于人身伤亡损失，以便更多地救济车外第三人。[①]对此，笔者认为，在去掉财产损失后，交强险只剩下死亡伤残赔偿限额与医疗费用赔偿限额两项，没有必要区分车内人员和车外人员，两者应当一视同仁。其四，从发挥交强险基础保障作用出发，最优的办法是彻底取消分项限额制度，或者至少应当将医疗费用赔偿限额大幅提高，以真正解决受害人的救济。[②]

（五）豁免事由

现行交强险存在豁免事由，包括绝对豁免事由和相对豁免事由，应当根据自动驾驶汽车的技术特征予以更新。

第一，绝对豁免事由。根据《机动车交通事故责任强制保险条例》第21条的规定，如果道路交通事故的损失是由受害人故意造成的，保险公司不予赔偿。这一点对于自动驾驶汽车也应继续适用，如此可以最大程度避免碰瓷等道德风险的发生。

第二，相对豁免事由。《机动车交通事故责任强制保险条例》第22条规定："有下列情形之一的，保险公司在机动车交通事故责任强制保险责任限额范围内垫付抢救费用，并有权向致害人追偿：（一）驾驶人未取得驾驶资格或者醉酒的；（二）被保险机动车被盗抢期间肇事的；（三）被保险人故意制造道路交通事故的。有前款所列情形之一，发生道路交通事故的，造成受害人的财产损失，保险公司不承担赔偿责任。"对此，学界存在不同看法。一种观点认为，本条实际上完全免除了保险公司的赔偿责任，保险公司只是承担垫付抢救费用的责任。另一种观点则认为，保险公司仍然需要对人身伤亡承担保险赔偿责任。[③]对此，《道

---

① 参见于海纯、吴秀：《自动驾驶汽车交通事故责任强制保险制度研究——一元投保主体下之二元赔付体系》，载《保险研究》2020年第8期。

② 参见程啸：《侵权责任法》（第三版），法律出版社2021年版，第626页。

③ 参见程啸：《侵权责任法》（第三版），法律出版社2021年版，第626—627页。

路交通事故损害赔偿司法解释》第15条采纳了第二种观点，这意味着上述理由仅为保险公司的相对豁免理由，必须先行承担保险责任，再向被保人追偿。

自动驾驶汽车到来后，上述免责事由便无法照搬适用，需要予以更新。

第一，对于被保险人故意制造交通事故的情形，如被保险人故意不履行接管义务，或者故意干扰自动驾驶系统的运行，那么理当继续适用。对此，可以参照英国《自动化与电动化汽车法案》第4条的规定，增加一项豁免事由，即如果交通事故是由于被保险人违反保单规定更改软件或者未及时安装安全攸关的软件更新而导致的，那么保险公司在承担赔偿责任后，有权向被保险人追偿。

第二，对于被保险机动车被盗抢期间肇事的，也应当继续适用。这属于广义的第三人原因。针对自动驾驶汽车，还应扩展第三人原因的适用情形，包括黑客入侵、网络劫持、产品缺陷等。

第三，对于驾驶人未取得驾驶资格或者醉酒等情形的，则需要具体分析。如果自动驾驶汽车属于L4级或L5级自动驾驶，那么驾驶人的角色将彻底变为乘客，没有接管自动驾驶汽车的职责，自然无须像传统汽车那样取得驾驶资格，同时喝酒、睡觉、娱乐等行为都应当视为合法行为，不应成为保险公司豁免的事由。而对于L3级自动驾驶汽车，根据国标《汽车驾驶自动化分级》的规定，用户处于备用接管员的角色，需要在紧急情况下接管汽车，故需要取得驾照，同时不能出现醉酒等影响接管能力的情形。因此，可以继续作为保险公司的豁免事由。

二、机动车商业险的更新

交强险仅仅为自动驾驶汽车的事故受害人提供基础保障，仍然有必要通过机动车商业险来增强风险分散与救济受害人的能力。

（一）投保主体

现有机动车商业险的投保主体仍然是所有人或者管理人，其主要目的是减轻机动车一方的赔偿责任，利用责任保险机制分散风险。在自动驾驶汽车到来后，所有人或者管理人仍然有投保机动车商业险的动力。

第一，自动驾驶汽车与传统汽车都具有延续性。未来的自动驾驶汽车可以同时具有自动驾驶与手动驾驶两种功能，这意味着自动驾驶汽车同时具有传统汽车的一面。此时，所有人或者管理人仍然有购买机动车商业险的动力。

第二，机动车商业险可以满足所有人或者管理人的各种需求。交强险仅仅是解决基础的救济问题，仍然存在很多其他的投保需求。如上所述，机动车商业险包括基本险与附加险，基本险包括机动车损失险、商业第三者责任险、车上人员责任险共三个独立的险种，附加险包括附加绝对免赔率特约条款、附加车轮单独损失险、附加新增加设备损失险、附加车身划痕损失险、附加修理期间费用补偿险等11种。这些险种可以满足自动驾驶汽车所有人或者管理人各式各样的需求。例如，机动车损失险主要对机动车遭受的损失进行承保，这对于自动驾驶汽车显然也是适用的。考虑到自动驾驶汽车价值更为昂贵，所有人或者管理人购买机动车损失险的动力会更加强烈。

第三，机动车商业险可以增强所有人或者管理人的责任能力。虽然自动驾驶汽车到来后，所有人或者管理人不再实施具体的驾驶行为，但其仍然需要对事故损害承担责任。考虑到所有人或者管理人因为保有自动驾驶汽车而享有的利益，不排除承担无过错责任的可能。[①]此种背景下，

---

① 当前，许多学者都提出让所有人一方承担无过错责任。参见冯珏：《自动驾驶汽车致损的民事侵权责任》，载《中国法学》2018年第6期；郑志峰：《自动驾驶汽车交通事故责任的立法论与解释论——以民法典相关内容为视角》，载《东方法学》2021年第3期；殷秋实：《智能汽车的侵权法问题与应对》，载《法律科学（西北政法大学学报）》2018年第5期。

所有人或者管理人无疑是有动力购买商业险的。即使考虑到生产者一方的存在，所有人或者管理人也可能需要首先对受害人承担赔偿责任，此后再向生产者一方追偿。而在所有人或者管理人等车内人员因为自动驾驶汽车而受到损害的情形中，由于没有碰撞车辆的存在，相较于通过产品责任向生产者一方寻求救济，通过购买商业险的方式来获得赔偿的方法可能更加务实。

（二）保险内容

考虑到自动驾驶汽车的技术特征，现行机动车商业险规则需要作出适当调整。

第一，保险内容。现有机动车商业险项目是建立在传统汽车的产品性能和使用习惯上的，需要考虑自动驾驶汽车的一些新特征。相较于传统汽车对于物理安全的关注，自动驾驶汽车带来了新的安全风险，诸如网络安全、数据安全、软件升级等方面的保险需求将会增加。对此，2016年6月，英国阿德里安·夫勒克斯公司针对自动驾驶汽车推出的保险项目就充分考虑自动驾驶汽车的技术特征，有许多专属于自动驾驶汽车的保险条款：一些系统的更新或者安全补丁，如自动驾驶系统、防火墙、数字地图等在用户被通知的24小时内没有成功安装时；发生了无卫星信号/信号故障造成导航系统失效或者整车操作系统软件异常时；当在防止碰撞系统、操作系统或者导航系统发生故障，需要人为干预而没有能力及时干预时；车辆遭到黑客攻击时。[1]这些都是为自动驾驶汽车配套机动车商业险需要考虑的内容。

第二，保费模式。传统机动车商业险的保费主要取决于驾驶人的个人

---

① 参见柴占祥、聂天心、［德］Jan Becker编著：《自动驾驶改变未来》，机械工业出版社2017年版，第149页。

风险，而自动驾驶汽车去除了驾驶人个人风险的影响，传统的驾驶人风险评估因素，如年龄、性别将不再适用。与此同时，未来的自动驾驶汽车，通过监听、生物识别以及远程信息处理等技术，用户在车内睡觉、脱离方向盘、超速等信息都将被记录在线。基于此，有观点认为，传统年度保费模式（Annual Premiums）可能向实时保险模式（Real-Time Insurance）转变，即精准针对个体每一次用车风险进行保险。对此，我们可以想象，当你醉醺醺地坐上车，汽车会立刻发出警报："我们探测到您已喝醉。在行驶过程中，通常不需要您提供驾驶援助，但紧急情况下除外。如果您想现在用车的话，那么接下来12小时内或到达目的地之前，您的保费将增加到每小时2美元。如果接受，请您按下确认键。"同样，当出现周末开车时间过长、交通拥堵、高速行驶、在陌生社区停车等情形时，类似的警报都会响起。因此，未来自动驾驶汽车的保险模式很可能是基于微观风险，具体到每小时或每公里的收费。[①]一旦车辆进入犯罪率较高的地区，保险费用就会上升。[②]当然，出于延续现行机动车商业险模式的考虑，所有人或者管理人也完全可以继续适用年度保费模式。

（三）责任规则

对于机动车商业险的具体承担，需要区分两种情形：其一，自动驾驶汽车造成第三人损害，这涉及机动车商业险中的商业第三者责任险与交强险的适用问题。对此，根据《民法典》第1213条的规定，首先应当适用交强险，不足部分再适用商业第三者责任险。需要说明的是，商业第三者责任险并非政策性保险，主要目的是减轻所有人或者管理人的赔偿责任。

---

① 当然，这会引发隐私忧虑问题以及保险伦理正当性的争论。See Patrick Lin, No, Self-Driving Cars Won't Kill the Insurance Industry, Forbes, Apr.25, 2016.

② 参见［德］马里奥·赫格尔：《未来驾驶》，屈丽、王化娟译，电子工业出版社2020年版，第261页。

故此，商业第三者责任险的适用逻辑是有侵权责任才有保险责任，即其适用前提是确定机动车一方的赔偿责任。为了降低受害人获得赔偿的门槛，可以考虑让机动车一方承担无过错责任。其二，自动驾驶汽车造成车内人员损害、车辆财产损失等，此时需要适用机动车商业险中的机动车损失险、车上人员责任险以及附加险。与商业第三者责任险不同，机动车损失险、车上人员责任险以及附加险实行的是无责赔付，即无须首先确定机动车一方的责任，只要自动驾驶汽车出现损失、车上人员受伤等条件出现，保险公司就应当予以赔付。[①]

（四）豁免事由

在豁免事由上，机动车商业险与交强险是一样的。在具体追偿上，相较于传统汽车，需要高度重视如下情况。

第一，生产者一方的责任。考虑到自动驾驶汽车的技术特点，驾驶人的角色逐渐消失，事故的发生多是因为自动驾驶汽车产品本身的故障，保险公司在承担保险责任后，向生产者一方追偿将成为一种常态。

第二，使用人一方对自动驾驶汽车缺乏必要的保养与维护。虽然使用人一方无须实际操控自动驾驶汽车，但仍负有维护和保养义务。[②]如果自动驾驶汽车发出维修警示或者安全攸关的软件更新提示，而使用人一方置之不理的话，那么对于由此引发的交通事故，理应由使用人一方承担。与此同时，使用人对自动驾驶汽车的不当使用，也会使自己成为保险公司追偿的对象，如在不满足设计运行条件时强行开启自动驾驶模式，导致交通

---

① 参见北京市第一中级人民法院（2015）一中民（商）终字第4317号民事判决书、广东省广州市中级人民法院（2010）穗中法民二终字第61号民事判决书、浙江省宁波市海曙区人民法院（2011）甬海商初字第659号民事判决书等。

② See Ujjayini Bose, The Black Box Solution to Autonomous Liability, 92 Wash. U. L. Rev. 1325, 2014, p.1338.

事故发生，那么理当由使用人承担责任。[①]此外，使用人故意干扰或者更改自动驾驶系统，也需要承担赔偿责任。

第三，其他原因。自动驾驶汽车的交通事故还可能是因为第三人行为、受害人故意等原因造成，特别是第三人非法入侵自动驾驶系统的情形很可能频繁出现。[②]对于受害人故意的情形，保险公司可以豁免赔偿责任。对于第三人原因造成的事故，保险公司在承担赔偿责任后，可以向第三人追偿。

三、产品责任险的引入

通过交强险与机动车商业险的改造，可以为自动驾驶汽车事故受害人提供较为基本的保障，但要想实现全面的赔偿与救济，最大程度发挥责任保险保驾护航的作用，必须将生产者一方的责任纳入考量。对此，引入产品责任险是一个不错的选择。

（一）正当依据

产品责任险，是指由于产品存在缺陷，造成使用该产品的人或第三者人身伤害或财产损失，依据法律应由被保险人承担赔偿责任，经被保险人在保险期限内提出索赔时，保险公司根据保险单的规定，在约定的赔偿限额内予以赔偿。[③]对于自动驾驶汽车来说，生产者一方购买产品责任险，

---

① See Gary E. Marchant, The Coming Collision Between Autonomous Vehicles and the Liability System, 52 Santa Clara Law Review 1321, 2012, p.1327.

② See Alexa Liautaud, Autonomous Car Era Brings Risk of Hijacking by Hackers, Automotive News, Sept. 4, 2014.

③ 参见王鹡峰、栾群：《完善自动驾驶汽车上路致损保险法律制度》，载《中国信息化周报》2020年7月13日，第16版。

有助于分散责任风险，救济受害人。

第一，符合自动驾驶汽车的技术特征。自动驾驶汽车压缩了驾驶行为的存在空间，使用人一方为责任买单的正当性受到质疑，事故责任很可能绕过使用人，归于生产者一方。如果责任的重担绕开了人类司机，落到了自动驾驶汽车的头上，那么保险公司将不得不改变赔偿成本的结构。此种背景下，投保主体将会由车主逐渐变为生产者一方。[①]在赔偿责任日益向生产者一方转移的背景下，鼓励生产者一方购买产品责任险，也是顺应自动驾驶汽车发展的务实做法。

第二，符合自动驾驶汽车生产商的利益。与交强险不同，法律一般不强制要求企业购买产品责任险。有观点认为，如果基于生产者严格责任设计保险，生产者需要支付较高的保费，保险人也未必乐意提供此种保险，这就不利于交通事故受害人获得保险保障。[②]对此，笔者认为，产品责任险的目的是缓解企业承担产品责任的压力，考虑到自动驾驶汽车的运行机制，造成交通事故的绝大多数原因将来自产品缺陷，生产者一方势必对产品责任险感兴趣。至于保险公司完全可以通过保险的计算来规避风险和覆盖成本，并不会拒绝这一庞大的保险市场。事实上，生产者一方为自动驾驶汽车购买保险已经成为一种趋势。例如，当前各国法律法规都要求企业为进行道路测试的自动驾驶汽车购买保险，其本质就是通过责任保险为产品质量提供担保。这种方法是很有前瞻性的，应当将其适用于所有的自动驾驶汽车，而不仅仅是正在道路测试的车辆。[③]在自动驾驶汽车大规模商

---

① 参见杨宽、陆盛赟：《无人驾驶》，化学工业出版社2022年版，第202页。

② 参见邢海宝：《智能汽车对保险的影响：挑战与回应》，载《法律科学（西北政法大学学报）》2019年第6期。

③ 参见［德］马库斯·毛雷尔、［美］J.克里斯琴·格迪斯、［德］芭芭拉·伦茨、［德］赫尔曼·温纳主编：《自动驾驶：技术、法规与社会》，白杰、黄李波、白静华译，机械工业出版社2021年版，第454页。

业化落地后，也可以延续这一方法，由生产者一方承担更多的投保义务，购买产品责任险。

第三，不会产生道德风险。有观点认为，保险事故的发生概率很大程度上取决于车辆所有人的行为水平与行为方式，是汽车所有人（机动车责任保险的被保险人），而非制造商（产品责任保险的被保险人）控制着行为水平（方式）。产品责任险的存在会诱发道德风险，鼓励个体以更为鲁莽的方式行事，进而引发更多的交通事故。[①]对此，笔者认为，产品责任险并非要取代机动车一方购买的交强险与机动车商业险，两者并不冲突。自动驾驶汽车的安全既依赖于机动车一方的使用行为，也需要依靠生产者对于产品质量的保障，甚至后者更为重要。在强制和鼓励机动车一方购买交强险与机动车商业险的同时，鼓励生产者一方购买产品责任险并无不妥，不会诱发机动车一方鲁莽使用自动驾驶汽车的道德风险。

（二）保险规则

对于自动驾驶汽车产品责任险的适用，可以遵循如下规则。

第一，保险性质。一方面，产品责任险并非强制保险，与所有人或者管理人购买的机动车商业险一样，都属于商业险的一种。故此，生产者一方可以自由选择是否购买产品责任险。如果生产者一方对于生产的自动驾驶汽车产品质量十分有信心，完全可以选择不购买产品责任险，直接承担产品责任即可。这给了企业极大的自主性，可以根据自动驾驶技术的成熟度来调整产品责任险的购买意愿。另一方面，产品责任险属于有责赔偿的保险，适用前提是生产者一方需要承担产品责任，这与交强险是不同的。产品责任险的目的是对产品缺陷造成的损害进行承保，缓解生产者一方的

① 参见马宁：《因应自动驾驶汽车致损风险的保险机制》，载《华东政法大学学报》2022年第1期。

诉讼和赔偿压力，同时能更好地救济事故受害人。

第二，投保主体。自动驾驶汽车涉及成千上万的零部件，是现代工业文明的集大成者。从理论上看，每一项自动驾驶细分技术都可能是造成车祸事故的直接原因。那么，究竟是由最后组装出售的厂商进行统一购买产品责任险，还是由提供各个部分技术的制造商分别购买？①考虑到对每项技术进行严格细分不太现实，理当由作为整车生产者的企业统一承担产品责任和购买产品责任险。与此同时，根据《民法典》的规定，产品责任的主体包括生产者和销售者，两者需要对外承担连带责任。对于生产者来说，其需要保障自动驾驶汽车的产品质量，对于因产品缺陷引发的损害，需要承担无过错的产品责任。故此，生产者是购买产品责任险的主力。至于销售者，虽然对外需与生产者共同承担产品责任，但内部承担的仍然是过错责任。在没有过错的情况下，销售者承担产品责任后可以向生产者追偿。故此，销售者可能没有非常强的动力去购买产品责任险。

第三，责任规则。对于自动驾驶汽车引发的事故，应当先适用无责赔偿的交强险，在交强险保险数额内予以赔偿。不足部分，则继续适用机动车商业险。如果还有剩余部分，则需要由机动车一方承担赔偿责任。在保险公司以及机动车一方承担赔偿责任后，可以向对事故发生负有责任的主体进行追偿。其中，概率最高的应当是自动驾驶汽车的生产者。生产者一方为了减轻赔偿责任，可以选择购买产品责任险。如此一来，保险公司以及机动车一方只需要向承保产品责任险的保险公司进行追偿即可，无须直接向生产者追偿。对此，可以考虑引入赔偿限额规则，即一边降低产品责任险的适用门槛，提高机动车一方追偿的可能性，一边限制机动车一方的赔偿限额以及诉权，以实现各方利益的平衡。当然，如果生产者没有购买

---

① 参见许闲：《自动驾驶汽车与汽车保险：市场挑战、重构与应对》，载《湖南社会科学》2019年第5期。

产品责任险，那么保险公司有权直接向生产者追偿。

四、配套制度

（一）更新道路交通事故救助基金

虽然我国已经建立了以交强险与机动车商业险为主体的机动车责任保险体系，但仍然可能存在对交通事故受害人保障不力的情况。例如，机动车所有人违反规定没有投保交强险，也没有投保机动车商业险，同时又没有赔偿能力。对此，《道路交通安全法》第17条规定："国家实行机动车第三者责任强制保险制度，设立道路交通事故社会救助基金。具体办法由国务院规定。"第75条规定："医疗机构对交通事故中的受伤人员应当及时抢救，不得因抢救费用未及时支付而拖延救治。肇事车辆参加机动车第三者责任强制保险的，由保险公司在责任限额范围内支付抢救费用；抢救费用超过责任限额的，未参加机动车第三者责任强制保险或者肇事后逃逸的，由道路交通事故社会救助基金先行垫付部分或者全部抢救费用，道路交通事故社会救助基金管理机构有权向交通事故责任人追偿。"

这种情况仍然可能发生在自动驾驶汽车身上，故此，需要在责任保险制度之外更新配套道路交通事故救助基金制度。欧盟《机器人技术民事法律规则》就指出，对于人工智能的责任分担问题，与机动车保险的情况一样，可以考虑建立赔偿基金，作为强制保险制度的一个补充，赔偿基金可以确保未被保险覆盖的损害可以得到弥补，这是设立赔偿基金的首要目的。[①]如果机器人造成的损害不属于保险范畴，赔偿基金可以发挥其作用。同样，对于自动驾驶汽车而言，有必要在责任保险之外，更新道路交通事

① 参见《欧洲机器人技术民事法律规则》，席斌译，载上海市法学会编：《上海法学研究》第5卷，上海人民出版社2021年版，第11页。

故救助基金，确保在肇事的自动驾驶汽车没有投保交强险、机动车商业险的情况下，受害人能够得到及时救治。

（二）强制安装数据记录装置

判断自动驾驶汽车事故发生的原因是合理分配责任的前提基础，对于侵权责任以及保险责任的适用都有重要意义。特别是对于保险公司来说，如何确定事故发生的事实并借此厘清责任是至关重要的。[①]2019年，中国保险行业协会发布行业标准《机动车保险车联网数据采集规范》，明确指出："保险公司借助车联网技术，积累和利用车联网数据，能够全面提升车险定价、产品、客服、理赔的精细化管理水平，实现车险经营管理创新。"对于自动驾驶汽车来说，采取相关汽车数据对于及时完善配套责任保险制度至关重要。

对此，有必要强制自动驾驶汽车安装数据记录装置，即引入"黑匣子"技术。所谓"黑匣子"，通常是指飞机上装备的"飞行数据记录仪"（Flight Data Recorders），用于记录和传送有关飞机运行以及飞行员操作的数据。通过分析这些数据就能确定事故发生的真正原因，即究竟是人为操作失误还是机器故障，抑或是其他外部原因。笔者认为，对自动驾驶汽车应借鉴飞机事故责任认定机制，引入"黑匣子"技术。具体而言，"黑匣子"可以记录以下数据：其一，记录交通事故发生时汽车是处于自动驾驶模式还是处于手动驾驶模式，以适用不同责任规则。其二，记录汽车运行时的各项数据，包括内部数据和外部数据，前者如车速、刹车状况、油门位置、引擎转速、使用人是否系安全带等，后者如路况、天气情况等。通过分析这些数据，可以确定交通事故发生的具体原因，进而更为精准地分

---

① 参见［爱尔兰］戴维·克里根：《无人驾驶：未来出行与生活方式的大变革》，谭宇墨凡译，机械工业出版社2019年版，第182页。

配责任。其三，记录使用人是否妥当履行接管职责。自动驾驶汽车并非万能，紧急情况下可能需要使用人的介入。对此，“黑匣子”可以记录使用人的生理状态、介入环境、介入措施等数据，以判别使用人是否妥当履行接管职责，从而合理界定责任。

事实上，美国、德国、日本等都强制要求自动驾驶汽车安装“黑匣子”。例如，美国加利福尼亚州、内华达州等就规定，自动驾驶汽车交通事故发生前30秒的数据必须被记录，并至少保存3年。[①]德国也要求所有自动驾驶汽车都必须安装类似“黑匣子”的装置，用于记录交通事故发生时的数据，以便明确各方责任。[②]我国《智能网联汽车道路测试与示范应用管理规范（试行）》第8条也明确要求进行道路测试和示范应用的自动驾驶汽车必须具备车辆状态记录、存储及在线监控功能，能实时回传车辆标识（车架号或临时行驶车号牌信息等），车辆控制模式，车辆位置以及车辆速度、加速度、行驶方向等运动状态四项信息，并自动记录和存储车辆事故或失效状况发生前至少90秒的数据，数据存储时间不少于1年。《关于加强智能网联汽车生产企业及产品准入管理的意见》也明确要求自动驾驶汽车“应具有事件数据记录系统和自动驾驶数据记录系统，满足相关功能、性能和安全性要求，用于事故重建、责任判定及原因分析等。其中，自动驾驶数据记录系统记录的数据应包括车辆及系统基本信息、车辆状态及动态信息、自动驾驶系统运行信息、行车环境信息、驾乘人员操作及状态信息、故障信息等”。当然，“黑匣子”技术可以让事故责任的分担更加清晰，但也会引发用户的隐私与个人信息保护危机。故此，我们需要关注自动驾驶汽车的数据治理问题。

---

① See Julie Goodrich, Driving Miss Daisy: An Autonomous Chauffeur System, 51 Hous. L. Rev. 265, 2013, p.289.

② See Thomas Escritt, Germany Adopts Self-Driving Vehicles Law, Reuters, May 12, 2017.

第七章

自动驾驶汽车的隐私与个人信息保护

人工智能具有巨大的社会价值，但也会带来一系列法律挑战。其中，隐私与个人信息保护问题尤为显著，已经成为当前最具挑战性的话题。[①]作为人工智能的典型应用，自动驾驶汽车也不例外。自动驾驶汽车的运行需要大量数据作为支撑，其中很多数据与个人密切相关，车主、驾驶人、乘客、道路上行人的相关信息都可能被收集和处理，甚至包括人脸、指纹、地理位置等敏感个人信息。[②]与此同时，相较于其他的人工智能科技，自动驾驶汽车的隐私和个人信息保护问题具有其特殊性，因为汽车是移动的，一旦被装上高分辨率的摄像头，外加远超人类的感知与识别能力，汽车可能成为“机器人间谍”。自动驾驶汽车可以拍下乘客或者路人的照片，收集用户的各种个人信息，并对这些数据进行加工和利用，由此产生严重的隐私和个人信息保护危机。[③]

相较于自动驾驶汽车的侵权责任话题，隐私和个人信息保护问题常常被人们遗忘或忽略。[④]事实上，自动驾驶汽车引发的隐私与个人信息保护

---

① 参见郑志峰：《人工智能时代的隐私保护》，载《法律科学（西北政法大学学报）》2019年第2期。

② 参见徐子淼：《智能网联汽车数据处理的法律规制：现实、挑战及进路》，载《兰州大学学报（社会科学版）》2022年第2期。

③ 参见［美］胡迪·利普森、梅尔芭·库曼：《无人驾驶》，林露茵、金阳译，文汇出版社2017年版，第290页。

④ 例如，当前我国学者大多聚焦于自动驾驶汽车交通事故责任的承担问题，专门就隐私和个人信息保护问题进行探讨的很少。参见郑戈：《数据法治与未来交通——自动驾驶汽车数据治理刍议》，载《中国法律评论》2022年第1期；徐子淼：《智能网联汽车数据处理的法律规制：现实、挑战及进路》，载《兰州大学学报（社会科学版）》2022年第2期。

问题更加值得重点关注。随着技术的成熟，自动驾驶汽车会越来越安全，事故责任问题将会日渐式微，不再是一个紧迫严峻的问题。而隐私与个人信息保护问题则会相反，因为自动驾驶汽车越智能，就意味着需要收集和处理更多的个人信息。这使得隐私和个人信息保护问题值得认真探讨，甚至会成为自动驾驶时代最严峻的挑战。[①]为此，本章将专门针对自动驾驶汽车的隐私与个人信息保护问题展开分析，以期提出应对之策。

第一节　自动驾驶汽车的隐私与个人信息保护危机

自动驾驶汽车的运行需要不断地收集处理各种数据，这些数据既包括车况、路况等道路环境数据，也包括用户甚至行人的个人信息，蕴含严重的隐私与个人信息保护危机。为充分了解自动驾驶汽车对于隐私和个人信息保护的影响，我们必须首先了解自动驾驶汽车如何收集和处理数据。

一、更强大的收集能力

自动驾驶汽车是一台装满传感器的移动数据记录机器，具有强大的数据收集能力，这是侵害用户隐私与个人信息的基础。

第一，每一辆自动驾驶汽车都装备着许多非常醒目的传感器，从激光雷达到摄像头，还有一些不那么醒目的微型传感器，如安装在轮轴上的负责监控汽车是否偏离了全球定位系统导航仪所制定路线的传感器等。[②]根

---

① See Dorothy J. Glancy, Privacy in Autonomous Vehicles, 52 Santa Clara L. Rev. 1171, 2012, p.1172.

② 参见郑戈：《数据法治与未来交通——自动驾驶汽车数据治理刍议》，载《中国法律评论》2022年第1期。

据一份报告显示，一辆自动驾驶汽车可能有超过145个执行器和75个传感器。[①]随着技术的发展，自动驾驶汽车的传感器数量将会快速增长。这些传感器让汽车能够持续摄制高分辨率、高帧率的360度全景视频，持续收集有关车况、路况、个人信息等数据，以便自动驾驶系统能够对周围的环境作出正确的判断。在各类传感器的监测下，用户的各项数据尽收眼底，这与手机、电脑、传统汽车等通常的隐私侵害科技不可同日而语。

第二，采集的数据类型多样，体量巨大。自动驾驶汽车收集的数据种类多样，包括车辆基础数据（车牌号、车辆型号、车辆尺寸等信息），以及车辆在测试和实际驾驶两个阶段中采集处理的数据，具体包括车外数据（通过摄像头、雷达等传感器获取的建筑、地形、道路、天气、其他交通参与者等车外信息）、座舱数据（通过传感器从汽车座舱内获取的驾驶员人脸、声纹、指纹等信息）、运行数据（汽车内置传感器从车辆电子电气系统获得的数据）和位置轨迹数据（汽车定位和途径路径相关数据）。[②]与此同时，各项数据的类型非常精细化和深度化，如车辆部件状态数据超过70维，用户个人数据和行为数据超过20维，环境数据超过30维，总体超过百维。[③]这使得汽车数据的价值巨大，利用的潜力无限。

第三，随着安全需求的解决，自动驾驶汽车将会为用户提供越来越多的个性化服务。为了满足持续开发、服务精准性和高附加值增值服务等商业需求，汽车被嵌入越来越多的传感器等数据采集硬件和人机交互逻辑，

---

① See Emilio Longoria, Invisible, but Not Transparent: An Analysis of the Data Privacy Issues That Could Be Implicated by the Widespread Use of Connected Vehicles, 28 Alb. L.J. Sci. & Tech. 1, 2017, p.7.

② 参见徐子淼：《智能网联汽车数据处理的法律规制：现实、挑战及进路》，载《兰州大学学报（社会科学版）》2022年第2期。

③ 参见闫兆腾、朱红松：《智能网联汽车数据采集安全风险研究》，载《保密科学技术》2021年第10期。

逐渐成为新一代数据采集终端。[①]随着技术的发展，在安全出行的基本功能之外，自动驾驶汽车还会不断升级装备，安装语音识别、视频录制甚至是生物探测等技术，尽可能地收集用户的个人信息，以便为用户提供贴心的定制服务。可以想象的是，未来的自动驾驶汽车将是全能型选手，它们可以充当用户的私人助手，为用户读取短信、联系朋友以及处理公务；它们也可以扮演用户的朋友，与用户分享日常学习、生活和工作的点滴；它们甚至还可以充当用户的私人医生，监测和采集用户的生理数据，为用户提供健康指导。而个性化服务的基础是用户必须让渡隐私与个人信息。考虑到自动驾驶汽车的未来发展，其对于用户个人信息的收集几乎是没有限制的，包括用户的生物识别数据、乘客的清单、驾驶习惯、短信、通信录、聊天记录、网购信息、健康状况、犯罪记录、财务信用等。换言之，自动驾驶汽车可以被设计成收集“一切相关的数据”。[②]

二、更强悍的处理能力

收集数据是为了处理数据。自动驾驶汽车具有强大的数据处理能力，为用户隐私与个人信息保护带来巨大的风险。

第一，自动驾驶汽车不仅能够收集各种各样的数据，还会将这些数据永久地存储，以便后续利用。尽管自动驾驶汽车本身的存储能力可能受到设计的限制，但自动驾驶汽车可以将收集的数据上传到场外数据服务器中加以永久储存。这些场外服务器不仅储存能力惊人，而且其存在的目的

① 参见陈如冰：《“软件定义汽车”时代：风险与应对》，载《智能网联汽车》2022年第1期。

② See Emilio Longoria, Invisible, but Not Transparent: An Analysis of the Data Privacy Issues That Could Be Implicated by the Widespread Use of Connected Vehicles, 28 Alb. L.J. Sci. & Tech. 1, 2017, pp.8–9.

就是要永久储存这些数据以备将来持续利用。事实上，一些汽车制造商已经宣布计划建立新的场外服务器，专门用于存储和分析自动驾驶汽车在运行过程中收集的所有数据。[①]与此同时，自动驾驶汽车还强调车与外界的互联，这意味着自动驾驶汽车能够持续地将收集的数据上传到云端、用户终端、政府终端、企业终端等进行储存。这种独立于自动驾驶汽车实体的分散式、永久性的储存方式，无疑会进一步加剧隐私与个人信息被侵害的风险。

第二，自动驾驶汽车具有超强的数据分析能力。相较于手机、电脑等通常的隐私侵害科技，自动驾驶汽车具有串联用户日常生活轨迹的功能，这使得用户的完整“画像”能够被轻易描绘。举例来说，如果你用谷歌浏览器搜索本地的塔吉特商场，驱车前往并以现金方式购买一台游戏机，然后在回家的路上用万事达信用卡为车加满了油。对此，这三个独立的公司分别获取了上述三种信息：谷歌公司只知道你搜索了塔吉特商场，但不知道你是否去过那里或者购买了什么商品；塔吉特商场只知道你购买了一台游戏机，但并不知道你是如何找到这家店的；而万事达公司知道你用信用卡加了油，但并不知道你做的其他两件事。然而，如果你有一辆谷歌公司的自动驾驶汽车的话，那么一切将变得简单，谷歌公司将知道你搜索了塔吉特商场，知道你前往这家商场购买了一台游戏机，还知道你在回家的路上去了加油站。通过自动驾驶汽车，谷歌公司将你所有的行动串联起来，并可能在未来利用它们向你推销产品和服务。[②]此外，利用这些数据，政府部门还可以从事监视、追踪、罚款等各种活动，用户的隐私和个人信息

---

① See Yevgeniy Sverdlik, Toyota to Build Data Center for Connected-Car Data, Data Center Knowledge, Jan. 4, 2016.

② 参见［美］约翰·弗兰克·韦弗：《机器人也是人：人工智能时代的法律》，郑志峰译，元照出版社2018年版，第110—111页。

保护危机势必进一步加剧。[①]

第三，自动驾驶汽车的数据处理主体非常多样化。自动驾驶汽车的运行离不开各方主体的支持，包括但不限于原始设备制造商、组件供应商、芯片供应商、电信运营商、设备制造商、平台运营商、数据中心、汽车维修商、汽车保险公司等。这些利益主体可以集成到自动驾驶汽车中，共同为用户提供出行服务。[②]在自动驾驶汽车的运行中，数据处理者可能涉及多个，不同数据处理者对于数据的处理目的可能相同，也可能并不一致。例如，对于驾驶人人脸、声纹、心率等个人信息，自动驾驶系统供应商出于运行安全的目的，去监测分析驾驶人的驾驶状态和操作指令；智能座舱供应商则可能出于安防、娱乐、健康等其他目的，去处理驾驶人的个人信息。这种多方共同参与的数据处理，需要明确个人信息保护的责任主体。

三、更复杂的数据流转

自动驾驶汽车收集的数据常常需要对外流转，这进一步加剧了用户隐私与个人信息保护的危机。

首先，自动驾驶汽车不仅要完成车内数据流通，还要实现车与人、车与车、车与路、车与云等多维度之间的数据交互。一方面，这种数据交互主要是出于运行安全的考虑，可以帮助自动驾驶汽车更加安全和高效的行驶。在此过程中，自动驾驶汽车的数据流转是以一种半公开的方式完成的。具言之，在自动驾驶汽车的运行中，用户无法精确锁定汽车数据传送的对象，无论是陌生人，还是亲密的家人朋友，抑或是讨厌的敌人，所有

---

① See Dorothy J. Glancy, Privacy in Autonomous Vehicles, 52 Santa Clara L. Rev. 1171, 2012, pp.1208–1209.

② 参见张韬略、钱榕：《迈入无人驾驶时代的德国道路交通法——德国〈自动驾驶法〉的探索与启示》，载《德国研究》2022年第1期。

访问自动驾驶汽车通信系统的实体都有相同的能力来接收任何一辆自动驾驶汽车广播的数据。[①]这种半公开的传输方式确保了车与车、车与路之间的实时交互，增强了自动驾驶汽车的运行安全，但这也意味着汽车广播的数据将被路上偶然路过的其他自动驾驶汽车或基础设施所接收，用户的隐私和个人信息将更加容易受到侵害。另一方面，这种数据交互还可能出于其他目的。例如，有新闻报道，某品牌的新能源汽车装有一种名为“车车互联”的功能，一辆汽车的用户可以通过该功能看到其他车辆行车记录仪的实时画面，以此满足用户“看世界”“社交”等方面的需求。[②]无论是出于何种原因的数据流转，都会加剧个人信息保护的难度。

其次，在整个自动驾驶汽车产业链中，还存在上下游行业之间的数据流动，如汽车生产、汽车保险、汽车维修等行业之间，不可避免会存在数据的共享和交换。[③]整车厂商与合作伙伴相互共享汽车数据，同时以数据交易或者数据分析服务的形式将汽车数据出售给第三方。在几乎所有自动驾驶汽车企业的隐私声明中，都明确约定会采集汽车数据，来优化和改进服务，提升用户体验；同时，隐私声明还提出需要用户授权将其采集的汽车数据与零部件厂商、平台服务商以及不确定的未来可能集成功能的第三方合作商共享。[④]这种多方参与的数据流转图景，也让隐私与个人信息保护问题变得更加复杂。

最后，汽车数据的跨境流通进一步加剧用户隐私与个人信息侵害的风险。汽车是全球性商品，一辆汽车的零部件可能来自全世界各个地方的供

---

① See Jose J. Anaya et al., A Novel Geo-Broadcast Algorithm for V2V Communications over WSN, 3 Electronics 521, 2014, p.522.

② 参见李硕：《“车车互联”可看其他车行驶画面　高合汽车行车记录仪泄露隐私？》，载《每日经济新闻》2022年5月12日，第8版。

③ 参见徐子淼：《智能网联汽车数据处理的法律规制：现实、挑战及进路》，载《兰州大学学报（社会科学版）》2022年第2期。

④ 参见闫兆腾、朱红松：《智能网联汽车数据采集安全风险研究》，载《保密科学技术》2021年第10期。

应链，全球化融合的程度非常高。与此同时，我国自动驾驶汽车市场中，合资品牌智能汽车占比很高，根据中国汽车工业协会统计数据，当前中国汽车制造行业中合资生产的车辆占比高达60%，此外还有一部分汽车属于境外进口的自动驾驶汽车。这些自动驾驶汽车的网络服务可能由境外企业提供和负责运营，车辆在运行过程中产生的用户信息将会被传往国外进行存储和处理，国内主体对于数据的控制力便会大大降低，一旦发生泄漏或者恶意交易，将会对个人隐私、财产、人身安全带来威胁，甚至可能影响到国家安全和公共利益。①

四、更广泛的侵害对象

自动驾驶汽车对于个体隐私与个人信息的侵害具有开放性，几乎会影响到现代社会的每个人。对于自动驾驶汽车来说，使用人是隐私和个人信息保护的典型代表，但不排除车主、乘客和行人在某些情况下构成保护对象。②

第一，车内人员。自动驾驶汽车首先影响的是车内人员，主要包括如下几类：其一，车主。车企通常会收集车主的个人信息，以便确保自动驾驶汽车的安全，避免自动驾驶汽车被非法驾驶。其二，使用人。一般来说，车主也是使用人，也就是所谓的司机或者驾驶人。使用人在使用自动驾驶汽车时会置身于各种传感器、人机交互逻辑之中，进而处于被监控、被收集、被处理的环境之下。在所有人与使用人并非同一人时，使用人使用自动驾驶汽车也会面临被监控、被收集、被处理的情形。其三，其他乘客。

---

① 参见徐子淼：《智能网联汽车数据处理的法律规制：现实、挑战及进路》，载《兰州大学学报（社会科学版）》2022年第2期。

② 参见张韬略、蒋瑶瑶：《智能汽车个人数据保护——欧盟与德国的探索及启示》，载《德国研究》2019年第4期。

自动驾驶汽车除开启自动驾驶功能的使用人外，还可能搭载其他乘客。这些乘客或者在前排副驾驶位置上就座，或者坐于后排，也会面临隐私和个人信息被侵害的可能。例如，全车布置了智能座舱、摄像头、录音设备等，那么每个位置上的乘客的个人信息都会被传感器捕捉到。又如，自动驾驶汽车的运行轨迹、位置信息等，对于所有的车内人员都是通用的。

第二，车外行人。与其他智能科技相比，自动驾驶汽车的侵害对象具有开放性的特点，具体表现为两个方面：一是侵害对象不限于使用自动驾驶汽车的车内人员，还包括不特定的车外行人。自动驾驶汽车需要识别周围的道路环境，如马路上的行人、红绿灯路口的行人等，以确保自动驾驶系统做出正确的决策。因此，自动驾驶汽车需要收集运行环境内的行人信息，如摄像头可能收集到行人的个人信息，甚至是人脸等敏感个人信息。这种强烈的负外部性，使得自动驾驶汽车的隐私与个人信息保护呈现出极大的侵害性。二是自动驾驶汽车并非静止的智能科技，而是流动的智能科技。这使得自动驾驶汽车对于车外行人的侵害几乎是不可预测的，这大幅扩展了隐私和个人信息侵害的范围和程度。这意味着只要行人出现在马路、小区、公交站等公共场所，都有可能被自动驾驶汽车监控。

五、更严重的侵害结果

自动驾驶汽车侵害隐私和个人信息的后果是非常多样和严重的，既包括隐私与个人信息等人格利益的侵害，甚至还可能造成严重的人身和财产损害。[①]

第一，侵害隐私与个人信息。与公交车和出租车不同，私家车通常被

① 参见郑志峰：《人工智能时代的隐私保护》，载《法律科学（西北政法大学学报）》2019年第2期。

认为是一个私密的空间，一辆长满了“眼睛”的汽车，必然引起人们在隐私方面的担忧。[①]自动驾驶汽车配备有传感器并能连接到公共和私人的各种网络中，可以通过记录网络中每个人的行踪来提高当前的监视水平，从而可以在任何地方找到任何人，并确切地知道他们在自己的车里都做了什么。[②]与此同时，自动驾驶汽车收集了海量的个人信息，其中许多都是敏感的个人信息。例如，用户的出行数据往往能够准确、全面地记录一个人的公共生活，反映出他或她的家族、政治、专业、宗教和性方面的丰富细节。若这些数据被非法利用，那么用户隐私与个人信息将受到难以弥补的侵害。此外，持续的数据处理和交换加大了个人数据泄漏的风险。一旦某个环节被病毒攻击，就可能造成大量个人数据的泄露，带来难以挽回的损害，[③]甚至可能引发不可预知的下游犯罪、社会分选或歧视、监控不安等新型损害。[④]

第二，可能引发物理性损害。自动驾驶汽车的运行离不开数据，这意味着数据安全与汽车的运行是密切相关的，汽车的启动、加速、刹车、停车等都需要传感器收集数据，系统处理数据。如果数据安全得不到保障，很可能影响自动驾驶汽车的运行安全。例如，非法阻止自动驾驶汽车获取地图数据、道路数据，或者为自动驾驶汽车传输错误的、伪造的数据，如输入错误的交通信号、目的地等数据，进而引发自动驾驶汽车运行故障，甚至是严重的交通事故。这不仅会对个体用户造成人身财产上的损害，还

---

① 参见郑戈:《数据法治与未来交通——自动驾驶汽车数据治理刍议》，载《中国法律评论》2022年第1期。

② 参见[美]塞缪尔·I.施瓦茨、凯伦·凯利:《无人驾驶：重新思考未来交通》，李建华、杨志华译，机械工业出版社2021年版，第176页。

③ 参见张韬略、蒋瑶瑶:《智能汽车个人数据保护——欧盟与德国的探索及启示》，载《德国研究》2019年第4期。

④ 参见冷传莉、杜明强:《人工智能的法律规制研究》，人民法院出版社2022年版，第143页。

会危及社会甚至国家安全。[①]一旦自动驾驶汽车收集的重要数据泄露就意味着一个国家的重要情报被敌人掌握，这将严重危害一个国家的安全。

第二节 自动驾驶汽车隐私与个人信息保护的比较考察

面对自动驾驶汽车引发的隐私与个人信息保护危机，各国都在积极出台相关政策法规，以便为自动驾驶汽车的到来做好准备。下面，我们将重点考察欧洲与美国的做法，同时结合我国的情况进行分析。

一、美国法的考察

2016年9月，美国交通部国家公路交通安全管理局发布《联邦自动驾驶政策：加速道路安全变革》（AV 1.0），确立的安全评估标准涵盖了十五个方面，其中就包括隐私，具体对制造商提出了七项要求：第一，透明度。制造商需要为消费者提供可访问、清晰、有意义的数据隐私和安全通知/协议，其中应包含《白宫消费者隐私权利法案》中概述的基本保护，并解释他们的车辆产生或接收的数据在实体中是如何收集、使用、共享、保护、审计和销毁的。第二，选择。为车主提供关于数据的收集、使用、共享、保留和解构的选择，包括可以合理链接到他们个人的地理位置、生物特征和驾驶员行为等个人数据。第三，尊重场景。仅以与最初收集数据的目的一致的方式使用自动驾驶汽车产生收集的数据（如适用的数据隐私

① 参见李强、王文强：《智能网联汽车及其数据安全问题探析》，载《中国安防》2021年第12期。

声明/协议中所述)。第四，最小化、去识别化和存储。根据适用的数据隐私通知/协议和原则，仅在必要时收集和保留实现合法商业目的所需的最低限度的个人数据，并在可行的情况下采取措施对敏感数据进行去识别化。第五，数据安全。实施与数据丢失或未经授权披露数据所造成的损害相称的数据保护措施。第六，完整性和访问。采取措施保持个人数据的准确性，并允许车辆操作员和车主在收集到直接或合理地将数据与特定车辆或个人联系起来时审查和更正此类信息。第七，问责制。采取合理措施，通过评估和审计的方法和实践中隐私和数据保护等活动，确保收集或接收消费者数据的实体遵守适用的数据隐私和安全协议/通知。

2017年1月，两名议员在参议院提交了一个名为《2017年汽车安全与隐私法》(Security and Privacy in Your Car Study Act of 2017)，目的主要是为汽车确定适当的网络安全标准。其一，国家公路交通安全局应当与其他部门一起研究，以确定在美国制造或者进口的汽车符合适当的网络安全监管标准。其二，明确“驾驶数据”(driving data)的定义，包括任何与下列两项相关的电子信息：车辆的状态，包括其位置或速度；车辆的任何车主、承租人、驾驶员或乘客。

2017年7月，美国众议院提出《自动驾驶法案》，第12条专门规定了自动驾驶汽车的隐私计划。其一，隐私计划。制造商不得以任何形式销售自动驾驶汽车，除非制订了一项隐私计划，包括如下内容：一份关于自动驾驶汽车是如何收集、使用、共享和存储车主或者乘客个人信息的书面隐私计划；一种向车主或者乘客提供有关隐私政策通知的方法；通过更改或者组合使个人信息无法识别车主或者乘客的，制造商无须在隐私政策中说明有关该信息的流程或者做法；如果车主或者乘客的个人信息被匿名或者加密，制造商无须在隐私政策中说明有关该信息的流程或者做法。其二，研究。联邦贸易委员会应当对自动驾驶汽车的市场进行调研，并向众议院能源和商业委员会和参议院商业、科学和交通委员会提交报告，包括对以下问题的审查：生态系统中的哪些实体可以访问车主或乘客的数据；自动驾驶汽车市场中的哪些实体有隐私计划；此类隐私计划中有哪些条款和披露，包括有关收集、使用、共享和存储车主或乘客数据的内容；向消费者披露了哪些关于此类隐私计划的信息；车辆在出售、出租、租用或以其他方式被新的车主或使用人占有时，有哪些方法可以删除存储在车辆内的原车主或者乘客的任何数据。其三，联邦贸易委员会执法。违反上述规定，制造商将承担相应的法律责任。

二、欧洲法的考察

（一）欧盟层面

欧盟历来十分重视隐私与个人信息保护。有观点指出，隐私将成为影响欧洲自动驾驶汽车和人工智能技术发展方式的问题。虽然隐私不会阻碍这些技术在欧洲的发展，但至少会影响技术的部署和依存的方式。[①]例如，欧盟《一般数据保护条例》就人工智能和机器学习的应用做了严格的限制。如此严格的规定，可能让开发人员很难将提供安全功能和高精地图的人工智能加入自动驾驶汽车中。[②]除此之外，欧盟还发布了一系列专门针对自动驾驶汽车隐私与个人信息保护的文件。

早在2010年，欧盟就发布了《2010/40/EU指令》（以下简称2010指令），为在欧盟境内逐步实现协同智能交通系统（Cooperative Intelligent Transport Systems, C-ITS）搭建了基本的框架。该系统强调车辆之间以及车辆与基础设施之间的连通和信息互换，帮助驾驶员根据交通状况做出

① 参见［美］塞缪尔·I.施瓦茨、凯伦·凯利：《无人驾驶：重新思考未来交通》，李建华、杨志华译，机械工业出版社2021年版，第142页。

② 参见［美］塞缪尔·I.施瓦茨、凯伦·凯利：《无人驾驶：重新思考未来交通》，李建华、杨志华译，机械工业出版社2021年版，第143—144页。

正确决策。2010指令展现了对个人数据保护的关切，前言第12条和正文第10条均规定，成员方确保协同智能交通系统应用和服务中的个人数据处理符合相关数据保护规范，保证个人的基本权利和自由的义务，防止出现不合法的数据处理和接入。就数据处理的合法性基础而言，2010指令强调，在推动协同智能交通系统铺设和运用时，只有出于实现系统应用和服务的目的，才可以进行个人数据处理活动。且一旦涉及特殊数据，成员方应当确保数据处理符合1995年《个人数据保护指令》关于同意的有关规定。为了平衡个人数据保护与数据处理和使用，指令前言第13条指出，应当鼓励在数据处理流程中采用匿名化技术。①

2016年11月，欧盟委员会发布了名为《欧盟合作式智能交通系统战略》（A European strategy on Cooperative Intelligent Transport Systems）的报告，明确指出，保护个人数据和隐私是成功部署协作、互联和自动驾驶汽车的决定性因素。用户必须确保个人数据不是商品，并且知道他们可以有效地控制他们的数据被使用的方式和目的。合作式智能交通系统从车辆广播的数据原则上属于个人数据，因为它与已识别或可识别的自然人有关。因此，合作式智能交通系统的实施需要遵守适用的数据保护法律框架，包括知情同意、数据保护设计、数据默认保护、数据影响评估等。

随后，欧盟委员会于2018年发布了《合作式智能交通系统影响评估报告》。紧接着，欧盟在2019年发布《合作式智能交通系统授权法案》及附录，规定与合作式智能交通系统有关的技术细节和相关标准。该法案积极关注个人数据保护，其立法备忘录、指令前言第23—26条均指出，涉及个人数据处理的措施必须遵守《一般数据保护条例》和《电子隐私指令》等欧盟个人数据保护法规。在缺乏恰当的、具体的法律基础时，个人数据不能被用于

① 参见张韬略、蒋瑶瑶：《智能汽车个人数据保护——欧盟与德国的探索及启示》，载《德国研究》2019年第4期。

商业或执法目的。数据最小化、目的限制和透明原则也被再次强调。[①]

2017年1月，欧盟网络和信息安全机构发布了《智能汽车网络安全与适应力：最佳实践与建议》的研究报告，也充分关注了自动驾驶汽车引发的隐私与个人数据保护问题。其一，个人数据界定。所有能够识别个人的数据都应当被认定为个人数据，其中，自动驾驶汽车收集的位置数据尤其重要。其二，强调车企必须实施透明措施，与用户的交互必须满足法律有关透明度的要求。其三，要求车企在设计产品和服务时考虑到目的合法和必要原则，要求参与者必须确保他们自己及其分包商或供应商不会处理超出需要的用户数据，并且不会在用户数据方面追求非法目的。其四，建立访问控制、去识别和不可关联性、匿名处理等措施。其五，确保在汽车所有权发生变更时安全删除原有用户的数据。

2021年3月，欧盟发布《车联网个人数据保护指南》，针对自动驾驶汽车的个人数据保护作了专门部署。其一，该指南表示网联汽车正在产生越来越多的数据，其中，大部分数据都可以被视为个人数据，因为它们与驾驶员或者乘客相关。其二，如何从产品设计阶段就贯彻个人数据保护，并确保汽车使用者享有《一般数据保护条例》赋予的对数据享有的透明度和控制权是至关重要的。其三，网联汽车任何涉及个人数据的数据处理活动都要适用《一般数据保护条例》。其四，网联汽车以及与其相连的设备应被识别为终端设备，进而适用《电子隐私指令》第5条第3款的规定。

（二）德国法

2017年6月，德国通过《道路交通法第八修正案》，第63a条对汽车数据的存储、利用和保存期限做了规定。根据该条规定，汽车在发生技术

---

① 参见张韬略、蒋瑶瑶:《智能汽车个人数据保护——欧盟与德国的探索及启示》，载《德国研究》2019年第4期。

故障、发出接管请求或实际发生接管切换时，将存储相关的地点和时间信息。如果数据为执法活动所必需或第三方有合法理由，则车主有义务提供数据。数据删除期限通常为六个月，如果数据涉及事故的，删除期限可以延长至三年。①

此外，2017年德国联邦数据保护专员发布《关于自动驾驶与智能网联汽车数据保护的建议》，针对自动驾驶汽车领域数据保护问题提出了13条建议，涉及保护用户选择自由、数据主体权利、数据处理原则和数据安全等内容。与此同时，德国行业组织也积极参与。2014年德国汽车工业协会（VDA）发布《联网汽车数据保护原则》，探讨智能汽车数据的分类和法律属性。2016年，德国联邦与州政府的独立数据保护机构和德国汽车工业协会联合发布《使用联网和非联网车辆时的数据保护》，达成了对个人数据范围、数据收集时点、数据保护责任主体、车辆使用者的个人信息自决权等问题的共识。2018年德国巴伐利亚州经济联合会（VBW）的《智能汽车：数据保护与数据安全》立场文件也全面细致地讨论了相关问题，并强调“良好的用户同意机制有助于提高个人数据保护水平、增加消费者信任和企业重要竞争力”。②

三、行业组织的努力

除各国政府在积极出台相关法律政策外，行业组织也在就自动驾驶汽车的隐私保护问题积极采取举措。

1.《消费者隐私保护原则——汽车技术和服务隐私保护原则》。2014

---

① 参见张韬略、蒋瑶瑶：《智能汽车个人数据保护——欧盟与德国的探索及启示》，载《德国研究》2019年第4期。

② 参见张韬略、蒋瑶瑶：《智能汽车个人数据保护——欧盟与德国的探索及启示》，载《德国研究》2019年第4期。

年11月，汽车制造商联盟和全球汽车制造商协会发布了一份名为《消费者隐私保护原则——汽车技术和服务隐私保护原则》（Consumer Privacy Protection Principles: Privacy Principles For Vehicle Technologies And Services）的报告，明确提出隐私问题对于消费者和车企都非常重要，参与该原则制定的19家车企都承诺遵守该报告关于自动驾驶汽车隐私保护的要求。为了保护消费者的隐私，报告提出了七条隐私保护的原则：透明度；选择；遵循场景；数据最小化、去识别化及数据储存；数据安全；完整性和访问；问责。

2.《汽车中的个人数据》。2017年2月，未来隐私论坛和美国汽车经销商协会发布了一份名为《汽车中的个人数据》（Personal Data In Your Car）的消费者指南，向消费者介绍车辆收集的数据类型，以及有关如何收集和使用的指南和用户可能拥有的选项。[①]对此，汽车制造商联盟和全球汽车制造商协会给予支持。第一，明确隐私保护的范围。《汽车中的个人数据》指出，当前大部分的汽车都将收集两类信息，分别是黑匣子数据和车载诊断数据。但随着自动驾驶汽车等新技术的运用，汽车收集的数据类型正在大幅拓展，起码包括位置信息、外部信息、车内信息、用户识别、应用程序以及其他类型的数据，这些数据都应予以法律保护。第二，数据利用问题。《汽车中的个人数据》对于数据利用问题作了规定，一方面，确立了敏感数据明确同意规则，即特定的敏感信息被用于营销或被非附属的第三方共享使用之前，需要征得用户的明确同意。这些敏感信息包括三类："地理位置"（你在哪里）；"生物识别"（关于您或您的乘客的身体或健康信息）；驾驶员行为数据。另一方面，对数据公共利用问题作了规定，明确提出政府和执法部分有限共享数据的原则，但车企应当明确说

① See Melanie E. Bates, FPF and NADA Launch Guide to Consumer Privacy in the Connected Car, Future of Privacy Forum, January 25, 2017.

明它们可能与政府和执法部门分享用户信息的具体情形。

3.《自动与网联汽车的数据保护决议》。2017年，第39届国际数据保护与隐私委员会发布了《自动与网联汽车的数据保护决议》，认为自动驾驶汽车会给用户带来巨大的利益，同时也会增加数据保护的风险。对此，决议提出了16条建议：

第一，向数据主体提供有关在联网车辆部署中收集和处理哪些数据、用于什么目的以及由谁收集和处理的全面信息。

第二，使用匿名化措施尽量减少个人数据量，或在不可行时使用化名。

第三，保留与处理其合法目的、进一步兼容目的或根据法律或经同意相关的个人数据的必要时间，并在此期限后将其删除。

第四，提供在车辆出售或归还车主时删除个人数据的技术手段。

第五，为车辆用户提供精细且易于使用的隐私控制，使他们能够在适当的情况下授予或拒绝访问车辆中的不同数据。

第六，为车辆用户提供限制收集数据的技术手段。

第七，提供安全的数据存储设备，让车辆用户完全控制对其车辆收集数据的访问。

第八，提供安全在线通信组件的技术措施，以防止网络攻击并防止未经授权访问和拦截个人数据。

第九，开发和实施协作智能交通系统技术：（1）防止未经授权访问，以及通过拦截车辆（V2V）、交通基础设施（V2I）或其他第三方实体（V2X）收集个人数据；（2）使车辆用户能够在接收道路危险警告的同时，禁止共享位置和运动数据；（3）提供防止非法跟踪和追踪司机的保障措施；（4）确保身份验证过程中的V2V、V2I和V2X通信的安全机制不会对隐私和个人数据造成额外风险；（5）限制非法车辆跟踪和驾驶员识别的可能性。

第十，尊重默认隐私和设计隐私原则，通过提供技术和组织措施和程序来确保在确定处理方式和处理数据时尊重数据主体的隐私。

第十一，开发有利于在车上处理个人数据的隐私保护技术和架构。

第十二，保证自动和联网汽车所需的自学习算法在功能上保持透明，并经过独立机构的事先评估，以降低歧视性自动决策的风险。

第十三，为车辆用户提供默认设置的隐私友好型驾驶模式。

第十四，对这些技术的新的、创新的或有风险的开发或实施进行数据保护影响评估。

第十五，通过负责任地处理车辆用户的个人数据，并适当考虑处理和使用可能对车辆用户造成的潜在伤害，促进尊重车辆用户的个人数据隐私。

第十六，与数据保护和隐私专员进行对话，以开发合规工具，为联网车辆的相关处理提供法律确定性。

四、中国法的考察

近年来，我国对于隐私与个人信息的保护十分重视，出台了《民法典》《个人信息保护法》《数据安全法》等重要法律法规，构建了完善的隐私与个人信息保护法律体系。与此同时，我国对于自动驾驶汽车等人工智能引发的隐私与个人信息保护也是高度关注。早在2017年7月，国务院发布《新一代人工智能发展规划》，对于人工智能的法律规制做了指示，明确要求开展与人工智能应用相关的“隐私和产权保护、信息安全利用等法律问题研究”。

2021年8月，国家互联网信息办公室、国家发展和改革委员会、工业和信息化部、公安部、交通运输部联合发布《汽车数据安全管理若干规定（试行）》，针对汽车数据中的个人信息和隐私保护做了较为全面的规定。

2021年10月，全国信息安全标准化技术委员会发布《汽车采集数据处理安全指南》，将汽车采集数据分为车外数据、座舱数据、运行数据和位置轨迹数据四类，并指出车外数据可能包含个人信息、敏感个人信息和重要数据，座舱数据可能包含敏感个人信息。在数据传输方面，除非符合例外情形或经个人信息主体单独同意，否则不得通过网络向外传输包含未匿名化处理个人信息的车外数据，不应通过网络向外传输座舱数据。在数据存储方面，除非符合例外情形，否则车外数据、位置轨迹数据在车外位置保存时间不应超过14天。在数据出境方面，车外数据、座舱数据、位置轨迹数据不应出境，运行数据出境前应通过数据出境安全评估。

2022年3月，由国家工业信息安全发展研究中心牵头编制的《智能网联汽车数据安全评估指南》团体标准正式公开征求意见，共分为八个部分，包括范围、规范性引用文件、术语和定义、数据安全风险评估实施流程、数据安全合规性评估实施流程、数据安全评估结果、参考文献、附件内容。

第三节　自动驾驶汽车
隐私与个人信息保护的法律应对

对于自动驾驶时代的隐私和个人信息保护，应当在《民法典》《个人信息保护法》《数据安全法》构建的法律框架下，结合自动驾驶汽车的场景特点，继续强化用户的权利，落实企业的保护职责。

一、合理界定个人信息的范围

（一）汽车数据中个人信息界定的困境

个人信息范围的界定是个人信息保护的起点。个人信息范围的宽窄直接影响用户的权利与数据控制者的义务，也影响着数据的流通与利用。对于自动驾驶汽车来说，存在两个数据中心，即“人”和“车”。以人为中心直接获取的数据，如姓名、居住信息、证件信息、人脸信息、声音信息、浏览偏好信息等，毋庸置疑属于个人信息。但是以车为中心获取的数据，边界却比较模糊。其中一些数据是从车辆衍生出来的，如车辆行驶路线数据、车辆维修数据等，虽然是以车辆为数据收集对象，理论上讲只能识别到具体车辆。①这对“个人信息”法律概念的具体适用至少提出了两层问题：第一，哪些车辆数据可以识别到具体的车辆？第二，如果可以识别到具体车辆，是否必然等同于识别到具体个人？例如，车辆设备状况数据、运行状况数据、存储在车辆内部的累计里程数是否属于个人数据，或在何种情况下属于个人数据。②

（二）汽车数据中个人信息的界定

学界对于个人信息的界定存在识别说与关联说的争议。《民法典》第1034条第2款规定：“个人信息是以电子或者其他方式记录的能够单独或者与其他信息结合识别特定自然人的各种信息，包括自然人的姓名、出生日期、身份证件号码、生物识别信息、住址、电话号码、电子邮箱、健康信息、行踪信息等。”随后，《个人信息保护法》第4条第1款规定：“个人信息是以电子或者其他方式记录的与已识别或者可识别的自然人有关的各种信息，不包括匿名化处理后的信息。”据此，《民法典》主要采取识别性标准，即要求个人信息必须具有识别性。而《个人信息保护法》对于个人信息的界定不仅保留了识别性标准，还增加了关联性标准，将信息内容本身可能不具有识别性，但与特定自然人形成稳定关联的信息同样纳入了个

---

① 参见徐子淼：《智能网联汽车数据处理的法律规制：现实、挑战及进路》，载《兰州大学学报（社会科学版）》2022年第2期。

② 参见张韬略、蒋瑶瑶：《智能汽车个人数据保护——欧盟与德国的探索及启示》，载《德国研究》2019年第4期。

人信息的范畴，对个人信息的界定明显更加宽泛。[①]实践中，我国个人信息的判断主要采取两种思路：一种是从信息到个人，只要信息能够识别特定的个人，就认定为个人信息；另一种是从个人到信息，在确定个人身份的前提下，与之相关的信息都属于个人信息。

在《个人信息保护法》的影响下，《汽车数据安全管理若干规定（试行）》也采取了“识别说+关联说”，第3条第4款规定：“个人信息，是指以电子或者其他方式记录的与已识别或者可识别的车主、驾驶人、乘车人、车外人员等有关的各种信息，不包括匿名化处理后的信息。”按照这一标准，汽车数据中与人有关的数据显然是个人信息，但与车有关的数据是否属于个人信息需要具体甄别。这一问题需要根据汽车数据的具体类型来予以判断。2021年10月，全国信息安全标准化技术委员会发布《汽车采集数据处理安全指南》，将汽车采集数据分为车外数据、座舱数据、运行数据和位置轨迹数据四类，其中有些明显属于个人信息，有些则明显不属于个人信息，而有些则需要具体判断。

第一，车外数据，通过摄像头、雷达等传感器从汽车外部环境采集的道路、建筑、地形、交通参与者等数据，以及对其进行加工后产生的数据。其中，交通参与者是指参与交通活动的人，包括机动车、非机动车、其他交通工具的驾驶员与乘员，以及其他参与交通活动相关的人员。对于车外数据来说，如果是涉及交通参与者的人脸、车牌等信息的，可以归入个人信息范畴。对于单纯的道路、建筑、地形等数据，通常不属于个人信息。

第二，座舱数据，通过摄像头、红外传感器、指纹传感器、麦克风等传感器从汽车座舱采集的数据，以及对其进行加工后产生的数据。智能座舱是自动驾驶汽车未来发展的重要方向，目的是让车辆通过收集更多的个

① 参见孙莹主编：《个人信息保护法条文解读与适用要点》，法律出版社2021年版，第13页。

人信息来实现“察言观色”，将车辆打造成智能“管家”，全方位提升车内人员的极致体验。[①]例如，通过收集驾驶人、乘客的身份信息、生物识别信息等，可以防止自动驾驶汽车被非法使用；通过收集驾驶人、乘客发出的指令数据、操作数据等，可以提供更好的驾驶体验和乘车服务；通过收集驾驶人、乘客的人脸、声纹、指纹、心律等数据，可以提供医疗、消费、娱乐等各项增值服务。考虑到座舱数据收集的主要是以“人”为中心的数据，原则上应当属于个人信息，除非进行了匿名化处理。

第三，运行数据，通过车速传感器、温度传感器、轴转速传感器、压力传感器等从动力系统、底盘系统、车身系统、舒适系统等电子电气系统采集的数据。运行数据包含整车控制数据、运行状态数据、系统工作参数、操控记录数据等。运行数据主要识别到车辆，并不能直接识别到个人，是否属于个人信息存在争议。实践中，比较相似的案例是二手车车况信息（如年均保养次数、最后保养时间、年均行驶里程、车辆检测信息等）。在“查博士APP案”中，法院认为“历史车况信息不是个人信息”，因为该案所牵涉到的历史车况无法满足“识别特定自然人”的法定要求，车架号、维修数据、碰撞数据、基本行驶数据等车况数据既没有直接展示二手车车主的姓名、身份证件号码，也没有载明二手车具体的维修场所和日期，即便能够实现“间接识别”特定自然人的结果，其实际成本势必远高于法律所禁止的“间接识别”成本水平。并且，这些历史车况信息所呈现的主要内容是该二手车的实际状态，而非特定车主的日常驾驶行为。此外，法院认为“历史车况信息不是个人隐私”，因为该案所涉及的历史车况信息根本无法反映车主的私密生活、私密行为，如在不涉及具体维修地址和日期的情况下，维修数据只涉及车辆的修理次数、保养状态，无法直

① 参见王保东：《智能座舱的前世今生和未来》，载《时代汽车》2022年第7期。

接或间接反映车主的驾驶行为或驾驶路线。[①]

笔者认为，运行数据并不一定就不属于个人信息，一是运行数据能够识别到特定的车辆，而特定的车辆又通常与车主具有稳定的对应关系，进而可以间接识别到车辆背后的自然人，满足从信息到个人的识别性标准。[②]二是根据关联性标准，即便运行数据不能识别到个人，但在个人身份已经确定的情况下，也可能通过从个人到信息的路径成为个人信息。例如，在2021年特斯拉车主维权事件中，张女士多次向特斯拉公司索要车辆事故原始数据，但遭到特斯拉公司的拒绝，因而在上海车展中采取了过激的维权手段。随后，特斯拉公司未经车主同意，单方面将事发前一分钟的车辆原始数据公开。对此，考虑到车主的身份已经确定，车辆原始数据与车主个人具有关联性，理当属于个人信息的范畴。至于特斯拉公司是否有权单方面公开，则涉及汽车数据的利用问题。

第四，位置轨迹数据，基于卫星定位、通信网络等各种方式获取的汽车定位和途经路径相关的数据。位置轨迹数据既包括单一的静态的位置信息，如车辆所在的实时定位，也包括动态的位置信息，如车辆行驶的路线轨迹。大数据时代，位置与服务密切关联，构成所谓的基于位置的服务（Location Based Services），包括基于位置发送定向广告、基于位置创新产品应用、基于位置进行重大决策以及基于位置优化治安和案件侦破等。[③]对于自动驾驶汽车来说，位置信息不仅是实现自动驾驶必不可少的数据类型，特别是对于高精地图的使用，必须有精确的定位；同时，位置信息也是提供各种增值服务的基础，如推送广告服务等。对此，我国《民

---

① 参见赵精武：《个人信息“可识别”标准的适用困局与理论矫正》，载《社会科学》2021年第12期。

② 参见程啸：《个人信息保护法理解与适用》，中国法制出版社2021年版，第66页。

③ 参见李延舜：《位置何以成为隐私？大数据时代位置信息的法律保护》，载《法律科学（西北政法大学学报）》2021年第2期。

法典》第1034条列举了“行踪信息”,《最高人民法院、最高人民检察院关于办理侵犯公民个人信息刑事案件适用法律若干问题的解释》第1条列举了“行踪轨迹”，明确其属于个人信息的重要类型。根据《个人信息保护法》的规定，位置轨迹数据原则上属于个人信息的范畴，可以直接反应车辆背后驾驶人、乘客的出行和生活情况。

二、告知同意规则的具体适用

（一）告知同意规则的困境

告知同意或者知情同意规则是个人信息处理中最基本的规则，依据这一规则，除非法律、行政法规另有规定，否则个人信息处理者在处理个人信息前必须向个人信息被处理的个人告知相应的事项并取得个人的同意，否则该处理活动就是非法的。[①]虽然告知同意规则存在诸多理论与实践的争议，但我国《民法典》以及《个人信息保护法》依然将其作为个人信息保护的基础规则加以规定，这足以说明告知同意规则的重要性。然而，在自动驾驶汽车场景中，告知同意规则的适用存在诸多新的挑战。

第一，主体多样。自动驾驶汽车收集的数据可能涉及不同的主体，如车主、司机、乘客乃至道路行人。对于车主、司机以及乘客来说，他们属于车内人员，车企可以通过隐私协议征求他们的同意，向他们履行告知义务。然而，对于车外的行人而言，想要取得他们的同意几乎是不可能的。对于自动驾驶汽车来说，行人的范围是开放的，凡是出现在自动驾驶汽车行驶范围内的行人都可能成为数据收集的对象，车企不可能逐一告知征得他们的同意。此外，如果行人属于未满14周岁的未成年人，根据《个人

① 参见程啸:《论〈民法典〉与〈个人信息保护法〉的关系》，载《法律科学（西北政法大学学报）》2022年第3期。

信息保护法》的规定，车企还需要征得其监护人的同意，这显然不现实。

第二，传输多样。自动驾驶汽车具有网联特征，这意味着自动驾驶汽车在运行时彼此之间可能互相发送和接收数据，数据主体和数据控制者缺少一对一的互相识别。[①]同样，这种数据的接收和传输也是开放的，自动驾驶汽车在运行过程中并不能选择接收和传输的对象，一切都要以自动驾驶汽车具体运行情况来判断。

第三，利益冲突。虽然用户的知情同意原则上是个人信息处理的合法性基础，但我们也需要看到自动驾驶汽车对于个人信息利用的必要性。例如，根据《关于加强智能网联汽车生产企业及产品准入管理的意见》的规定，自动驾驶汽车应具有事件数据记录系统和自动驾驶数据记录系统，满足相关功能、性能和安全性要求，用于事故重建、责任判定及原因分析等。其中，自动驾驶数据记录系统记录的数据应包括车辆及系统基本信息、车辆状态及动态信息、自动驾驶系统运行信息、行车环境信息、驾乘人员操作及状态信息、故障信息等。故此，需要确定告知同意规则的适用限度，明确个人信息的合理利用。[②]

（二）告知同意规则的践行

告知同意规则是个人信息保护的基础。对于自动驾驶汽车来说，数据处理者应当负担如下告知义务。

第一，明确告知。同意必须以明示方式作出，同时受到可期待规则的限制，即如果一般用户在认真阅读隐私协议后通常不会接受相关条款的，那么即使用户明示同意，仍可以违背知情同意原则为由反对特定的数据活动。

---

① 参见张韬略、蒋瑶瑶：《智能汽车个人数据保护——欧盟与德国的探索及启示》，载《德国研究》2019年第4期。

② 对于个人信息的合理利用问题，本书将在下一章进行系统论述。

第二，告知质量。《个人信息保护法》第17条规定，个人信息处理者“应当以显著方式、清晰易懂的语言真实、准确、完整地”履行告知义务。德国《自动驾驶法案》第1g条也明确规定：“制造商必须以简洁、清晰和简单的语言向车主提供关于在自动驾驶功能下操作机动车辆时处理的隐私和数据处理的设置选项的信息。机动车的与此相关的软件必须能够实现对车主的相应的设定。”

第三，告知方式。对于车主、驾驶人等长期使用自动驾驶汽车的个人，可以通过用户手册、车载显示面板等方式来取得个人的同意；对于通过打车软件呼叫自动驾驶出租车的乘客，可以直接通过打车软件事先进行统一的告知，在上车时，默认乘客要求提供服务即相当于同意当次数据的收集和处理。[①]至于道路上的行人，他们的相貌、声音、车牌等信息被自动驾驶汽车记录纯属偶然，属于“无意入镜者”。对此，考虑到道路的公共场所的属性，“无意入镜者”的部分个人信息可以被视为由其自行对外公开，从而免除告知同意义务的履行。[②]在此基础上，数据处理者应当根据《汽车数据安全管理若干规定（试行）》第8条的规定，对于收集的车外数据进行匿名化等技术处理，如对行人的人脸进行局部轮廓化处理等。

第四，告知内容。《汽车数据安全管理若干规定（试行）》第7条规定：“汽车数据处理者处理个人信息应当通过用户手册、车载显示面板、语音、汽车使用相关应用程序等显著方式，告知个人以下事项：（一）处理个人信息的种类，包括车辆行踪轨迹、驾驶习惯、音频、视频、图像和生物识别特征等；（二）收集各类个人信息的具体情境以及停止收集的方式和途径；（三）处理各类个人信息的目的、用途、方式；（四）个人信息保存地

---

① 参见徐子淼：《智能网联汽车数据处理的法律规制：现实、挑战及进路》，载《兰州大学学报（社会科学版）》2022年第2期。

② 参见陈素素：《“无意入镜者”个人信息权益的保护——以公共场所的个人信息权益为视角》，载《法学杂志》2022年第1期。

点、保存期限，或者确定保存地点、保存期限的规则；（五）查阅、复制其个人信息以及删除车内、请求删除已经提供给车外的个人信息的方式和途径；（六）用户权益事务联系人的姓名和联系方式；（七）法律、行政法规规定的应当告知的其他事项。”当然，为适应自动驾驶时代数据利用的需求，对于汽车安全运行、公共利用等情形应当设置豁免。[①]

三、注重敏感个人信息保护

（一）敏感个人信息的识别

《个人信息保护法》第28条第1款规定：“敏感个人信息是一旦泄露或者非法使用，容易导致自然人的人格尊严受到侵害或者人身、财产安全受到危害的个人信息，包括生物识别、宗教信仰、特定身份、医疗健康、金融账户、行踪轨迹等信息，以及不满十四周岁未成年人的个人信息。”据此，《个人信息保护法》对于敏感个人信息的判断采取了三重标准，分别是“人格尊严标准”“人身、财产安全标准”“未成年人标准”。[②]与此同时，《汽车数据安全管理若干规定（试行）》第3条针对汽车数据中的敏感个人信息也做了规定，将其界定为“一旦泄露或者非法使用，可能导致车主、驾驶人、乘车人、车外人员等受到歧视或者人身、财产安全受到严重危害的个人信息，包括车辆行踪轨迹、音频、视频、图像和生物识别特征等信息”。

相比较而言，《个人信息保护法》对于敏感个人信息的判断更加合理：第一，《个人信息保护法》采取“人格尊严标准”，将与人格尊严具有密切关

① 参见林洹民：《个人信息保护中知情同意原则的困境与出路》，载《北京航空航天大学学报（社会科学版）》2018年第3期。

② 参见王利明：《敏感个人信息保护的基本问题——以〈民法典〉和〈个人信息保护法〉的解释为背景》，载《当代法学》2022年第1期。

联的个人信息都视为敏感个人信息。而人格尊严的概念是十分广泛的，并不限于《汽车数据安全管理若干规定（试行）》提到的“歧视”。例如，车主的驾驶习惯、行踪轨迹等个人信息，一旦泄露或者非法使用，并不必然产生歧视车主的后果，但可能对车主的人格尊严造成侵害，如让车主感到惶恐、不安等，同样也构成敏感个人信息。第二，《个人信息保护法》中“人身、财产安全标准”在程度上仅强调“受到危害”，风险所要求的权益侵害程度不以达到严重程度为必要。[①]而《汽车数据安全管理若干规定（试行）》将其变为“受到严重危害”，提高了汽车数据中敏感个人信息判断的门槛，不利于对各方主体的保护。第三，《汽车数据安全管理若干规定（试行）》没有规定“未成年人标准”，需要借助《个人信息保护法》来补充判断。

具体到自动驾驶汽车的运行场景，典型的敏感个人信息包括如下几类：第一，生物识别信息。生物识别信息，是指关于自然人的身体、生理或行为特征的信息，包括人脸、指纹、声纹、掌纹、基因、虹膜、耳廓等信息。[②]在自动驾驶汽车领域，个体也会被收集生物识别信息，如人脸、指纹、声纹、掌纹等信息。例如，有条件自动驾驶汽车在紧急情况下，需要人类用户承担被动接管职责，以便介入接管汽车的运行。对此，自动驾驶系统必须能够识别人类用户是否具有接管能力，进而需要收集其生物识别信息。

第二，行踪轨迹信息。行踪轨迹信息，主要是指一个人的出行信息，既包括自然人在特定事件的动态地理位置，也包括个人空间位置移动而形成的轨迹，也就是说，既包括实时的位置信息，也包括移动的轨迹。[③]自

---

① 参见宁园：《敏感个人信息的法律基准与范畴界定——以〈个人信息保护法〉第28条第1款为中心》，载《比较法研究》2021年第5期。

② 参见程啸：《个人信息保护法理解与适用》，中国法制出版社2021年版，第260页。

③ 参见程啸：《个人信息保护法理解与适用》，中国法制出版社2021年版，第264页。

动驾驶汽车作为出行工具，天然会产生行踪轨迹信息。这些行踪轨迹信息可以直接反映出其背后的车主、驾驶人、乘客等车内人员的出行和生活状况，对于个体的人格尊严以及人身、财产安全至关重要，一旦被不法分子掌握利用，很可能对车主实施抢劫、敲诈等违法犯罪行为。

第三，未成年个人信息。从域外法的经验来看，一般没有采纳将未成年人的个人信息一概视为敏感个人信息的制度模式。《个人信息保护法》将不满14周岁的未成年人的个人信息均纳入敏感个人信息的范畴，强化了对未成年人个人信息的保护。[①]自动驾驶汽车在运行过程中也可能收集未成年人的个人信息，主要有以下四种情况：一是未成年人作为车内乘客，被车内传感器收集处理个人信息；二是在高度自动驾驶与完全自动驾驶阶段，未成年人可以独自担任使用人的角色，进而被收集处理个人信息；三是未成年人单纯作为车主，被收集处理个人信息；四是未成年人作为车外行人，被自动驾驶汽车收集处理个人信息。

第四，其他敏感个人信息。自动驾驶汽车除了基本的出行功能以外，还可能开发各种附加功能，如充当用户的私人助理、理财顾问等角色，进而有可能收集用户的其他敏感个人信息，如宗教信仰信息、特定身份信息、医疗健康信息、金融账户信息等。

（二）敏感个人信息的保护

敏感个人信息对于个人人格尊严的保护至关重要，通常需要设置特别保护规则。欧盟《一般数据保护条例》对于敏感程度不同的个人信息设置不同的保护，对于种族和民族起源、政治观点、宗教信仰、哲学信仰、工会成员资格等数据，必须履行保密职责；对于个人生理数据等，必须以不

---

① 参见王利明：《敏感个人信息保护的基本问题——以〈民法典〉和〈个人信息保护法〉的解释为背景》，载《当代法学》2022年第1期。

识别用户身份为目的；而对于健康信息、性生活等高度敏感信息原则上不容许处理。[①]我国《个人信息保护法》也针对敏感个人信息保护做了特别规定，包括事先的告知义务、处理的目的、具体保护规则等各个方面。对于汽车数据中的敏感个人信息，也应当贯彻这一精神，设定最高保护标准，如明示许可、数据最小化、存储本地化等。[②]

与此同时，《汽车数据安全管理若干规定（试行）》也非常注重敏感个人信息的保护，第9条规定："汽车数据处理者处理敏感个人信息，应当符合以下要求或者符合法律、行政法规和强制性国家标准等其他要求：（一）具有直接服务于个人的目的，包括增强行车安全、智能驾驶、导航等；（二）通过用户手册、车载显示面板、语音以及汽车使用相关应用程序等显著方式告知必要性以及对个人的影响；（三）应当取得个人单独同意，个人可以自主设定同意期限；（四）在保证行车安全的前提下，以适当方式提示收集状态，为个人终止收集提供便利；（五）个人要求删除的，汽车数据处理者应当在十个工作日内删除。汽车数据处理者具有增强行车安全的目的和充分的必要性，方可收集指纹、声纹、人脸、心律等生物识别特征信息。"

第四节 自动驾驶汽车
隐私与个人信息保护的技术应对

科技的发展总是领先于法律。无论法律制度如何完备，都无法有效

---

① 参见高富平主编：《个人数据保护和利用国际规则：源流与趋势》，法律出版社2016年版，第126页。

② 参见赵海乐：《比较法视角下的我国"车联网"数据治理路径选择》，载《上海财经大学学报》2021年第5期。

应对最新科技引发的隐私风险，更别提那些正在开发或即将开发的技术或程序。[①]因此，科技的全面规制不应仅仅依靠立法者或法官。[②]事实上，早在1999年，莱斯格（Lessig）教授就提出，科技的规制主要有四种方式，分别是法律（laws）、准则（norms）、市场（market）以及架构（architecture），如何优化这些要素的组合是有效规制科技的关键。[③]与此同时，雷登伯格（Reidenberg）教授也认为，网络时代的隐私保护主要有三种模式：政治模式坚持以法律作为保护隐私的主要机制；经济模式主张通过市场调节来保护隐私；而技术模式则主张通过网络世界自发生成调整规则来保护隐私。[④]显然，面对自动驾驶汽车引发的隐私与个人信息保护危机，试图通过单一的法律手段来应对的做法是远远不够的，采取技术保护的思维必不可少。

一、隐私设计理论的引入

单一的法律不足以应对科技带来的隐私挑战，有必要采取综合应对的策略。对此，主张将隐私保护理念嵌入产品设计的隐私设计理论受到极大的欢迎，被誉为下一代隐私保护的关键措施，可以有效应对自动驾驶汽车

① See Demetrius Klitou, Privacy by Design and Privacy-Invading Technologies: Safeguarding Privacy, Liberty and Security in the 21ST Century, 5 Legisprudence 297, 2011, pp.297-298.

② See Alexandra Rengel, Privacy-Invading Technologies and Recommendations for Designing a Better Future for Privacy Rights, 8 Intercultural Hum. Rts. L. Rev. 177, 2013, pp.224-229.

③ 参见［美］劳伦斯·莱斯格：《代码2.0：网络空间中的法律》，李旭、沈伟伟译，清华大学出版社2009年版，第137—140页。

④ See Joel R. Reidenberg, Privacy Protection and the Interdependence of Law, Technology and Self-Regulation, 19 Cahiers Du C.R.I.D.1, 2001, p.2.

等信息科技带来的挑战。[①]

隐私设计（privacy by design）的概念最早由加拿大渥太华省信息与隐私委员会前主席安·卡沃基安（Ann Cavoukian）女士于20世纪90年代提出。[②]2010年左右，卡沃基安正式提出隐私设计七原则，系统阐述了隐私设计理论的精神与内容。卡沃基安认为，未来的个人信息保护不能通过单纯地遵守现行法律规范来实现；相反，个人信息保护应当成为企业运行的一种默认规则。[③]在卡沃基安看来，隐私设计理论最为核心的有三点：其一，应当积极主动预防个人信息风险，而非事后消极地予以救济。其二，个人信息保护的需求理当通过设计成为系统运行的默认规则，这意味着用户无须采取任何额外的行动就可以维护个人信息的安全。其三，隐私设计理论强调正和共赢（positive-sum, win/win）。传统理论认为，隐私与安全、功能、效率、商业利益等价值之间往往是此消彼长的冲突关系，保护用户隐私常常意味着牺牲其他价值。对此，隐私设计理论认为，隐私可以与其他价值共存，企业在保护用户隐私的同时，也在为自己创造竞争优势，应当以一种正和共赢的方式保障隐私，实现用户、企业等多方共赢。[④]

近年来，隐私设计理论像一股浪潮席卷全球，国际组织、各国政府机构、企业、专家学者等都认为隐私设计理论对于新时代个人信息保护至关重要。[⑤]早在2007年，欧盟数据保护监督局（European Data Protection

---

① 有关隐私设计理论的介绍，请参见郑志峰：《通过设计的个人信息》，载《华东政法大学学报》2018年第6期。

② See Ann Cavoukian, Privacy by Design, Information and Privacy Commissioner, Ontario, Canada, 2013, p.1.

③ See Ann Cavoukian, Privacy by Design, Information and Privacy Commissioner, Ontario, Canada, 2013, p.1.

④ See Tom Field, Privacy by Redesign: A New Concept, BankInfoSecurity, June 28, 2011.

⑤ See Demetrius Klitou, Privacy-Invading Technologies and Privacy by Design: Safeguarding Privacy, Liberty and Security in the 21st Century, Springer, 2014, p.274.

Supervisor）就主张，为了更好遵守1995年《个人数据保护指令》，最好的措施应当是“建立在隐私设计理论之上，以确保新科技在设计和开发过程中妥当考虑个人信息保护法律原则的需求”①。2010年，欧盟司法、自由和基本权利委员会主席薇薇安·雷丁（Viviane Reding）女士在一次演讲中说道：“欧盟委员会将很快公布修订1995年《个人数据保护指令》的计划，为更好地遵循个人信息保护法律规范，我们需要重新界定一些关键规则和原则的适用。其中，我们就需要引入隐私设计等新的保护原则。”②随后，欧盟《一般数据保护条例》第25条明确规定隐私设计原则，实现了隐私设计理论的法律化，同时还对默认保护原则、隐私影响评估等实施问题做了规定。

美国方面，早在2003年，美国国防先进项目研究局（DARPA）在向国会提交的一份报告中，就提到了内置型安全措施对于减少大规模监视科技的滥用具有重要意义，同时还列举了具体安全措施，包括规范监视科技的研发、对未经授权的访问采取安全措施等。③2007年，美国国土安全部隐私局发布一份官方指导文件《隐私科技执行指南》，倡导科技的管理者和开发者应当将隐私保护的需求嵌入信息通信技术最初的开发阶段中去，体现了隐私设计理论的精神。④2012年，联邦贸易委员会

① Opinion of the European Data Protection Supervisor on the Communication from the Commission to the European Parliament and the Council on the follow-up of the Work Programme for better implementation of the Data Protection Directive (2007/C 255/01), para 63.

② EU Commission outlines plans to strengthen privacy law, 29 Jan 2010. https://www.out-law.com/en/articles/2010/january/eu-commission-outlines-plans-to-strengthen-privacy-law/.

③ See DARPA, Report to Congress regarding the Terrorism Information Awareness Program, 2003, pp.33-35.

④ See Demetrius Klitou, Privacy-Invading Technologies and Privacy by Design: Safeguarding Privacy, Liberty and Security in the 21st Century, Springer, 2014, pp.277-278.

（FTC）发布了报告《快速变革时代的消费者隐私保护》，针对消费者的隐私保护提出三大政策建议，分别是隐私设计、简化选择以及更大的透明，鼓励企业采取四种关键“保护”措施将隐私保护的需求（数据安全、合理收集限制、合理储存实践以及数据准确性等）融入日常商业实践中。[①]

而在国际层面，隐私设计理论也受到极大的关注与重视。2009年，在马德里召开的第31届数据保护和隐私委员会国际会议上，大会专门成立了一个有关隐私设计理论的工作小组。2010年10月，第32届数据保护和隐私委员会国际会议在耶路撒冷召开，大会一致通过《隐私设计方案》（Resolution on Privacy by Design），也被称为《耶路撒冷宣言》（Jerusalem Declaration），明确将隐私设计理论作为未来个人信息保护至关重要的部分，鼓励各国数据保护机构和隐私委员会去践行该理论。[②]

此外，许多著名的企业也在积极践行隐私设计理论。例如，微软公司在官方网页中说道：“‘隐私设计’已经成为隐私社区的热门词汇，但对不同的人来说意味着不同的东西。在微软，‘隐私设计’不仅描述了我们如何生产产品和提供服务，还意味着我们作为一个负责任的技术领导者是如何运营服务和开展业务。我们倡导，在产品最初的开发阶段通过践行隐私设计理论去建立具体的隐私设计目标，同时在产品整个生命周期中持续地去解决隐私保护问题。”[③]又如，苹果公司也十分重视隐私设计理论，苹果公司在官网说道：“安全和隐私是我们所有硬件、软件以及服务设计的根本，苹果的每项产品和服务都是以保护您的隐私为基础设计的。我们相信，一流的体验并不是建立在牺牲您的隐私和安全之

---

① See FTC, Protecting Consumer Privacy in an Era of Rapid Change, 2012, pp.22–34.

② See 32nd International Conference of Data Protection and Privacy Commissioners, Resolution on Privacy by Design, 2010.

③ Microsoft Corporation, Privacy by Design at Microsoft, 2012, p.1.

上的。相反，它应当有助于保护您的安全和隐私。”[①]此外，苹果、谷歌、微软、惠普、脸书、推特、IBM、腾讯等互联网巨头都在积极践行隐私设计理论。[②]

隐私设计理论也影响了我国个人信息保护的理念与规则。虽然我国《个人信息保护法》没有明确引入隐私设计理论，但在相关的法律规范和标准指南中可以看到该理论的影子。例如，2020年国家市场监督管理总局、国家标准化管理委员会发布的国标《信息安全技术　个人信息安全规范》（GB/T 35273–2020）第11.2条“个人信息安全工程”就明确提到，“开发具有处理个人信息功能的产品或服务时，个人信息控制者宜根据国家有关标准在需求、设计、开发、测试、发布等系统工程阶段考虑个人信息保护要求，保证在系统建设时对个人信息保护措施同步规划、同步建设和同步使用”。这显然属于隐私设计理论的实践，主张新技术、新业务和新产品应当从规划设计阶段就要贯彻个人信息保护理念。[③]

二、隐私设计理论的展开

面对自动驾驶汽车引发的隐私与个人信息保护挑战，许多学者都指出，理想的方法就是遵循隐私设计理论，从一开始就限制自动驾驶汽车侵害隐私与个人信息的功能，构筑全生命周期的隐私与个人信息保护体

① Eric Everson, Privacy by Design: Taking Ctrl of Big Data, 65 Clev. St. L. Rev. 27 2016–2017, pp.40–41.

② See Stuart L. Pardau & Blake Edwards, The FTC, the Unfairness Doctrine, and Privacy by Design: New Legal Frontiers in Cybersecurity, 12 J. Bus. & Tech. L. 227, 2017, p.266; Ira S. Rubinstein, Regulating Privacy by Design, 26 Berkeley Tech. L.J. 1409, 2011, pp.1423–1425.

③ 参见张继红：《经设计的个人信息保护机制研究》，载《法律科学（西北政法大学学报）》2022年第3期。

系。[①]除了传统的法律工具，必须开启诸如“隐私设计理论”和“隐私默认保护”的新模式。[②]第39届国际数据保护与隐私委员会发布的《自动与网联汽车的数据保护决议》也明确建议：“尊重默认隐私和设计隐私原则，通过提供技术和组织措施和程序来确保在确定处理方式和处理数据时尊重数据主体的隐私。”此外，欧盟《车联网个人数据保护指南》也强调，如何从产品设计阶段就贯彻个人数据保护，并确保汽车使用者享有《一般数据保护条例》赋予的对数据享有的透明度和控制权是至关重要的。

提到隐私设计理论，我们一定会想到上文卡沃基安提出的隐私设计七原则。通过对隐私设计七原则进行分析，可以帮助我们更好地理解隐私设计理论。[③]而这七大原则，也可以指导我们提升自动驾驶汽车隐私与个人信息保护水平。

第一，积极预防，而非被动救济，强调从一开始的设计阶段就考虑隐私和个人信息保护。一方面，充分发挥隐私和个人信息保护影响评估制度的作用，要求车企在自动驾驶汽车设计研发阶段就要做好隐私和个人信息保护的风险识别和评估，以便主动采取预防措施。[④]另一方面，借鉴美国《联邦自动驾驶政策：加速道路安全变革》的做法，将隐私和个人信息安全作为自动驾驶汽车产品准入的安全要素，从源头上强化保护水平。对此，我国《关于加强智能网联汽车生产企业及产品准入管理的意见》已经

---

① See Dorothy J. Glancy, Privacy in Autonomous Vehicles, 52 Santa Clara L. Rev. 1171, 2012, p.1226; Adam Zuchetti, Driverless Cars a Privacy Car Crash in the Making, MyBusiness, January 12, 2018.

② 参见［德］埃里克·希尔根多夫：《自动化驾驶与法律》，黄笑岩译，载易继明主编：《私法》第25卷，法律出版社2016年版，第95页。

③ See Ann Cavoukian, Privacy by Design, Information and Privacy Commissioner, Ontario, Canada, 2013, pp.2-3.

④ See Dorothy J. Glancy, Privacy in Autonomous Vehicles, 52 Santa Clara L. Rev.1171, 2012, p.1229.

采取了这一思路，要求自动驾驶汽车必须满足功能安全、预期功能、网络安全等过程保障要求，其中就涉及隐私和个人信息保护。

第二，隐私默认保护。隐私设计理论强调用户的信任，这就要求隐私和个人信息保护应该成为企业实践与系统运行的默认规则。如果用户不明示放弃自己的选择，那么个人信息就是完整的、不受打扰的。[①]对此，《汽车数据安全管理若干规定（试行）》第6条也提到“默认不收集原则”，即“除非驾驶人自主设定，每次驾驶时默认设定为不收集状态”。例如，智能座舱的语音识别、视频识别等功能应当默认为关闭或休眠状态，只有在用户主动唤醒时才能启动。再如，车企可以通过提供一份给用户的手册或知情同意书，列明所要采集的个人信息，让人们在知情的前提下选择进入（opt-in），而不是让人们自己发现问题并选择退出（opt-out）。[②]

第三，将隐私和个人信息保护嵌入设计之中，使其成为系统的核心组成部分，同时又不损害系统的功能。这涉及自然语言如何转化为机器语言的问题，将以自然语言表述的隐私和个人信息保护法律规范转化为能够为自动驾驶系统识别的代码。[③]

第四，功能完整——正和而非零和，主张实现用户、企业等多方共赢。这意味着企业不应当害怕隐私和个人信息保护会损害经济效应，相反，隐私友好型的自动驾驶汽车产品和服务会帮助企业获得竞争优势。

第五，全生命周期的保护，主张为用户隐私提供从摇篮到坟墓全过程的保护。例如，在通过出售、赠与、出租等方式变更自动驾驶汽车使用权和所有权时，应当容许原有用户删除其驾驶数据。由于车端和云端均存有

---

① 参见李芊：《从个人控制与产品规制到合作治理——论个人信息保护的模式转变》，载《中国应用法学》2021年第1期。

② 参见郑戈：《数据法治与未来交通自动驾驶汽车数据治理刍议》，载《中国法律评论》2022年第1期。

③ 郑志峰：《通过设计的个人信息》，载《华东政法大学学报》2018年第6期。

个人数据和车辆数据，故应当提供车主个人信息云端删除的选项，车主可自行选择删除。[①]

第六，可见性和透明性。隐私设计理论主张企业商业实践和系统都应当依据公开的承诺和目标来运作，并接受独立核查，即隐私设计的具体内容和实施必须具备可见性和透明性。

第七，尊重用户隐私——确保以用户为中心。隐私设计理论主张，最好的隐私设计都是围绕用户的需求和利益展开的，让用户在管理隐私和个人信息中扮演积极角色，或许是防范隐私风险最为有效的措施。例如，对于智能座舱需要收集哪些个人信息，可以通过列表的方式让用户根据自己的功能需求自行决定。

三、重视隐私增强技术

隐私增强技术主要是指那些增强用户个人信息保护的技术，包括编码、加密、假名和匿名、防火墙、匿名通信技术等。[②]长期以来，信息科技都被看作个人信息权益的“破坏者”。但事实上，在个人信息治理的架构下，一旦将信息科技和治理相结合，就能转为个人信息“治理科技”，成为个人信息保护中“优位者”。[③]隐私增强技术是践行隐私设计理论的重要举措，是落实“治理科技”思维的具体体现。事实上，莱斯格教授就将信息时代的隐私保护寄托于两个重要工具上：个人信息财产权与隐私增

① 参见郑赟、时帅：《场景驱动：个人隐私保护升级》，载《智能网联汽车》2022年第2期。

② See G.W. van Blarkom, J.J. Borking & J.G.E. Olk, Handbook of Privacy and Privacy-Enhancing Technologies: The case of Intelligent Software Agents, College bescherming persoonsgegevens, 2003, p.33.

③ 参见许可：《个人信息治理的科技之维》，载《东方法学》2021年第5期。

强技术。个人信息财产化保证数据控制者必须事前接触个人，以便“购买”个人信息；而隐私增强技术则被视为用户与数据控制者就有关个人信息使用进行谈判的工具。①

近年来，各国政府机构、企业、专家学者都越来越认识到隐私增强技术的重要性。例如，英国信息委员会办公室（Information Commissioner's Office）就表示，隐私增强技术可以为企业节约保护个人信息的成本、减少承担法律责任的风险以及增强用户信任等。②2022年5月11日，美国众议院通过了《促进数字隐私技术法案》（Promoting Digital Privacy Technologies Act, HR847），这是一项专门支持隐私增强技术研究和促进负责任数据使用的法案。与此同时，我国相关法律法规也强调隐私增强技术的应用，根据《个人信息保护法》第51条的规定，个人信息处理者应当“采取相应的加密、去标识化等安全技术措施”，确保个人信息处理活动符合法律、行政法规的规定，并防止未经授权的访问以及个人信息泄露、篡改、丢失。

同样，对于自动驾驶汽车的隐私与个人信息保护问题，隐私增强技术的作用不可忽视。《汽车数据安全管理若干规定（试行）》第6条就规定了脱敏处理原则，鼓励数据处理者“尽可能进行匿名化、去标识化等处理”。例如，对于自动驾驶汽车与外界交互传送的数据，理当引入匿名通信技术；对于第三方商业机构收集的数据，理当进行匿名或假名处理；而对于车辆所有权变更或所有人和使用人分离的情形，理当采取删除技术及时删除原所有权人和使用人的驾驶数据。③有观点指出，自动驾驶汽车的

---

① See Ronald Leenes & Bert-Jaap Koops, Code: Privacy's Death or Saviour? 19 International Review of Law Computers 239, 2005, pp.335-336.

② See ICO, Data Protection Guidance Note: Privacy Enhancing Technologies, Information Commissioner's Office, UK, 2007, p.2.

③ See William J. Kohler & Alex Colbert-Taylor, Current Law and Potential Legal Issues Pertaining to Automated, Autonomous and Connected Vehicles, 31 Santa Clara High Tech. L.J. 99, 2015, pp.120-121.

数据安全问题更多是技术层面而非法律适用的问题。从欧盟与德国的经验来看，智能汽车数据安全有赖于与数据加密和传输有关的企业产品设计、行业技术标准、可信赖的认证机制等多方机制的设立。欧盟与德国目前推出的智能交通系统（intelligent transport systems, ITS）风险控制制度、公开密钥基础设施（public key infrastructure, PKI）认证机制及其执行监管措施，如设立额外的检查和保障方法来强化PKI信任机制，都是为了构建这样一个受监管的数据传输管理架构，进而确保智能汽车相关的数据安全和智能交通系统的安全运转。[①]当然，隐私增强技术的使用必须兼顾数据的利用价值。以加密技术来说，虽然数据安全尤为重要，但对所有数据都进行最高程度的加密并不一定是最优的选择，过于复杂的加密技术会延长数据处理的时间，进而不符合驾驶过程中“低延迟”的需求。[②]因此，必须在数据安全与数据价值之间寻求平衡。

近年来，隐私安全计算成为破解个人信息保护与数据利用冲突的热门方法。所谓隐私安全计算，是一种尝试通过技术措施，在确保隐私和个人信息安全的前提下，同时又能够安全地挖掘数据价值、共享数据价值的一种解决方案。从这个角度来看，隐私安全计算是传统隐私增强技术的升级版，后者主要指那些增强用户个人信息保护的技术，包括编码、加密、假名和匿名、防火墙、匿名通信技术等，而前者在强调隐私和个人信息保护的同时，还需要挖掘和共享数据价值，这也是隐私设计理论的具体落实。对此，技术领域逐渐开发出了联邦学习、差分隐私、安全多方计算等隐私安全计算技术，为人工智能时代个人信息保护与数据利用提供了平衡之道。隐私计算技术以“数据可用不可见”的特性，平衡

---

① 参见张韬略、蒋瑶瑶：《智能汽车个人数据保护——欧盟与德国的探索及启示》，载《德国研究》2019年第4期。

② 参见徐子淼：《智能网联汽车数据处理的法律规制：现实、挑战及进路》，载《兰州大学学报（社会科学版）》2022年第2期。

了数据开放共享和隐私安全保护的矛盾，可在保证原始数据安全的同时，实现对数据的计算和分析，为数据要素在跨域流通环节中的安全隐私问题提供了技术解决方案。[①]这对于自动驾驶汽车的数据治理具有重要的现实意义。

① 参见张佳星：《隐私计算技术：让数据开放与数据安全二者可兼得》，载《科技日报》2022年5月30日，第6版。

第八章

自动驾驶汽车的数据权属与利用

数据是人工智能产业的基础，没有海量的高质量的数据作为支撑，就没有发展良好的人工智能产业。数据在人工智能技术开发中的应用价值越来越高，但数据的开发和利用都需要明晰数据的产权主体和内容，规范数据的移转和利用。因此，人工智能的发展需要解决财产法面临的新问题。[①]对于人工智能进行法律规制，首先就需要对数据进行治理，这是所有人工智能应用场景都必须面对的共同课题。作为人工智能在汽车领域的具体运用，自动驾驶汽车的运行离不开数据和算法。数据是自动驾驶汽车的基础粮食，数据处理的效率决定了算法研发和迭代的效率。[②]自动驾驶汽车越智能，就越依赖于海量数据的喂养和先进算法的支持。没有海量数据的喂养，自动驾驶汽车就不可能实现。

从某种程度上说，自动驾驶汽车更像是一台装有轮子的电脑，而不是一台装有电脑的汽车，它们随时随地都在收集和处理数据。[③]据调查显示，一辆自动驾驶汽车能够每秒产生100GB的数据。当前我国汽车的保有量约为2.17亿辆，并且每年以11%的速度在增长，这意味着将来自动驾驶汽车行业产生的数据量将远远超过谷歌公司持有的数据量。[④]麦肯锡预

---

① 参见王利明：《人工智能时代对民法学的新挑战》，载《东方法学》2018年第3期。

② 参见杨宽、陆盛赟：《无人驾驶》，化学工业出版社2022年版，第125页。

③ 参见［美］特蕾莎·M.佩顿、西奥多·克莱普尔：《大数据时代的隐私》，郑淑红译，上海科学技术出版社2017年版，第137页。

④ See Mark Schaub & Atticus Zhao, Self-driving Cars: How to Deal with Privacy, China Law Insight, March 13, 2018.

测，汽车数据市场在2030年左右将会达到4.5兆至7.5兆美元的规模。通过分析这些数据，汽车将知晓你的一切——你住在哪里？你的工作地点在哪？你去过什么地方？见过什么人？购买过什么东西？在哪里购买？……而在大数据、车联网等技术的加持下，自动驾驶汽车还将能够识别你的对话，访问你的手机，监测你的身体，预测你的行为，在为你提供学习、生活、工作上巨大便利的同时，也将知晓你的宗教信仰、政治立场、健康状态、社交情况、家庭生活等极度敏感的个人信息。显然，自动驾驶汽车就是一座数据金矿，企业将挖掘无限可能的商业机会，政府部门也能借此提升社会治理的水平。而这一切都需要建立在明确汽车数据权属与利用规则之上。基于此，本章将针对这一问题展开研究。

第一节　自动驾驶汽车的数据价值

一、汽车数据的生产要素意义

（一）数据的生产要素地位

数据的生产要素地位已经获得普遍认可，将数据比喻为数字时代的“石油”足以看出数据的重要性。这意味着数据是能源、是生产资料、是交易通货、是企业的利器，数据会产生利润和效益。[①]与此同时，相较于石油，数据属于可再生资源，并且随着数字技术和数字社会的发展，数据会源源不断地生产出来。这意味着数据作为一项重要的生产要素，其利用的空间远超传统的石油。

2020年3月，中共中央、国务院发布《关于构建更加完善的要素市

---

① 参见季卫东：《数据保护权的多维视角》，载《政治与法律》2021年第10期。

场化配置体制机制的意见》，首次将数据作为新型生产要素，与土地、资本、劳动力、技术等传统要素一起，被纳入市场化配置的生产要素之中。2020年12月，国家发展和改革委员会、中央网信办、工业和信息化部、国家能源局四部门联合出台《关于加快构建全国一体化大数据中心协同创新体系的指导意见》，提出“以加快建设数据强国为目标，强化数据中心、数据资源的顶层统筹和要素流通，加快培育新业态新模式，引领我国数字经济高质量发展，助力国家治理体系和治理能力现代化”。与此同时，许多地方政府也相继出台数据条例，如《重庆市数据条例》《浙江省公共数据条例》《上海市数据条例》《深圳经济特区数据条例》等，都明确将数据要素市场培育作为重点。

（二）汽车数据的生产要素意义

作为数字经济的核心生产要素，数据正成为经济转型和发展的新引擎，以及社会治理的有效工具。正是建立在海量数据之上，大数据、云计算、人工智能等新技术、新产业才有可能实现颠覆性创新。[①]毫无疑问，人类社会已经进入大数据时代，开启数据驱动的经济，或称为数据文明时代。数据时代（数据文明、数据经济）的主要标志是，数据成为社会基础资源和经济活动的要素，成为比土地、资本、劳动力等更为核心的要素，堪称“石油”。事实上，现在人们已经开始重视并利用数据资源，尽可能多地获取和控制数据，并利用各种数据分析工具分析数据（包括人工智能），应用于科学研究、社会治理、商业活动等。[②]

对于自动驾驶汽车来说，数据问题也是至关重要的。一方面，自动

---

① 参见许可：《数据安全法：定位、立场与制度构造》，载《经贸法律评论》2019年第3期。

② 参见高富平：《数据流通理论：数据资源权利配置的基础》，载《中外法学》2019年第6期。

驾驶汽车的运行依赖数据的供给，没有数据的支持，自动驾驶汽车就无法感知道路环境、分析处理和执行决策，也就不可能实现汽车自主运行的目的。故此，数据问题对于自动驾驶汽车行业的发展是一项基础问题。另一方面，自动驾驶汽车在利用数据的同时，也会产生大量的数据，这些数据充满着利用价值。一辆自动驾驶汽车每天会产生大约10TB（万亿字节）的数据。“比如一辆特斯拉，能搜集到的车主和车辆信息有200项之多，而国内厂商采集的信息数量稍低点，但也有150项以上。”[①]2016年麦肯锡的一份咨询报告表明，到2030年，汽车数据带来的全球收入总额可能在4500亿到7500亿美元之间。[②]可以预见的是，未来汽车数据很可能成为自动驾驶汽车厂商的主要创收来源，汽车本身的价值则会变得微不足道。[③]可以想象，随着自动驾驶时代的到来，汽车数据创造的价值将越发巨大，几乎所有的行业都需要自动驾驶汽车收集的数据。利用这些数据，第三方商业机构就能知晓你的一切，你的社会地位、经济收入、购物习惯、健康状况等。在此基础上，广告商可以精准投放广告以推销商品和服务；保险公司能够根据你的日常活动或饮食习惯来决定是否承保以及保费的高低；医院则通过你的健康状况为你推送医疗服务和产品。与此同时，汽车数据还能赋能社会治理，提升国家治理水平和治理能力。例如，通过自动驾驶汽车的位置、行踪轨迹、用户身份信息等数据，可以迅速定位找到车主，据此可以实现精准抓捕、送达、征税等目的。

---

① 谭伦：《数据安全“强监管”时代：智能网联车成治理重点》，载《中国经营报》2021年8月30日，第C01版。

② 参见闫兆腾、朱红松：《智能网联汽车数据采集安全风险研究》，载《保密科学技术》2021年第10期。

③ See Matt McFarland, Your Car’s Data May Soon Be More Valuable Than the Car Itself, CNN Tech, February 7, 2017.

二、汽车数据的生产要素难题

（一）汽车数据的权属

数据产权的界定一直是困扰数据治理的基础难题。数据具有价值，而价值需要被界分、确认（保护）和实现。法律制度无非为每一位价值创造者配以权利，使其可以进行商业交易，让渡权利，实现价值（经济利益）。[①]尽管数据的价值得到前所未有的重视，但围绕数据究竟属于谁、如何利用的问题并未达成共识。从各国实践来看，由于数据产权界定不明引发了诸多讨论和纠纷，形成了各种不同的观点。

有学者认为，应该在区分个人信息和数据资产的基础上，进行两个阶段的权利建构：对于用户，应在个人信息或者初始数据的层面上，同时配置人格权益和财产权益；对于数据经营者（企业），在数据资产化背景下，基于数据经营和利益驱动的机制需求，应分别配置数据经营权和数据资产权。[②]有学者则认为，数据企业对于个人数据的权利来自企业自身的投入和支付对价行为，将企业收集处理数据的行为比照建造房屋等事实行为，企业获得权利既非来自用户的授权，也非来自法律特别授权或行政许可。[③]有学者提出，应当区分作为内容的数据信息和作为信息表现形式的数据文件，对于数据信息上不必设定绝对权，而对于数据文件则应当设定绝对权。[④]有学者则提出，应当对数据原发的用户赋予数据所有权，这是

---

① 参见高富平：《数据流通理论：数据资源权利配置的基础》，载《中外法学》2019年第6期。

② 参见龙卫球：《数据新型财产权构建及其体系研究》，载《政法论坛》2017年第4期。

③ 参见程啸：《论大数据时代的个人数据权利》，载《中国社会科学》2018年第3期。

④ 参见纪海龙：《数据的私法定位与保护》，载《法学研究》2018年第6期。

尊重数据权利源泉的表现，同时要充分尊重对数据进行采集、加工的数据平台企业的投入，赋予其一项数据用益权。[①]有学者认为，应当区分不承载个人信息的非公开数据、承载个人信息的非公开数据、不承载个人信息的公开数据以及承载个人信息的公开数据四类，进行差异化的规则设计，以数据企业享有完整的数据财产权为基础，同时确立个人信息权益优先和公开数据合理使用两项限制。[②]有学者则主张按照知识产权的赋权逻辑，来界定数据权属。[③]此外，有观点认为，数据要素确权本身的功能有限，在实现过程中仍然依赖于外部制度设计和供给，需要跳出确权思维从而看到更为基础的市场机制的运作逻辑。[④]

这种难题也直接体现在立法与司法活动中。在司法实践中，关于数据权属的纠纷已经频繁出现，如淘宝诉美景案、新浪微博诉脉脉案等。对此，法院常常借助反不正当竞争法、刑法等保护方式来裁判纠纷，并不直接进行数据权属的具体界定。立法层面，在《民法典》编纂过程中，立法者对于数据权属问题的认识也是几经波折，草案曾经将“数据信息”作为一种知识产权保护。随后，正式出台的《民法典》第127条规定：“法律对数据、网络虚拟财产的保护有规定的，依照其规定。”《民法典》之所以采取这种引致规则的立法技术，主要是数据权属争议很大，唯有如此才能为数据财产制度规范的构建预留充分的空间。[⑤]随后，《数据安全法》《个人信息保护法》均未对数据权属进行明确。而在地方层面，《重庆市数据

---

① 参见申卫星：《论数据用益权》，载《中国社会科学》2020年第11期。

② 参见沈健州：《数据财产的权利架构与规则展开》，载《中国法学》2022年第4期。

③ 参见孔祥俊：《商业数据权：数字时代的新型工业产权——工业产权的归入与权属界定三原则》，载《比较法研究》2022年第1期。

④ 参见胡凌：《数字经济中的两种财产权：从要素到架构》，载《中外法学》2021年第6期。

⑤ 参见陈甦主编：《民法总则评注》（下册），法律出版社2017年版，第879页。

条例》《浙江省公共数据条例》《上海市数据条例》《深圳经济特区数据条例》等同样如此。显然，数据权益如何界定的确是一个难题。[①]

自动驾驶汽车的数据权属问题将会更加复杂。其一，汽车数据的种类多样。根据《汽车数据安全管理若干规定（试行）》第3条的规定，汽车数据包括汽车设计、生产、销售、使用、运维等过程中的涉及个人信息数据和重要数据。据此，汽车数据起码包括如下种类：使用自动驾驶汽车的用户个人信息，如用户姓名、电话、生物识别信息、家庭住址、位置信息等；汽车运行时的机械数据，如速度、温度、刹车状态等；道路环境数据，如人流量、车流量、建筑物、红绿灯；其他交通参与者的信息，如过红绿灯的行人、路上散步的行人、其他机动车和非机动车辆等。这些不同种类的汽车数据交织在一起，要确定其权属并非易事。

其二，各方参与主体非常广泛。自动驾驶汽车是智能交通系统中的一环，既强调单车智能，也注重车路协同，这意味着自动驾驶汽车运行需要多方主体参与数据的收集处理。对于一辆自动驾驶汽车来说，生产者需要收集处理数据，自动驾驶系统供应商也需要收集处理数据，用户和行人需要保护自身的数据权益，车联网供应商也对海量的汽车数据非常渴望，道路基础设施提供者同样会对汽车数据主张权利。如何平衡各方主体的利益，妥当界定汽车数据的权属难度极大。

事实上，汽车数据权属纠纷已经出现。2021年4月19日，上海车展中，一位自称怀孕3个月的车主张女士，站在特斯拉展厅的汽车车顶上维权，引起各方广泛关注。据新闻报道，2021年2月21日，张女士的父亲驾驶自己购买的特斯拉汽车时，车辆刹车失灵导致交通事故。为此，张女士多次要求特斯拉公司提供相关的汽车数据，但特斯拉公司拒绝提供。维权事件发生后，特

---

① 参见陈越峰：《超越数据界权：数据处理的双重公法构造》，载《华东政法大学学报》2022年第1期。

斯拉公司于2021年4月22日向中国市场监管报提供了张女士车辆发生事故前的数据，之后又单方面在网上披露张女士车辆事故经过。[①]此外，在涉及特斯拉汽车的多起交通事故纠纷中，汽车数据的权属都成为各方争议的焦点。可以想象的是，当自动驾驶汽车到来后，汽车数据的权属纠纷将会更加激烈。

（二）汽车数据的利用

数据权属不明，也使得数据利用规则阙如。伴随信息技术的发展，人类进入以数据化、网络化和智能化为特征的大数据时代。这个时代最主要的特征是数据化生存，科学研究、商业活动、社会治理等无不依赖数据，数据成为支撑这个时代发展的新资源。[②]数据的价值在于流通和利用，如何更好地进行数据的共享与流转是发挥数据价值的关键。事实上，单个静止的数据是没有多少价值的，数据唯有进行大规模的深度利用才能发挥其新时代“石油”的作用。与此同时，数据作为一种资源，其独特性在于可重复利用，并且可以在不断的结合汇集和演算分析中产生新的价值，而且这个过程并不会终止，可以不断演进下去。与物质商品不同，数据的使用不会减损它的价值，反而会获得更多新信息或知识，赋予新的含义；数据使用的过程也是不断流动以及与其他数据结合的过程。数据并没有因不断结合被消耗，反而是在积累中成为更大的和更有用的数据集。[③]从这个角度来看，数据唯有利用才能实现甚至增长其价值。

当前，“软件定义汽车，数据驱动汽车”的发展理念已在汽车行业得

---

① 《上海车展女车主起诉特斯拉被立案：刹车门求解，行车数据属于谁？》，载《新京报》，https://baijiahao.baidu.com/sid=1728057396683080794&wfr=spider&for=pc，2022年3月23日访问。

② 参见高富平：《个人信息保护：从个人控制到社会控制》，载《法学研究》2018年第3期。

③ 参见高富平：《数据流通理论：数据资源权利配置的基础》，载《中外法学》2019年第6期。

到共识。在这一趋势下，汽车已经从最初简单的交通工具向智能终端转变。车辆在运行时会持续不断地产生大量数据，如何高效挖掘这些数据的价值，结合产品特性为车主提供专属的智能服务，已经成为众多车企提升竞争力和增加营收的手段。[①]如何利用汽车数据这一金矿成为各大车企需要思考的问题。与此同时，汽车数据涉及各方利益，包括用户、车企、第三方企业、行人、政府机构等，合理界定汽车数据的利用边界至关重要。例如，在特斯拉维权事件中，张女士要求提供事故发生前的完整汽车数据，特拉斯公司起初予以拒绝，后面没有经过张女士同意就直接公开这些数据。对此，暂且不问汽车数据究竟归属何方，特斯拉公司是否有权收集这些数据，又是否可以自行公开这些数据？这显然涉及汽车数据的利用问题。

总而言之，对于自动驾驶汽车的数据治理，既要思考汽车数据的权属问题，更需要解决汽车数据的利用问题。相较于权属问题，汽车数据的利用是更为紧迫的课题，因为自动驾驶汽车的安全运行全程都需要依赖于数据的收集和处理，不明确哪些数据是可以利用的以及利用的边界，自动驾驶汽车就无法真正上路行驶，也就没有办法大规模商业化落地。对此，《工业和信息化部关于加强车联网网络安全和数据安全工作的通知》就明确提出规范数据开发利用和共享使用，"智能网联汽车生产企业、车联网服务平台运营企业要合理开发利用数据资源，防范在使用自动化决策技术处理数据时，侵犯用户隐私权和知情权。明确数据共享和开发利用的安全管理和责任要求，对数据合作方数据安全保护能力进行审核评估，对数据共享使用情况进行监督管理"。《汽车数据安全管理若干规定（试行）》第6条也明确规定"国家鼓励汽车数据依法合理有效利用"，并提出了四项处理原则。

① 参见韦通明、兰正宏、闵政扬、司帅锋、张亮：《车辆数据在智慧服务中的应用》，载《信息与电脑》2022年第1期。

第二节　自动驾驶汽车的数据权属

数据需要聚集才会成为生产要素，单个的数据不构成生产要素，因此需要促进数据的聚集。但数据聚集首要面临的是数据的权属问题，谁有数据的所有权？使用权如何过渡？数据如何交易？这是形成数据市场，将数据要素进行市场化配置需要解决的重要问题。[①]自动驾驶汽车在运行过程中收集了大量的数据，这些数据究竟归属何方主体需要谨慎解答。

一、汽车数据权属的范畴分析

近年来，特斯拉接二连三的事故让汽车数据权属问题成为热议话题，引起了大家对“车主的行车数据到底属于谁的”讨论。[②]特斯拉维权事件就很好地展现了汽车数据权属问题的复杂性。透过现象看本质，我们要想妥当界定汽车数据的权属，首先需要明确两个基本范畴：一是汽车数据是什么？各方争论的究竟是数据，还是个人信息，抑或是个人数据？二是汽车数据附着哪些权益？各方争夺的究竟是什么样的权益，是财产权益，还是人格权益？唯有明确这两个基本问题，我们方能进行下一步的讨论。

（一）汽车数据的厘清

在特斯拉维权事件中，各方争论的对象是事故发生前的行车数据。用

---

① 参见盘和林：《明权属畅流动，实现数据要素市场化配置》，载《每日经济新闻》2021年11月26日，第6版。

② 参见任文岱：《数据权属尚待厘清：专家建议数据确权坚持“比例原则”》，载《民主与法制时报》2021年8月11日，第3版。

户认为这属于个人信息，而特斯拉公司则认为属于汽车数据。显然，我们需要对汽车数据与个人信息进行一番界定。

第一，数据与信息的关系。一直以来，信息、数据的混用已经是一种常态，两者似一对孪生兄弟，让人难以辨别。信息与数据并用、信息包含数据、数据包含信息，是三种最为常见的模糊性使用类型，这三种类型又贯穿着制度规范、司法裁判与学术研究三个层次。①对此，一种比较普遍的认识是，将数据看作“信息的形式化方式体现，该体现背后的含义可被再展示出来，且该种体现适于沟通、展示含义或处理”。据此而言，作为信息存储、传输和处理的方式，数据只是信息的外在表现而不涉及其内容，信息则是人们对数据的解读。由此，信息和数据构成了同一个事物的不同侧面，前者是符号的社会、语言意义，而后者是形式化的符号本身。数据与信息的一体两面关系，映射到电子空间中，便成为“按照一定规则排列组成的人工符号”和“通过机器人为读取的意义”。②

第二，数据与个人信息的关系。数据与个人信息的关系是数据与信息关系的一个缩影。《民法典》第111条与第127条分别使用了“个人信息”与“数据”的概念，两者之间理当有所不同。然而，学界不少人混用个人信息与个人数据两个概念。实践中，“个人信息”与“个人数据”也常被混用。联合国《关于自动数据档案中个人数据指南》、英国《数据保护法》《美国—欧盟的隐私安全港原则与常涉问题（FAQ）》均在文本中将“信息”（information）与“数据”（data）等同使用。③基于此，不少学者都

① 参见韩旭至：《信息权利范畴的模糊性使用及其后果——基于对信息、数据混用的分析》，载《华东政法大学学报》2020年第1期。

② 参见许可：《数据安全法：定位、立场与制度构造》，载《经贸法律评论》2019年第3期。

③ 参见韩旭至：《个人信息概念的法教义学分析——以〈网络安全法〉第76条第5款为中心》，载《重庆大学学报（社会科学版）》2018年第2期。

认为个人信息与个人数据只是使用习惯不同，并无本质区别，可以等同使用。[①]这种认识的意义在于，个人信息本身也是一种数据。例如，《深圳经济特区数据条例》第2条就明确规定："……（一）数据，是指任何以电子或者其他方式对信息的记录。（二）个人数据，是指载有可识别特定自然人信息的数据，不包括匿名化处理后的数据。……"

第三，汽车数据的多面性。在梳理了数据与信息、数据与个人信息关系之后，我们可以对汽车数据有更加多元的认识。正如前文所述，汽车数据的类型是非常多样的，有的是用户的个人信息，或者说是个人数据，有的则是非个人数据。汽车数据中的个人数据范围是非常广泛的，如车辆标识码、车辆控制器信息、车辆位置信息、车辆客户识别模块（subscriber identity module, SIM）卡号、用户保养或维修车辆的记录数据、车载音视频数据、用户操作、应用使用习惯、行程轨迹、用户导航、历史及即时地理位置等数据、用户姓名、手机号、身份证件号码、家庭住址、账号密码数据、用户脸部数据、指纹数据、语音、手势、眼球位置、驾驶员状态监测数据、车内视频监测数据等。而非个人数据同样非常广泛，起码包括基础属性类数据、车辆工控类数据、环境感知类数据、车控类数据、应用服务类数据等。在特斯拉维权事件中，各方争论的行车数据，主要是车辆运行的各种数据，包括制动防抱死系统（antilock brake system, ABS）、刹车踏板角度、电机转速、气囊数据、主动刹车系统相关数据等。对于这部分汽车数据，我们需要厘清两个问题：其一，是否构成个人数据？如果构成，用户和车企等各方享有何种权利？其二，如果不构成个人数据，用户和车企等各方又享有何种权利？

---

① 参见王磊：《个人数据商业化利用法律问题研究》，中国社会科学出版社2020年版，第22页；谢远扬：《个人信息的私法保护》，中国法制出版社2016年版，第6页。

（二）汽车数据权属的性质

在明确汽车数据与相关概念的区分后，我们还需要明确各方对于汽车数据究竟争夺的是什么样的权益。

第一，个人信息权益的排除。如上所述，个人信息与数据是两个既有区别，又有联系的概念。对于汽车数据权属的争论，首先需要排除个人信息权益。根据《民法典》《个人信息保护法》的规定，个人信息权益是自然人享有的一种人格权，是专属于自然人的权利。如果汽车数据构成个人信息的话，那么用户自然可以依法行使个人信息权益，这一点是毫无疑问的。对于构成个人信息的汽车数据，车企与用户等各方争夺的一定不是个人信息权益。有观点就指出，应当将信息和数据剥离，对于信息，涉及国家秘密的，有《国家安全法》等法律法规规制；涉及企业、商业信息的，有知识产权领域法律规制；涉及个人信息的，有《个人信息保护法》规制。因此，在数据确权之前，先要区分信息和数据，对信息可依据上述相关法律法规处理。其次，数据分为非电子化数据和电子化数据。对于非电子化数据的实践和监管，我国已有《档案法》《统计法》等法律规制。因此，在数据确权的问题上，实质是对电子化数据权属的界定。[①]简言之，自动驾驶汽车各方主体争夺的是电子化记录的汽车数据的权益，而非个人信息权益。

第二，汽车数据的财产权益属性。从体系解释的角度来看，《民法典》第127条规定的数据理当是一种财产权益，与作为具体人格权的个人信息权益是不同的。要理解汽车数据的财产权益属性，需要把握如下问题：其一，汽车数据不同于个人信息，汽车数据是各种类型数据的集合，是海量数据汇集后的数据集。单个的个人信息没有多少财产价值，必须实现数据集合或者数据聚集，才能体现汽车数据的财产权益属性。其二，汽车数据

---

① 参见任文岱：《数据权属尚待厘清：专家建议数据确权坚持“比例原则”》，载《民主与法制时报》2021年8月11日，第3版。

上的财产权属并非一种绝对的财产权利，我们不能用物权思维来对待数据。数据的本质是信息，而信息的特点是流动性。因而数据主体的界定、数据权利的保护也就比较难，尤其很难以某种绝对化的方式进行界定和保护。[①]这意味着汽车数据上的财产权益是可以共享的，并不遵循一物一权的物权规则，多个主体可以同时享有同一数据财产权益，且彼此并不冲突。我们不能简单套用民法上物权的权利构造来进行数据界权，特别是就数据进行确权。[②]

二、汽车数据权属的场景分析

对于汽车数据权属界定，我们需要特别把握自动驾驶汽车的技术特征，从单车智能和车路协同的双重视角去观察。对此，可以将汽车数据权属界定区分为车内与车外两个维度。

（一）汽车数据权属的车内维度

用户与车企构成了汽车数据车内维度的基本主体。对于自动驾驶汽车收集的数据，首先主张权利的就是自动驾驶汽车的车企和用户，那么汽车数据究竟归属于何方呢？这个问题并不好回答。在特斯拉维权事件中，车企曾数次拒绝向车主提供行车数据，这背后就凸显了用户与车企之间的数据权属争议。对此，笔者认为，应当区分个人数据与非个人数据。

1. 个人数据的权益界定

对于构成个人数据的汽车数据，我们需要从个人信息与个人数据两个角度出发，分别界定用户与车企各自的权益。

---

① 参见季卫东：《数据保护权的多维视角》，载《政治与法律》2021年第10期。

② 参见陈越峰：《超越数据界权：数据处理的双重公法构造》，载《华东政法大学学报》2022年第1期。

第一，个人信息视角的权益界定。对于构成个人信息的汽车数据，用户理当享有个人信息权益。个人信息权益专属于自然人，一旦汽车数据构成个人信息，用户当然享有法律赋予的个人信息权益，可以向作为个人信息处理者的车企主张权利。对于个人信息的判断，我国《个人信息保护法》采取的是“识别说+关联说”，这让个人信息的范围十分宽泛。具体到自动驾驶汽车场景，存在两个数据中心，即“人”和“车”。以人为中心直接获取的数据，如姓名、居住信息、证件信息、人脸信息、声音信息、浏览偏好信息等，毋庸置疑属于个人信息。但是以车为中心获取的数据，边界却比较模糊。其中一些数据是从车辆衍生出来的，如车辆行驶路线数据、车辆维修数据等，虽然是以车辆为数据收集对象，理论上讲只能识别到具体车辆，但是因为车与人之间的数据联系并不是完全割裂的，这些数据与另外一些数据结合，也可以定位到个人，在特定情况下也可以构成个人信息。[①]从平衡各方利益的角度出发，一项汽车数据是否能够构成个人信息，关键在于通过合理的方式能否识别到自然人。只要是可以直接识别或者间接识别自然人的汽车数据，都应当纳入个人信息的范畴。

需要说明的是，这里的用户包括车主、使用人和乘客。所谓的车主是指登记注册的汽车所有权人，使用人是指坐在驾驶位上开启自动驾驶模式的人，也可以称之为司机或者驾驶人，而乘客则是坐在非驾驶位上的其他用户。通常情况下，所有人同时也是使用人，但两者也可能出现分离。例如，在租赁、借用情况下，个人信息的权利应当归属承租人、借用人等使用人，因为这期间收集的是使用人的个人信息，而非车主的个人信息。[②]总之，在车主、使用人、乘客分离的情形下，自动驾驶汽车收集了谁的个

---

① 参见徐子淼：《智能网联汽车数据处理的法律规制：现实、挑战及进路》，载《兰州大学学报（社会科学版）》2022年第2期。

② See Anne Fishbeck, That Data is Mine–The Driver Privacy Act of 2015, Smith Amundsen, July 15, 2016.

人信息，谁就可以对此享有个人信息权益。

第二，个人数据视角的权益界定。个人信息同时具有个人数据的一面，那么用户对于构成个人数据的汽车数据是否享有财产权益呢？对此，一种传统的分析路径是需要回到个人信息的属性界定上来。对于个人信息的属性，学界主要存在三种不同的看法：个人信息仅具有财产属性、个人信息仅具有人格属性以及个人信息具有人格与财产双重属性。①

这种争议也直接影响了立法。例如，在许多地方数据条例的制定过程中，关于是否要赋予用户对个人数据的财产权益问题，产生了极大的争议。从各地出台的数据条例来看，自然人对于个人信息或者个人数据享有的权益被界定为一种人格权益。例如，《深圳经济特区数据条例》第3条规定："自然人对个人数据享有法律、行政法规及本条例规定的人格权益。处理个人数据应当具有明确、合理的目的，并遵循最小必要和合理期限原则。"《上海市数据条例》第12条规定："本市依法保护自然人对其个人信息享有的人格权益。本市依法保护自然人、法人和非法人组织在使用、加工等数据处理活动中形成的法定或者约定的财产权益，以及在数字经济发展中有关数据创新活动取得的合法财产权益。"有观点就指出，就个人数据而言，对它采取财产权保护在制度上是低效率的。相反，个人数据信息无须激励也会源源不断产生，不会因为没有财产权保护而出现产出不足的情况。②

对此，笔者认为，个人信息与个人数据是一体两面的关系。从个人信息视角出发，用户对于这部分汽车数据享有的是个人信息权益。但从个人数据视角出发，用户还可以对这部分汽车数据主张财产权益。换言之，个人信息理当具有财产权益的属性。首先，个人数据是汽车数据集的一部分，无数

① 参见彭诚信：《论个人信息的双重法律属性》，载《清华法学》2021年第6期；叶名怡：《论个人信息权的基本范畴》，载《清华法学》2018年第5期。

② 参见陈越峰：《超越数据界权：数据处理的双重公法构造》，载《华东政法大学学报》2022年第1期。

的个人数据聚集成了庞大的汽车数据集。如果认为个人数据聚集后的汽车数据集是一种财产权益，那么构成这一数据集部分的个人数据理当也是一种财产权益，否则汽车数据集的财产权益就没有了根基。与此同时，随着数据处理技术的进步和可用于分析的数据量增加，绝对和不可逆的匿名化将不再可能，大数据分析技术会使得可识别数据和不可识别数据之间非此即彼的区别变得毫无意义。因此，将个人数据排除在财产权的客体之外，不符合数据要素市场发展需求的实际情况。[①]其次，个人信息的数据化、财产化完全是可能的，并不会贬损自然人的人格尊严。个人信息是外在于个人的社会性认同，它是个人社会存在的利益形式体现。由于个人信息外在于个人，若利用合法合理，并不会因为财产化而使个人丧失人格的独立和完整。所谓个人信息的财产化，其本质是将内含于个人信息中的财产价值通过授权他人使用而实现，不会因他人处理信息而使得人格权益丧失。[②]最后，承认个人信息的财产属性，符合数字经济的发展规律，可以让各方更好地分享数字经济带来的红利。个人数据是最重要的一种数据类型，极具财产价值。个人数据财产权化，意味着个人数据的财产利益会被充分认知，这样就有助于激发相关个人数据主体提供、出售或分享个人数据的动力。[③]在此基础上，企业与个人都能合理地参与数字经济的红利分配，符合数字时代的分配正义观。

从这个角度来看，个人信息与个人数据的概念区分有一定的意义，前者从自然人人格权益保护的角度描述了个人信息保护各方之间的法律关系，而后者则是从财产权益分享的角度来探讨个人数据的财产权益的归属或分配。当然，个人数据的财产属性并不能当然地推导出其专属于用户。必须说明的是，当个人信息转换为个人数据后，就从人格权益转换为了财

---

① 参见申卫星：《论数据用益权》，载《中国社会科学》2020年第11期。

② 参见彭诚信：《论个人信息的双重法律属性》，载《清华法学》2021年第6期。

③ 参见汪厚冬：《个人数据财产权化的进路研究》，载《行政法学研究》2021年第6期。

产权益，其并不专属于自然人。对于个人数据财产权益的分配需要综合考虑各方的付出，兼顾公平与效率。从自动驾驶汽车的运行过程来看，用户为个人数据的采集提供了源头或者原材料，没有用户就不可能产生个人数据。但个人数据是需要有意识记录收集才能产生的，光有个人提供的原材料并不当然地产生财产价值。个人信息中的财产价值主要源自采集者有意识地记录和搜集，而这些规模化、结构化、具有时效性的个人信息，需要采集者投入大量的资本、技术和人力才能生成。[①]基于此，用户与车企应当共享这部分数据的财产权益。一方面，车企对于个人数据的收集、储存、加工等付出了劳动，符合洛克财产权取得规则。[②]同时，车企在收集个人数据的过程中也征得了用户的同意，并为其提供了对价服务，其数据权益的取得具有合法基础。另一方面，用户为个人数据的收集提供了原材料，确保个人数据源源不断的产生，理当对个人数据享有财产权益。

2.非个人数据的权益界定

对于汽车数据中的非个人数据，也需要合理界定用户与车企各自的权益边界。

第一，应然层面。从理论上说，个人是可以对非个人数据享有权益的。数据权益并非天然归属于法人，也可以归属于自然人。例如，《深圳经济特区数据条例》第4条规定："自然人、法人和非法人组织对其合法处理数据形成的数据产品和服务享有法律、行政法规及本条例规定的财产权益。但是，不得危害国家安全和公共利益，不得损害他人的合法权益。"《上海市数据条例》第12条规定："本市依法保护自然人对其个人信息享有的人格权益。本市依法保护自然人、法人和非法人组织在使用、加工等数据处理活动中形成的法定或者约定的财产权益，以及在数字经济发展中

① 参见彭诚信：《论个人信息的双重法律属性》，载《清华法学》2021年第6期。

② 参见石丹：《大数据时代数据权属及其保护路径研究》，载《西安交通大学学报（社会科学版）》2018年第3期。

有关数据创新活动取得的合法财产权益。”由此可以看出，自然人也可以成为数据财产权益的主体。

第二，实然层面。自然人理论上可以成为非个人数据财产权益的主体，并不代表自然人理所当然地享有这部分数据的权益。对于这部分汽车数据财产权益的分配，仍然需要兼顾公平与效率。

一方面，从公平角度出发，需要依据各方对于数据收集付出的成本进行衡量。具体来说，这部分汽车数据并非来源于用户个人，与用户个人信息没有关系，主要是一些道路、天气、环境等数据。虽然数据收集离不开用户的自动驾驶汽车，也离不开用户使用自动驾驶汽车的行为，但用户为自动驾驶汽车支付的对价是汽车本身的财产价值，使用自动驾驶汽车也不过是在行使这些财产权利。从用户的角度来说，支付价款以及使用自动驾驶汽车的成本已经获得了回报，即拥有了自动驾驶汽车的财产权益，并享受了自动驾驶汽车带来的便利。至于这部分不构成个人数据的汽车数据，其产生完全是偶然的、随机的、附带的，并不会额外增加用户的成本。与此同时，车企对于这部分数据的收集投入巨大，包括各项传感器的软件维护、自动驾驶系统的升级、道路基础设施的升级、数据处理中心设施的建设等。故此，从公平角度出发，这部分数据的财产权益理当原则上归属于车企。当然，对于非个人数据的财产权益，应当允许双方根据自由约定，以做出双赢的安排。例如，车企为了特定场景下算法性能的升级，可以发布奖励计划，让车主利用自动驾驶汽车收集此类数据。如此一来，用户有意识地收集了这部分汽车数据，付出了额外的成本，理当获得相应的报酬。

另一方面，从效率角度出发，应当考虑这部分汽车数据的利用。从鼓励数据利用的角度来看，这部分汽车数据并非个人数据，用户很难对这些数据进行利用，甚至都没有办法提取这些数据。在特斯拉维权事件中，张女士就面临这一问题。虽然张女士对于特斯拉汽车享有绝对的物权，但没有特斯拉工作人员的协助，张女士根本无法提取车辆中的行车数据。即使提取了这些数据，个体用户也无法对这些数据进行高效利用。与此同时，这些数据一旦聚集到车企手中，可以产生巨大的数据利用价值。车企通过分析这部分汽车数据，可以用来改善自动驾驶系统，提高自动驾驶汽车的产品竞争力。故此，从效率角度出发，这部分数据也应当归属车企所有。

（二）汽车数据权属的车外维度

自动驾驶汽车的运行离不开车路协同。通过车联网技术，自动驾驶汽车能够实现车与车、车与道路基础设施、车与第三方服务机构进行交互。而交互的过程就是数据产生流动的过程，由此需要厘清各方的数据权属。

第一，车与车的交互。自动驾驶汽车在运行过程中需要与其他自动驾驶汽车进行交互，那么接收数据的一方能否对数据主张权利呢？对此，有观点指出，如果我们参照电子邮件、传真和信件的例子来回答这个问题的话，那么答案应该很清楚，即接收电子邮件、传真和信件的人应当对收到的物理信息享有权利。然而，在自动驾驶汽车的运行过程中，由于用户是无法精确选择车辆交互和信息接收的具体对象的，因此，电子邮件、传真和信件的类比可能并不妥当，因为这些通信方式的参与者都能够选择其消息的具体接收者。同样，我们也不能通过类比电视、无线电广播的情形来回答这个问题，因为尽管自动驾驶汽车的数据传输在形式上与无线电广播更具可比性，但是电视或无线电广播都不是设计用于传输高度敏感信息的，这与自动驾驶汽车有本质的区别。①

笔者认为，对于车与车交互的情形，相关的汽车数据理当归属发出方的自动驾驶汽车一方，接收一方并不享有该部分汽车数据的权益。原因在于接收一方只是被动地接收数据，并没有对这部分数据的收集付出劳动，

---

① See Emilio Longoria, Invisible, but Not Transparent: An Analysis of the Data Privacy Issues That Could Be Implicated by the Widespread Use of Connected Vehicles, 28 Alb. L.J. Sci. & Tech. 1, 2017, p.16.

也没有征得用户的同意，不满足取得数据权益的条件。这些数据都是发出一方收集的，理当由发出一方享受数据权益，接收一方只能出于自动驾驶汽车安全运行之必要，对接收的汽车数据做合理限度的利用。

第二，车与路的交互。自动驾驶汽车在运行中除与其他自动驾驶汽车交互外，还需要与道路进行交互。这也是自动驾驶汽车网络化、数据化的重要组成部分，是车路协同发展路线的关键内容。这些道路基础设施将装备各种传感器，不停收集、流转、处理各种数据。如果说，以往自动驾驶的价值是让路上的车辆都能由经验丰富的“老司机”驾驶，那么车路协同则像是给每辆车开了一个“天眼”。这个“天眼”能够帮助车辆在“完美”视角下保障安全、疏导交通，高效分配道路资源。车路协同自动驾驶汽车会产生大量的数据，且信息特性与单车智能数据具有一定的正交属性，通过车路协同融合后将形成新的更高维度数据，如空间维度（范围、视角、盲区）、时间维度（动/静态、时间范围）、类型维度（多源多层）等，分布在不同维度具有正交性的高维数据信息量更大，对智能系统的能力会产生更有效的帮助。[①]

对于车与路交互产生的汽车数据，需要在车端与路端之间进行界定。考虑到车端建设的基础设施地位，理当由政府部门主导进行，如此才能公平地对自动驾驶汽车行业开放。对于车端收集的数据，需要区分两种情形：对于道路基础设施独立收集的有关车况、路况的数据，政府部门理当享有数据权益；而对于通过车与路的交互进而接收的来自道路上其他自动驾驶汽车发出的数据，则可以参照车与车交互的情形，政府部门对此并不享有数据权益，但可以依法进行公共利用。

第三，车与第三方服务机构的交互。自动驾驶汽车除了车与车、车与路交互以外，还会与第三方服务机构进行交互，如广告商、零售商、医

① 参见李彦宏：《智能交通》，人民出版社2021年版，第177页。

院、银行、保险公司等。对于接入车联网而收集的汽车数据，需要依据车企、用户以及第三方服务机构之间的协议来具体判断数据的权属。

第三节　自动驾驶汽车的数据利用

对于自动驾驶汽车收集的数据，需要通过共享和流转，才能释放其最大价值。[①]数据和数据价值的非消耗性决定了数据适合流动，决定了数据流动之后并不妨碍原数据控制者对相同数据的利用。[②]这意味着只要我们构建适当的数据利用规则，就可以确保各方在汽车数据价值实现层面的利益平衡。与此同时，各方主体对于汽车数据的利用十分复杂。一方面，数据利用的主体非常多样，不仅包括车企，还包括与汽车交互的其他自动驾驶汽车、第三方服务机构甚至政府部门等。另一方面，这些主体利用数据的目的各不相同，有的是为了汽车安全运行，有的是进行商业利用，有的则是用于社会治理等公共用途。这种复杂的数据利用图景，凸显了汽车数据的重要价值，也为汽车数据的利用提出了挑战。为此，需要划定汽车数据的利用规则。

一、汽车数据的功能利用

自动驾驶汽车收集数据的首要目的是确保汽车功能得到正常运行。故此，汽车数据的第一个利用维度是功能利用，即基于自动驾驶汽车功能的

---

① 参见国家工业信息安全发展研究中心等:《自动驾驶数据风险及安全防护技术》，载《智能网联汽车》2020年第5期。

② 参见高富平:《数据流通理论：数据资源权利配置的基础》，载《中外法学》2019年第6期。

数据利用。

（一）功能利用的法理依据

自动驾驶汽车的功能包括基本功能与附加功能。所谓的基本功能是为了汽车安全运行的功能，是真正的功能利用；而附加功能则是汽车安全运行之外的功能，如提升驾乘舒适度或者提供其他个性化服务的功能，[①]本质上属于商业利用。自动驾驶汽车的最大价值在于大幅降低交通事故的发生，为用户提供更为安全的出行服务。为此，对于自动驾驶汽车为实现安全运行基本功能而进行的数据利用，可以遵循运行安全原则，即自动驾驶汽车可以收集处理为运行安全目的所需要的各类数据。

我国《汽车数据安全管理若干规定（试行）》就明确贯彻了运行安全原则的精神。例如，第8条规定："汽车数据处理者处理个人信息应当取得个人同意或者符合法律、行政法规规定的其他情形。因保证行车安全需要，无法征得个人同意采集到车外个人信息且向车外提供的，应当进行匿名化处理，包括删除含有能够识别自然人的画面，或者对画面中的人脸信息等进行局部轮廓化处理等。"据此，为了运行安全，自动驾驶汽车是可以收集车外行人数据的，否则自动驾驶系统就无法识别过人行横道的行人，无法实现安全运行。

需要说明的是，《汽车数据安全管理若干规定（试行）》第6条确立了四项处理原则，这些原则都应当与运行安全原则相协调。其一，车内处理原则，除非确有必要不向车外提供。该原则可以最大程度保障数据安全，将数据处理范围限制在车内。但如果是为了汽车运行安全，如为了安全超

---

① 参见张韬略、蒋瑶瑶：《智能汽车个人数据保护——欧盟与德国的探索及启示》，载《德国研究》2019年第4期。

车，向车联网中的其他自动驾驶汽车发送汽车的位置、速度等信息，显然就属于确有必要向车外提供了。其二，默认不收集原则，除非驾驶人自主设定，每次驾驶时默认设定为不收集状态。该原则针对的是用户个人信息，也需要与运行安全原则相协调。例如，自动驾驶汽车的运行必须借助高精地图导航，那么位置信息的收集就不可缺少。又如，对于有条件的自动驾驶汽车来说，用户需要承担接管职责，那么收集用户是否处于适于接管状态的数据就非常重要了。其三，精度范围适用原则，根据所提供功能服务对数据精度的要求确定摄像头、雷达等的覆盖范围、分辨率。这一原则与运行安全原则是一致的，强调依据汽车的功能范围来收集处理数据。其四，脱敏处理原则，尽可能进行匿名化、去标识化等处理。这一原则也必须符合运行安全原则。例如，自动驾驶汽车为了安全需要，必须确保用户指令的真实性，那么就需要对用户身份进行真实认证，必要时还需向远程监督员进行数据共享。

（二）功能利用的规则展开

第一，必要数据的判断。在自动驾驶状态下，数据冗余是实现安全驾驶的前提条件，从技术上讲，我们很难判断获取多少数据是“必要的”。[①]对此，笔者认为，自动驾驶汽车运行安全究竟需要哪些必要数据，可以从自动驾驶系统的运行机制入手。自动驾驶汽车必须确保用户享受安全放心的旅程，这主要表现为自动驾驶汽车具有人类驾驶者无法比拟的优势，拥有极快的反应速度和360度的视野，能够全天候监测、收集、分析驾驶环境，而这都离不开各种数据的收集和利用。因此，一切确保自动驾驶汽车运行安全的数据都可以纳入必要数据的范畴。例如，跟踪位置和动向是自

---

① 参见郑戈：《数据法治与未来交通——自动驾驶汽车数据治理刍议》，载《中国法律评论》2022年第1期。

动驾驶汽车导航能力的核心，[①]那么这些数据就属于必要数据。再如，从汽车外部环境采取的道路、建筑、地形、交通参与者等车外数据，从汽车动力系统、底盘系统、车身系统等电子电气系统采集的运行数据，同样也属于必要数据，是自动驾驶汽车安全运行必不可少的数据类型。

第二，必要数据的类型。从类型上来看，自动驾驶汽车收集的数据既有用户的个人数据，也有非个人数据。有观点认为，为实现自动驾驶安全运行基本功能而采集的数据大多数是与个人信息无关的车辆状态和行为数据以及环境数据。而涉及个人信息的数据是为了实现与基本自动驾驶安全基本功能无关的特定功能，如电子召唤（在发生事故或突发疾病的情况下召唤医生或救护车）、远程云代驾（系统自动送乘客到特定地址）或车上娱乐功能，为实现这些功能而采集个人信息需要单独征得车主、使用人以及乘客同意。[②]

对此，笔者认为，自动驾驶汽车安全运行离不开个人信息的收集。例如，有条件自动驾驶汽车需要在紧急情况下由用户接管，那么这意味着自动驾驶汽车必须收集用户的个人信息，包括用户的身份、状态、资格等各种信息，以便确保用户是有能力完成接管的。简言之，对于自动驾驶汽车为了实现安全运行基本功能而需要收集的个人数据，无须征得用户同意。用户拒绝收集的，即意味着拒绝自动驾驶汽车提供的服务。至于非个人数据的收集，虽然不存在征得用户同意的问题，但仍然需要遵守其他法律法规的要求。例如，《汽车数据安全管理若干规定（试行）》第6条就规定了精度范围适用原则，车企需要根据所提供功能服务对数据精度的要求确定摄像头、雷达等的覆盖范围、分辨率，不能无限度地扩大非个人数据收集

---

① 参见［美］塞缪尔·I.施瓦茨、凯伦·凯利：《无人驾驶：重新思考未来交通》，李建华、杨志华译，机械工业出版社2021年版，第144页。

② 参见郑戈：《数据法治与未来交通——自动驾驶汽车数据治理刍议》，载《中国法律评论》2022年第1期。

的范围。

与此同时，德国《自动驾驶法案》第1g条明确规定，为了确保自动驾驶汽车运行安全，汽车保有人有义务存储13类数据，包括：车辆识别号；位置数据；车辆使用次数以及自动驾驶功能的启动和停用；释放替代驾驶动作的次数；系统监控数据，包括软件状态数据；环境和天气条件；网络参数，如传输延迟和可用带宽；启用和禁用的被动和主动安全系统的名称，有关这些安全系统状况的数据以及触发安全系统的实例；车辆纵向和横向加速度；速度；照明设备的状态；为具有自主驾驶功能的机动车供电；从外部发送到机动车的命令和信息。对于这些数据，交通主管部门同样有权获取和处理。至于存储这些数据的具体情况，则包括四项，分别是技术监督员的干预、出现（准）事故而引发了冲突、出现计划外的变道或躲避情况以及出现运行故障。此外，联邦汽车运输局还有权在监控车辆安全运行所必需的范围内，向汽车保有人收集、保存和使用前述数据以及技术监督员的姓名和专业资格证明。①

第三，必要数据的处理。对于构成必要数据的个人信息的收集和处理，虽然无须经过用户的同意，但这并不意味着任何主体都有权利用这些数据。相反，只有与自动驾驶汽车安全运行相关的主体才能利用，具体包括自动驾驶汽车车企、参与车与车交互的其他自动驾驶汽车以及参与车与路交互的政府部门。对于第三方商业机构，由于其并不参与汽车的具体运行，因而没有权利利用这些数据。与此同时，对于必要数据的利用必须限定在汽车安全运行这一目的范围内，不得做其他非安全运行目的之外的用途。例如，自动驾驶汽车车企不得利用收集的个人信息来推送广告，参与车与车交互的其他自动驾驶汽车也不得利用这些个人信息来从事各种营利或非营

---

① 参见张韬略、钱榕：《迈入无人驾驶时代的德国道路交通法——德国〈自动驾驶法〉的探索与启示》，载《德国研究》2022年第1期。

利的用途。对此，德国数据专员就非常强调数据最小化原则和存储限制原则，建议车辆内的数据处理以及基于数据的服务，以及智能交通系统中车辆之间的通信，都只能在必要的范围内访问个人数据。同时建议对于单纯的驾驶操作不进行数据存储，对于记录的其他数据在目的不再时就应当删除。[①]至于构成必要数据的非个人数据，则需要遵守数据安全方面的规定。

二、汽车数据的商业利用

对于自动驾驶汽车收集的海量数据，确保汽车安全运行仅仅是基础性利用，各种商业化利用才能发挥这些数据的巨大经济价值。换句话说，自动驾驶汽车的真正价值不在于它的发动机或闪亮的轮圈，而在于汽车产生的数据，汽车数据在市场当中占据着国王的宝座。在可预见的未来，自动驾驶汽车收集的数据将成为一个取之不竭的富矿，一方面，车企将通过出售这些数据获取高额的利润，而自动驾驶汽车本身的价值将变得微不足道；另一方面，第三方商业机构将利用这些数据来精准推送广告和服务。[②]从数据经济本身的发展出发，我们理当鼓励数据的商业化利用，但这种利用必须遵循合法原则。

（一）个人数据的商业利用

汽车数据涉及大量的个人数据，对其处理需要遵守合法原则。对此，《汽车数据安全管理若干规定（试行）》第8条第1款规定："汽车数据处理者处理个人信息应当取得个人同意或者符合法律、行政法规规定的其他

---

① 参见张韬略、蒋瑶瑶：《智能汽车个人数据保护——欧盟与德国的探索及启示》，载《德国研究》2019年第4期。

② See Matt McFarland, Your Car's Data May Soon Be More Valuable Than the Car Itself, CNN Tech, February 7, 2017.

情形。”对于个人数据的商业利用，应当优先保护个人享有的一系列权利。充分的个人信息保护不但具有优先性与正当性，能够有效维护用户的相关权益，也有助于企业合理地收集与运用个人数据，以增强用户对企业的信任，从而为企业收集与运用个人数据提供激励。[①]基于此，车企应当遵循如下规则。

首先，征得用户同意。对于个人数据而言，用户的同意是所有商业利用的前提，无论是自动驾驶汽车车企，还是第三方商业机构，想要利用自动驾驶汽车收集的个人数据从事商业目的，就必须首先征得用户的同意。商业利用与功能利用是完全不同的性质，自动驾驶汽车出于安全运行目的可以无须经过用户同意收集处理相关的个人数据，但这种正当性依据不能延续到商业利用上来。对于商业利用目的，需要取得用户同意。例如，自动驾驶汽车可以出于安全运行目的收集用户的人脸信息、驾照信息、身体状态信息等，以便提醒用户在紧急情况下进行接管。但车企不能利用这些个人数据进行商业化营销，如推荐药品、食物、衣服、理财等广告。

与此同时，那些仅仅通过车与车、车与路交互方式获取用户数据的实体，由于他们并没有征得用户同意，因而是不能就这些数据进行商业化利用的。例如，侦探公司不能利用自动驾驶汽车去尽可能收集他人的个人信息以便日后调查所用；制药公司也不能利用自动驾驶汽车去收集他人的生理数据来从事医药研发或推销商品；政府部门也不能利用车与路交互的方式去收集用户的个人信息来从事商业化利用。[②]为此，数据企业必须在收集个人数据之前以简明清晰的方式通知用户，并取得用户的明确同意。此

---

① 参见丁晓东：《论企业数据权益的法律保护——基于数据法律性质的分析》，载《法律科学（西北政法大学学报）》2020第2期。

② See Emilio Longoria, Invisible, but Not Transparent: An Analysis of the Data Privacy Issues That Could Be Implicated by the Widespread Use of Connected Vehicles, 28 Alb. L.J. Sci. & Tech. 1, 2017, p.21.

外，需要特别强调的是，数据企业不能以汽车安全运行之必要性能或功能的使用作为威胁，强迫用户同意个人数据的商业利用。

其次，遵循法定要求。征得用户的同意仅仅是个人数据利用的第一步，数据企业还必须遵守其他的法定要求。从个人数据处理的一般要求来看，数据处理者起码需要遵守如下原则，包括合法、公平和透明原则、目的限制原则、最小范围原则、准确性原则、存储限制原则、完整性和保密性原则以及责任原则的要求。①根据《个人信息保护法》的规定，数据处理者所进行的数据处理活动应当基于特定、明确和合法的目的，这是最基本的原则。②与此同时，《汽车数据安全管理若干规定（试行）》第6条也针对汽车数据确立了四项处理原则：车内处理原则，除非确有必要不向车外提供；默认不收集原则，除非驾驶人自主设定，每次驾驶时默认设定为不收集状态；精度范围适用原则，根据所提供功能服务对数据精度的要求确定摄像头、雷达等的覆盖范围、分辨率；脱敏处理原则，尽可能进行匿名化、去标识化等处理。

最后，遵守当事人的协议。对于自动驾驶汽车来说，隐私与个人信息保护风险都与用户的个人信息相关，而个人信息保护与市场机制并不排斥，双方可以通过协议方式来安排个人信息的处理。如上文所述，个人信息作为一种数据，具有进入市场的基因。个人信息本身具有财产权属性的一面，引入市场交易机制完全可行。③个人信息不仅为个人控制且具有社会"可识别性"，其作为社会共同体应享受和"换取"经济利益。④同时，

① 参见高富平主编：《个人数据保护和利用国际规则：源流与趋势》，法律出版社2016年版，第223页。

② 参见张韬略、蒋瑶瑶：《智能汽车个人数据保护——欧盟与德国的探索及启示》，载《德国研究》2019年第4期。

③ 参见彭诚信：《论个人信息的双重法律属性》，载《清华法学》2021年第6期。

④ 参见向秦、高富平：《论个人信息权益的财产属性》，载《南京社会科学》2022年第2期。

个人信息的低敏或脱敏属性，使得个人信息的市场交易并不会违反隐私和个人信息保护的目的，侵犯个人的人格尊严。用户与车企通过协议来安排个人信息的保护与利用，不仅可以发挥个人信息本身的价值，同时还能增强用户的隐私与个人信息保护水平。

对于自动驾驶汽车而言，市场机制可以发挥重要的作用。其一，收费模式。车企可以通过支付给用户一定费用，来获取他们所需要的高质量的个人数据。其二，付费模式。用户可以通过支付一定费用给车企，以获取更高水平的隐私与个人信息保护。在免费模式下，用户享有现行法律规定的隐私和个人信息保护水平，车企可以依法收集、利用用户的个人信息；而在付费模式下，用户可以通过与车企协商的方式来追求更高水平的隐私和个人信息保护，但需要支付一定的费用，而车企在收取用户支付的费用后，理当遵循合同约定的保护义务，禁止收集、利用用户的个人信息或者仅在特定情形下收集、利用用户的个人信息。[①]付费保护模式有利于增加车企的收入，也为一部分用户提供了更高水平的隐私和个人信息保护，可以很好地平衡各方的利益需求。但需要注意的是，付费模式并非用户获得法定水平隐私和个人信息保护的前提，同时对于付费模式的具体内容还应引入监督机制，以免车企侵害用户利益。

（二）非个人数据的商业利用

自动驾驶汽车收集了大量的非个人数据，这些数据也极具商业价值，对于提升自动驾驶汽车性能、提高产品竞争力具有重要意义。

一方面，确保非个人数据的安全，遵守《国家安全法》《数据安全法》《网络安全法》等法律法规的规定。对于非个人数据，如人流量、车流量、

---

① 参见张新宝：《互联网时代个人信息保护的双重模式》，载《光明日报》2018年5月2日，第11版。

道路环境等数据，虽然不需要遵守个人信息保护的要求，但仍然需要遵守其他法律规定，包括网络安全和数据安全规则，也包括确保智能交通系统公平、普惠地造福于全体国民的宪法原则。这时，我们需要考虑用法律引导车辆数据进入有利于监管、有利于实现开放共享的公有架构。①

另一方面，对于非个人数据的商业利用应当尊重车企的数据财产权益，由车企自主决定具体的商业利用。其一，数据分析。车企既可以利用非个人数据来升级算法系统，提供更加安全的产品，也可以将非个人数据与个人数据组合在一起，用以改善用户对于自动驾驶汽车的使用体验，提供更加舒适的驾乘感受。其二，数据加工。车企可以将非个人数据进行深度加工制作大数据产品，为各方提供数据服务。其三，数据交易。对于数据处理者而言，实现其控制的数据价值最简单的方式就是流通数据，向别人提供数据，从而实现数据的交换价值。②故此，车企可以选择简单地将汽车数据集合打包进行交易出售。无论汽车数据之上成立何种权利，基于私法自治和契约自由，数据都可以作为交易的客体。而对于数据交易合同，即便无法归入《民法典》有名合同下，至少可基于契约自由认可其效力，而以无名合同处理之。③从行业发展的角度出发，理当鼓励汽车数据的共享与流通。

三、汽车数据的公共利用

除功能利用、商业利用外，汽车数据还有巨大的社会价值，可以用以

---

① 参见郑戈：《数据法治与未来交通——自动驾驶汽车数据治理刍议》，载《中国法律评论》2022年第1期。

② 参见高富平：《数据流通理论：数据资源权利配置的基础》，载《中外法学》2019年第6期。

③ 参见纪海龙：《数据的私法定位与保护》，载《法学研究》2018年第6期。

增进社会福祉、助推行业发展。

（一）汽车数据的公共属性

第一，公共利用的正当性。为实现数字基础设施的运行，需要整合进入该市场网络的主体信息加以利用，否则数字市场无法成熟稳定。数字基础设施的视角让我们重新理解个人信息的应用场景和功能，这些功能往往具有公共性特征，并内在契合于一个高速流动的网络社会的形成过程。虽然在概念上我们可以分析某种信息是否属于个人信息，但这并不意味着只有个人能够决定该种信息的有效利用，也不意味着该种信息的生产只和个人有关。[①]对于汽车数据来说，其也构成了整个智能交通系统的部分。在自动驾驶汽车的运行过程中，信息在车、路、云、人之间不断传输，智能交通系统的指示和决策都是通过对多方信息的汇集和处理之后做出的，自动驾驶汽车本身也是整个系统数据中的一部分，其数据的共享关系到整个智能交通系统的正常运作。[②]单独的一辆汽车无法成为“车联网”。自动驾驶汽车交通系统的整体和决策都需要实时监测环境数据并进行大数据计算。因此，每一辆汽车收集和处理的数据，不仅仅与自己这一辆汽车的运行相关，也关系到整个智能交通系统的运作。在这个意义上，自动驾驶汽车的数据处理具有强烈的公共利益属性。[③]

与此同时，汽车数据的公共利用不会侵害个人与企业的合法权益。2016年3月，美国国会就自动驾驶问题举行的听证会上，杜克大学的米

---

① 参见胡凌：《功能视角下个人信息的公共性及其实现》，载《法制与社会发展》2021年第5期。

② 参见徐子淼：《智能网联汽车数据处理的法律规制：现实、挑战及进路》，载《兰州大学学报（社会科学版）》2022年第2期。

③ 参见张韬略、蒋瑶瑶：《智能汽车个人数据保护——欧盟与德国的探索及启示》，载《德国研究》2019年第4期。

西·卡明斯（Missy Cummings）指出：要给运营自动驾驶汽车的任何企业颁发牌照，一个先决条件都必须是它需要让政府获取关于试运行期间车辆获取的数据。但不幸的是，所有的企业都拒绝这样做，它们的理由是这些数据是它们的核心商业秘密。[①]这种观点是没有道理的，汽车数据的公共利用是出于公共目的，并不帮助任何单个企业获得不正当的竞争优势，且公共利用也强调保护企业的商业秘密。此外，个人数据的公共利用也不会必然造成个人权益的侵害，关键在于划定公共利用的边界。

第二，公共利用的必要性。2018年4月25日，在发展单一数字市场的策略下，欧盟委员会发布《修改〈重复使用公共部门信息的指示〉的建议》，指出电信运营商、在线平台、汽车制造商与零售商、社交媒体等平台的数据具有高度的公共利用性。这类数据的公共使用可使公共部门更有针对性地应对流行病、更合理地规划城市、更有序地管理交通系统及保障道路安全、更好地保护环境、更有效地监测市场与保护消费者等。[②]自动驾驶汽车在运行过程中收集了大量的个人数据与非个人数据，这些数据可以被公共利用造福全社会。交通管理、公安等政府部门需要自动驾驶汽车的数据来维护道路交通安全、调查事故原因、实现执法目的。例如，执法部门可以利用位置数据与用户身份信息来从事监视、抓捕等执法活动，也可以利用汽车的速度、路线、行驶轨迹等数据来针对特定群体实施罚款或监控，还可以通过一个街区汽车群的数据分析来预测和应对恐怖活动或群体性事件。

与此同时，科研机构需要自动驾驶汽车的数据来改进相关技术、评估环境和社会影响、提出立法和政策建议；整个自动驾驶行业需要数据共享来改进系统对各种气候、环境和路况的适应性，因为不同系统开发商的汽

---

① 参见郑戈：《数据法治与未来交通——自动驾驶汽车数据治理刍议》，载《中国法律评论》2022年第1期。

② 参见商希雪：《超越私权属性的个人信息共享——基于〈欧盟一般数据保护条例〉正当利益条款的分析》，载《法商研究》2020年第2期。

车主要测试的区域各不相同，汽车数据的公共利用可以很好帮助整个行业提升安全性。[①]例如，对于自动驾驶汽车发生的事故信息，这些数据是用鲜血和生命换来的，它应该是一个公共产品的角色，不再是企业自己享有的一个私有的商业秘密，应当进行公共利用，分享给所有的车企，以便避免同样的错误。[②]因此，汽车数据的公共利用具有必要性，可以挽救宝贵的生命，帮助全行业尽可能地节省成本，提升自动驾驶汽车的安全性能。

（二）公共利用的具体展开

对于汽车数据的公共利用，需要确保目的正当性与手段合理性，兼顾公共利益与私人权益的平衡。

第一，目的正当性。汽车数据涉及大量的个人数据与非个人数据。其中，许多个人数据都涉及用户的隐私，一旦滥用，后果不堪设想。事实上，一些学者已经明确表达了对政府部门利用自动驾驶汽车收集的数据来推进国家利益的担忧。[③]个人数据的公共利用充满矛盾性，一方面，个人数据是个体保护隐私的天然屏障，个人数据被他人知晓得越少，个体的隐私就越安全；另一方面，个人数据又具有公共性，这使其具有极大的社会治理价值，这种公共性首先天然地与政府的职能密切相关，因为行政管理的有效实施必然要求政府详细、准确地掌握其管理对象与其职权范围相关的个人信息，如此才能妥当履行其职责。[④]与此同时，非个人数据也关系

---

① 参见郑戈：《数据法治与未来交通——自动驾驶汽车数据治理刍议》，载《中国法律评论》2022年第1期。

② 参见洪延青：《自动驾驶数据共享：效用与障碍》，载搜狐网，https://www.sohu.com/a/233481543_465591，2018年5月30日访问。

③ See Barry Devlin, Autonomous Vehicles: A World of New Data and Analytics (Part 2 of 4), TDWI, July 12, 2016.

④ 参见林鸿潮：《个人信息在社会风险治理中的利用及其限制》，载《政治与法律》2018年第4期。

到企业的数据权益，公共利用也需要兼顾企业的利益。一旦非个人数据被过度公共化，企业通过数据建立的商业优势将会大幅削弱，进而失去收集数据的动力。

笔者认为，对于汽车数据的公共利用必须坚持目的正当性。这是利益博弈中平衡的关键，范围过宽可能侵犯数据主体的信息自由和财产权益，范围过窄则不利于社会管理或数字经济的发展。[①]若汽车数据的公共利用目的不正当，即便对个人或者企业权益的侵害再小，也不应当允许。因此，对于通过汽车数据公共利用来从事非法活动或商业目的的行为，应当坚决制止。至于何为公共利用的正当目的，对此应当限于法律法规的明确规定。例如，德国《道路交通法第八修正案》就对汽车数据的公共利用做了规定，明确政府执法、责任认定等属于例外情形。[②]随后，德国《自动驾驶法案》再次明确了汽车数据的公共利用，第1g条第5款规定，基于交通公共利益目的，尤其为了在数字化、自动化和网络领域开展科研或道路交通事故研究，联邦汽车运输局可以将从车主处收集的非个人数据传输给特定研究机构和负责研发、交通或城市规划任务的政府部门。

我国《个人信息保护法》第13条也规定了个人信息的合理利用制度，这为个人信息的公共利用提供了依据。与此同时，《关于加强智能网联汽车生产企业及产品准入管理的意见》明确要求自动驾驶汽车应当“具有事件数据记录系统和自动驾驶数据记录系统，满足相关功能、性能和安全性要求，用于事故重建、责任判定及原因分析等。其中，自动驾驶数据记录系统记录的数据应包括车辆及系统基本信息、车辆状态及动态信息、自动驾驶系统运行信息、行车环境信息、驾乘人员操作及状态信息、故障信息

---

① 参见商希雪：《超越私权属性的个人信息共享——基于〈欧盟一般数据保护条例〉正当利益条款的分析》，载《法商研究》2020年第2期。

② 参见张韬略、蒋瑶瑶：《德国智能汽车立及〈道路交通法〉修订之评介》，载《德国研究》2017年第3期。

等”。这为汽车数据的公共利用提供了依据，意味着事故重建、责任判定以及原因分析都属于公共利用的正当目的。

第二，手段合理性。在确保目的正当性的基础上，汽车数据的公共利用还需要确保手段合理性。其一，适当性。对于汽车数据进行公共利用的手段必须有助于目的的达成。例如，试图通过尽可能地收集处理车主、驾驶人、乘客、行人的人脸、位置等数据来消灭犯罪，就属于违反适当性要求的行为，理当予以禁止。其二，必要性。对于目的的实现，应当选择对个人和企业权益侵害最小的手段，禁止用“大炮打蚊子”。必要性是对所有数据处理者都适用的规则，确保汽车数据的利用与目的相符。例如，《汽车数据安全管理若干规定（试行）》第4条规定：“汽车数据处理者处理汽车数据应当合法、正当、具体、明确，与汽车的设计、生产、销售、使用、运维等直接相关。”同样，对于汽车数据的公共利用也必须坚持必要性规则。例如，为了事故重建目的，需要利用事故发生时的车辆数据，可以强制自动驾驶汽车安装事件数据记录系统和自动驾驶数据记录系统，但应当严格限制数据收集的范围与时间。其三，比例性。公共利用对于汽车数据的侵害必须与所追求的目的之间要相称，禁止两者在效果上不成比例。故此，政府部门对于汽车数据的收集、储存、利用都应当遵循最少够用的原则，只处理与目的有关的最少信息，目的达成后，在最短时间内删除个人信息。[①]例如，德国《自动驾驶法案》第1g条第6款就明确规定，政府部门存储、处理数据的期限应当与其目的相符。一旦使用目的丧失，应立即删除数据，最迟不得超过相应机动车停止运行后三年。[②]

---

① 参见林鸿潮：《个人信息在社会风险治理中的利用及其限制》，载《政治与法律》2018年第4期。

② 参见张韬略、钱榕：《迈入无人驾驶时代的德国道路交通法——德国〈自动驾驶法〉的探索与启示》，载《德国研究》2022年第1期。

结 语

几千年来，人类文明的进程一直受到交通运输的影响。如果没有铺设的公路，罗马人不会在欧洲开疆拓土；如果没有火车，美国也不会有如此势不可当的发展；而如果没有集装箱货运船和喷气式飞机，现代贸易是不可能实现的。我们的移动模式赋予我们力量。然而，几乎没有什么技术能像汽车一样具有经济上的重要性和革命性。[①]考虑到传统汽车取代马车带来的巨大影响，自动驾驶汽车取代传统汽车也将是一个跨时代的事件。

自动驾驶汽车的社会价值充满想象，可以大幅降低交通事故、缓解交通拥堵、改善环境污染等。但我们必须清醒地认识到，自动驾驶汽车并非包治百病的万能神药，不能期待其解决传统汽车带来的所有问题，甚至自动驾驶汽车还可能引发新的社会问题。与此同时，自动驾驶汽车的发展和普及是一个漫长的过程，需要技术、社会、伦理、法律等各方面的支持。其中，自动驾驶汽车引发的法律挑战尤为重要。为此，本书从私法角度探讨了自动驾驶汽车的法律地位、侵权责任、隐私与个人信息保护、数据权属与利用等问题，以便为自动驾驶汽车的商业化落地提供一些制度支持。除此之外，自动驾驶汽车还需要诸多法律制度的配合，如法律监管、数据

---

① 参见［爱尔兰］戴维·克里根:《无人驾驶：未来出行与生活方式的大变革》，谭宇墨凡译，机械工业出版社2019年版，第273页。

与网络安全等。希望借由本书的探讨，引发公众对于自动驾驶汽车更多的关注和讨论，以便形成更多的真知灼见，推动自动驾驶汽车的发展。

当前，自动驾驶汽车正处于道路测试向商业化落地的关键阶段，我们很有可能见证一个自动驾驶时代的到来。面对自动驾驶汽车的浪潮，无论我们是否准备好，它们都将驶入我们的生活，彻底改变传统汽车塑造的出行秩序。过去100年，汽车为人类社会带来了前所未有的影响。我们对于汽车的喜爱有多深，就会对其带来的社会问题有多痛恨。历史给了我们正反两个方面的启迪，我们应当坚持“道路是为人服务的”这一简明而睿智的传统。[①]自动驾驶汽车给了我们改变一切的机会。对此，我们必须积极准备与行动，确保自动驾驶技术能够早日造福人类福祉，拯救无数宝贵的生命，构建一个更加安全和谐有序的交通系统，一个更加以人为本的汽车社会。

---

① 参见［美］塞缪尔·I.施瓦茨、凯伦·凯利:《无人驾驶：重新思考未来交通》，李建华、杨志华译，机械工业出版社2021年版，第28页。

后　记

2016年博士毕业之际，我偶然阅读到国外几篇关于人工智能法、机器人法方面的文章，预感人工智能法学会成为下一个热门的研究方向，于是全身心投入这一新领域的研究，首先瞄准的就是自动驾驶汽车的侵权责任问题。按照原本的设想，我希望能够一次性将自动驾驶汽车引发的所有法律问题讨论完毕。然而，随着研究的深入，我发现自动驾驶汽车引发的法律挑战十分复杂多样。为此，我不得不改采两步走的方案：第一步从熟悉的私法角度出发，针对自动驾驶汽车引发的法律地位、侵权责任、隐私与个人信息保护、数据权属与利用等问题进行系统讨论；第二步围绕自动驾驶汽车引发的法律（公法）、伦理、社会等问题展开研究，以此完成自动驾驶汽车研究的闭环。本书正是自动驾驶汽车研究计划的上半部成果，同时也是2017年司法部青年项目“自动驾驶汽车的私法挑战与应对研究”的结项成果。

本书的完成，需要感谢的人很多。首先感谢我的家人，他们是我学术路上最坚实的后盾；特别感谢我的夫人，本书许多地方都有她的贡献。感谢导师付子堂教授、吴大华教授、张力教授的鼓励，大力支持我探索人工智能法学新领域的研究；感谢张伟莉书记、李雨峰院长、赵万一教授、谭启平教授等各位领导的指导和关爱，让我感受到民商大家庭的温暖；感谢孙鹏教授、周尚君教授、刘云生教授、黄忠教授、徐银波教授等师长的帮助，一路上指引我前进的方向。此外，特别感谢申卫星教授、高圣平教授、马长山教授百忙中提拔作序，为本书增色万千；也非常感谢学界各位前辈、专家、师友们的帮助和提携，承蒙各位的指导和鼓励，志峰受益匪浅。

本书的写作也要感谢许多实务界的专家和伙伴，他们的真知灼见深深地影响着我的研究。特别感谢百度公司、腾讯研究院的各位朋友对于我研究的支持和帮助，为我提供了宝贵的交流合作的机会和平台，并且随时解答我的各种疑惑和好奇。感谢我的研究生们，他们为书稿的校对付出良多。感谢中国法制出版社的各位编辑老师，这是第二次与他们合作，他们的认真负责让人感动。此外，本书若干部分曾在《法学》《东方法学》《法律科学（西北政法大学学报）》《华东政法大学学报》《荆楚法学》等杂志发表，特别感谢默默奉献、甘为人梯的各位编辑老师们。

回想过去五年，我国有关人工智能、数字科技的法学研究已经非常繁荣，优秀的学者和成果不断涌现，几乎每个部门法的研究都呈现明显的数字化趋势。希望本书能够引发更多关于人工智能、自动驾驶汽车的讨论，能够为自动驾驶汽车的大规模商业化落地贡献绵薄之力。书中不成熟的观点也请各位贤达评判指正。

是为后记！

郑志峰

2022年10月

图书在版编目(CIP)数据

自动驾驶汽车的私法挑战与应对研究 / 郑志峰著
. — 北京：中国法制出版社，2022.11（2023.10重印）
ISBN 978-7-5216-2891-3

Ⅰ.①自… Ⅱ.①郑… Ⅲ.①汽车驾驶－自动驾驶系统－道路交通安全法－研究－中国 Ⅳ.①D922.144

中国版本图书馆CIP数据核字（2022）第168512号

策划/责任编辑：王雯汀　　封面设计：杨泽江

自动驾驶汽车的私法挑战与应对研究

ZIDONG JIASHI QICHE DE SIFA TIAOZHAN YU YINGDUI YANJIU

著者 / 郑志峰

经销 / 新华书店

印刷 / 北京虎彩文化传播有限公司

开本 / 710毫米 × 1000毫米　16开　　印张 / 23　字数 / 303千

版次 / 2022年11月第1版　　2023年10月第2次印刷

中国法制出版社出版

书号 ISBN 978-7-5216-2891-3　　定价：79.00元

北京市西城区西便门西里甲16号西便门办公区

邮政编码：100053　　传真：010-63141600

网址：http://www.zgfzs.com　　**编辑部电话：010-63141824**

市场营销部电话：010-63141612　　**印务部电话：010-63141606**

（如有印装质量问题，请与本社印务部联系。）